Trauma

트라우마는
어떻게 삶을 파고드는가

TRAUMA: THE INVISIBLE EPIDEMIC
Copyright ⓒ 2021 Paul Conti. Foreword ⓒ 2021 Ate My Heart.
Korean translation copyright ⓒ 2022 by Prunsoop Publishing Co., Ltd.
Korean translation rights arranged with Sounds True, Inc
through EYA(Eric Yang Agency)

이 책의 한국어판 저작권은 EYA(Eric Yang Agency)를 통해 Sounds True, Inc와
독점 계약한 (주)도서출판 푸른숲이 소유합니다.
저작권법에 의하여 한국 내에서 보호를 받는 저작물이므로 무단 전재 및 복제를 금합니다.

Trauma

트라우마는
어떻게 삶을 파고드는가

최신 신경생물학과 정신의학이 말하는
트라우마의 모든 것

폴 콘티 지음 · 정지호 옮김

심심

두 딸 콜레트와 아멜리에게

저 똑같은 별, 똑같은 달이 우리 형제자매를 내려다보고,
우리 형제자매가 올려볼 때 이 별과 달은 이들을 지켜본다.
비록 우리와 서로 너무 멀리 떨어져 있지만.

소저너 트루스 Sojourner Truth

추천 서문

나는 어떻게 다시 살아갈 힘을 얻게 되었나

레이디 가가 (스테파니 제르마노타 Stefani Germanotta)

월드 투어 중 나는 뉴욕의 개인 병원 응급실에 조용히 내던져졌다. 내 기억 속에는 의사와 간호사의 모습이 남아 있다. 내가 계속 소리를 지르자 이들은 차분하게 100부터 거꾸로 세어보라고 했다. "왜 아무도 당황하지 않는 거죠?" 이렇게 말했던 기억이 난다. 이들은 계속 100부터 거꾸로 세어보라고 독려했고, 생각에 69 정도 왔을 때 나는 세는 걸 멈추고, "저기, 저는 스테파니예요"라고 신고식을 했다. 이어서 몸의 감각을 느낄 수 없고 완전히 마비 상태라고 고백했다.

의료진의 눈이 심박수 모니터를 향한 것을 보고서야 나는 내 몸이 이 기계에 연결된 것을 깨달았다. 의료진은 높은 심박수를 보고 걱정을 감추느라 안간힘을 썼던 것이다. 이들의 우려를 이해했지만, 당시 나는 더 이상 그 어떤 것에 대해서도 공황 상태에 빠질 여력이 남아 있지 않았다. 현실과의 분리 상태가 심했고, 나중에 들은 얘기지만 정신착란 증상이 있었다고 한다.

"의사 선생님이 오실 겁니다." 의료진이 나를 안심시켰다.

약을 달라고 간청하면서(어떤 약을 원하는지도 모르면서), 분명 강력한 약이어야 들겠다 싶었지만 이 "의사 선생님"이 오실 때까지 어떤 약도 주지 않을 거라는 생각에 화가 치밀었다.

곧이어 누군가 방으로 들어왔다. 순간 남자라는 걸 알아챘는데, 그는 흰 가운을 입지 않았고, 청진기도 보이지 않았다.

"안녕하세요, 저는 폴 콘티라고 합니다." 그는 이렇게 소개했다. "정신과 의사예요."

나는 같이 있던 의사가 좀 전에 방을 나간 것을 눈치채지 못하고 옆에 있던 간호사를 바라보았다. 그리고 이렇게 물었다.

"진짜 의사를 불러와야 하는 거 아닌가요?"

폴은 내 말에 "저는 뉴저지 출신이고 이탈리아 사람입니다"라고 답했다. 이 말 한마디에 나는 폴에게 말을 해야겠다고 결심했다. 아버지가 뉴저지에서 태어난 이탈리아 사람이라, 적어도 이 사실만으로 이 사람은 상대해도 괜찮겠다는 생각이 들었다.

그때부터 시작한 여행을 나는 지금까지 이어왔다. 처음 만났지만 나를 이해하고 도와주는 일을 자신의 평생 과업으로 삼은 사람과의 여행이었다. 그에게 치료를 받은 지 2년 남짓 되어서야 폴은 나에게 털어놓았다. 내가 분명 트라우마로 인한 마비 상태에 있었을 때 "움직일 수 있을지" 판단하고 파악하는 데 6개월의 시간이 걸렸다고.

그동안 우리 둘 사이에 일어난 일을 여기서 일일이 다 말하지는 않겠다. 그러나 이 점만은 밝혀두련다. 폴은 필요할 때만 흰색 가운을 입었다. 자신이 의사임을 내게 상기시킬 필요가 있을 때만. 대부분은 상호 동의하에 폴은 같은 인간이자 안전한 남자로 내게 공감해주었다. 불가능하다고 여겼던 치유의 과정을 시작하면서 우리는 서로에 대해 알아갔다.

지금 분명히 말할 수 있는 건 폴이 나를 살렸다는 것이다. 그는 인생을 살 만한 가치가 있는 것으로 만들어주었다. 무엇보다도 폴은 내가 나 자신을 되찾고 스스로의 모습으로 살아갈 수 있도록 힘을 더해주었다. 폴이 가르쳐주었든 아니면 우리가 같이 해법을 찾아냈든, 내가 확실히 깨달은 사실은 여자는 단순히 도와줄 남자가 필요하진 않다는 것이다. 우리는 우리를 믿어주는 남자(그리고 또 남자가 아닌 사람들)가 필요하고 그래야 트라우마가 치유된다.

폴 콘티는 바로 그런 남자다. 그는 여성의 이야기를 믿고 여성이 지니고 있는 트라우마를 믿는다. 또한 트라우마가 어느 한 계층의 문제만이 아니고, 인간의 문제임을 알고 있다. 그리고 그는 치유를 믿는다. 폴은 마음씨가 고운 사람이고, 누구라도 그런 고운 마음씨에서 깨달음을 얻을 수 있을 것이다. 그에게서 이런 덕목을 본 순간 나는 치유가 가능하다고 생각했다. 나는 지금도 치유를 위한 여행 중이다. 여러분 역시 그렇다.

서문

트라우마 이전과 이후의 이야기

여러분처럼 나 역시 이 세상에 처음 나온 이후(나는 50여 년 전 뉴저지, 트렌턴에 위치한 세인트 프랜시스 병원 2층에서 태어났다) 숱한 일을 많이 겪었다. 좋은 일도 많았지만, 어렵고 심적으로 고통스러운 일도 많았다. 스스로 보기에 나 자신은 비극적인 일을 몇 차례 겪고 그런 경험을 뼈저리게 느끼며 거듭 되새겨본 보통 사람이다. 나는 내과 전문의이자, 뇌 생물학과 심리학 분야에서 수련하고 정신과 병원을 개원해 운영하고 있으며, 여러 포괄적인 관점으로 환자를 본다. 그동안 수많은 사람 곁에서 종종 삶이 뒤바뀌는, 견디기 힘든 상황을 겪는 모습을 지켜보았다. 이 환자들과의 관계는 모두 특별했고, 이런 관계와 나 자신의 경험을 통해, 내가 트라우마에 대처하는 방식과 우리 인생에서 트라우마가 하는 파괴적인 역할에 대해 생각해보게 되었다.

의과 대학 지원을 결정하기 전, 나는 비즈니스 계통에서 일했다. 그때까지 병원 의료에 관한 경험은 친척 어른들을 병문안한 게 전부였다. 이분들은 대부분 이탈리아 이민 1, 2세대로, 2차 세계대전 때 미국을 위해 싸운 분들도 몇 분 계셨다(5장 랑고 삼촌 편에서 이에 관한 이야기가 나온다). 이분들이 나이가 들면서 이제 더 이상 믿고 다녔던 동네 병원에서는 충분한 치료를 받을 수 없게 되었고, 그후 옮긴 병원으로 병문안을 가야 하는 때가 되면 우리 모두에게 쉽지 않은 일이 벌어졌다. 의사와 간호사는 항상 너무 바쁘고 가까이 하기 먼 사람들 같았고, 우리와 말을 거의 섞지 않았다. 어쩌다 이야기를 하면 우리는 종종 그게 무슨 의미인지 파악하느라 애를 먹었고, 나는 대부분 기가 죽고 뭔지 모르겠다는 느낌을 받았다. '이런 힘든 상황에서는 의료진들이 사람들에게 좀 더 친절하게, 좀 더 배려하는 마음으로 대해야 할 텐데'라는 생각을 하긴 했지만, 그때만 해도 내가 정말 사람들을 돌보며 이들을 있는 힘껏 돕는 데 많은 시간을 쏟으며 살아갈 줄은 꿈에도 몰랐다.

아버지가 사업가여서 나 역시 사업가가 되는 것이 현실적으로 수월해보였다. 결국 일류 컨설팅 회사에 자리를 잡았지만, 얼마 후 이 분야에서 정체되어 있고 갇혀 있다는 느낌에 사로잡히기 시작했다. 마치 내가 쓸 수 있는 카드를 모두 꺼내버려서, 그 모든 것이 이제 곧 내리막길로 치달아버릴 것만 같았다. 우울증이 왔다. 내 나이 겨우 스물다섯 살. 그리고 바로 그 시기 막냇동생이 스스로 목숨을 끊었다.

조너선은 스무 살이었다. 우리가 함께 자란 집에서 조너선은 아버지가 한국전쟁 당시 받은 권총으로 생을 마감했다. 시신은 어머니가 발견했다.

충격에서 점점 헤어나오면서 우리 가족은 이런 말도 안 되는 비극을 파악하고자 나섰다. 동생과 여자 친구가 헤어진 지 얼마 안 되었기 때문에 동생이 마약에 손을 댔을지도 모른다는 생각이 들었지만, 이런 문제로 조너선이 자살을 결심한 것 같지는 않았다. 하지만 기억을 앞으로 더 더듬어가 보니 수긍이 가는 부분이 있었다.

4년 전, 선천성 희귀질환으로 동생의 소화관 전체는 마비가 되고 말았다. 그전까지 동생은 더할 나위 없이 건강했다. 그런데 당시 열여섯 살이었던 동생의 삶 전체에 위기가 찾아왔다. 동생은 고통스러운 치료를 받으려고 필라델피아 아동 병원에 입퇴원을 수없이 반복했고, 먹을 수도 없었다. 믿기지 않을 정도로 체중과 기력이 빠졌고, 두려움에 사로잡혔다. 이 모든 수난은 동생에게 끔찍한 트라우마로 남았다. 그 후 조너선이 아프기 전 그를 알던 사람들은 동생이 정말 많이 변했다는 말을 하곤 했다.

대학 시절 나는 조너선을 보지 못했지만, 설사 자살하기 몇 해 전에 봤다고 하더라도 동생에게 무슨 일이 일어나고 있는지 전혀 짐작도 못 했을 것이다. 조너선은 나에게 강하고 행복한 모습을 보여주고 싶어 했기 때문에, 내 앞에서는 본인의 트라우마를 숨겼다 (아니 좀 더 정확히 말하면 동생은 자신의 트라우마에 대해 알고 있는 부분을 내 앞에서 숨겼다). 어쨌든 만약 당시로 돌아간다 해도 내가 동생의 변화를 확연히 느꼈을지는 미지수다. 아까도 언급했듯이 나는 당시 우울증에 시달리고 있었다. 그러다 보니 어떻게 하면 안정감을 얻을 수 있을지 스스로를 챙기기에도 급급했다. 그러나 오히려 나 자신의 시련과 트라우마에 대해서는 무지했다.

조너선의 자살 이후, 나는 우리 집안의 정신 질환과 자살 내력에 대해 서서히 알게 되었다. 그리고 이후 오랜 시간 부모님과 다른 (이제 하나밖에 남지 않은) 동생과 시간을 보내면서 내가 이 지점까지 어떻게 살아왔는지 깨닫게 되었다. 성공하지 못할 거라는 두려움, 좋은 직장을 그만두면 후회할 거라는 두려움, 지금 대체 무슨 일을 벌이는지 몰라 나중에 후회할 거라는 두려움에서 온갖 의무감이 생겨났고, 내가 그런 의무감을 안고 세상을 살아왔다는 게 보이기 시작했다. 동생의 죽음 이후 내 삶을 지배하던, 두려움에서 비롯된 의무감은 사라졌는데, 왜 그런 의무감이 애당초 그렇게 중요했는지 기억할 수조차 없었다. 그리고 그때 나는 의사가 되겠다는 오랜 포부를 펼치리라 마음먹었다.

물론 때로는 힘에 부칠 때도 많았지만 의과 대학에서의 공부는 멋진 경험이었다. 친척 어르신들이 편찮으셨을 때 어찌해야 할지 몰랐던 모든 것들을, 내 동생이 아팠을 때 몰랐던 모든 것들을 나는 정말 배우고 싶었다. 그래서 그렇게 배운 비밀 병기를 활용하여, 한 번에 한 사람씩 진정한 변화를 주고 싶었다. 의과 대학 마지막 2년간 여러 과를 돌면서 사람들의 내면세계가 이들의 외면 세계를 얼마나 많이 좌지우지하는지 거듭 놀랐다. 내가 깨달은 사실은 우리가 살면서 하는 선택과 경험이 내면세계에서 비롯된다는 것이다. 그리고 치명적인 문제도 있지만 전적으로 미리 막을 수 있는 문제가 많다는 사실에 또 나는 놀라움을 금치 못했다. 의과 대학에서 공부하면서 인간은 머리부터 발끝까지 놀라울 정도로 복잡하다는 사실을 알게 되었고, 부실한 식사나 만성적인 흡연 또는 자동차 사고 등 사람을 다치게 하거나 사망에 이르게 하지만 미리 예방할 수 있는 문제는 예측할 수 있는 경우가 많다는 것도 배웠다.

임상 의학에 관해 배우고 환자를 보면 볼수록 정신 건강 요소가 얼마나 자주 무시되면서 결국 정신 및 신체적인 고통과 심지어 죽음까지 초래하는지 등골이 오싹할 정도였다. 사람이 병들고 죽어가는 것은 신체적 질환뿐 아니라 일차적으로 그런 질환에 영향을 주는 근본적인 정신 건강 문제 때문이다. 분명, 어떤 질환이든 근본 문제에 집중해서 의학적 질환에 접근하는 것이 더 좋은 방법인 경우가 상당히 많았다. 그리고 대개 집중할 대상은 바로 트라우마였다.

내가 정신의학에 관심을 가지게 된 이유는 뇌 생물학, 의학, 심리학을 접목해서 사람들을 이해하고 도와준다는 생각을 할 때 가슴이 벅차올랐기 때문이다. 정신과 전문의는 사람들이 의사를 찾고 의사 앞에 오는 근본 원인, 즉 의학적 질환 및 신경학적 상태를 고려해야 하며, 이와 더불어 몸과 마음이 어떤 식으로 서로 끊임없이 영향을 주고받는지에 집중해야 한다. 예컨대 내 동생이 감당해야 했던 육체적 고통은 정신 건강을 해쳤고, 이런 변화는 동생의 몸과 정신을 더욱 망가뜨리는 행위를 낳았다. 나는 내 동생 같은 사람들의 삶에 변화를 주고 싶었기 때문에 정신과 전문의가 되기로 결심했다.

트라우마는 우리 곁에 숨어 있다

살면서, 또 일하면서 나는 인간의 문제가 헤아릴 수 없이 얼마나 다양한지 목격했다. 그런데 이런 헤아릴 수 없이 방대한 문제에서 한 가지 원인이 유독 두드러지는데, 그 근본 원인이 바로 트라우마다.

이 말이 너무 과하게 들릴지도 모르겠지만, 사실 그런 의도로 꺼낸 말이다. 트라우마에 관해 내가 여기서 전하고자 하는 메시지는 여러분의 인생과 더 나아가 다른 사람의 인생을 좋은 쪽으로 변화시키려는 의도를 담고 있기 때문에 나는 일부러 강조해서 말할 수밖에 없다. 더불어 내가 다음에 할 말을 들으면 안심이 되기도 할 것이다. 동네의 모든 등이 나갔다면 어떤 일이 벌어질지 생각해보라. 한 집 한 집 다니면서 모든 등을 전부 교체해야 문제가 해결된다면 얼마나 괴롭겠는가! 대신 변압기를 수리하는 일은 거창해 보일지 모르지만, 당면한 문제에 대해서는 훨씬 더 합리적인 해결책이다. 트라우마도 마찬가지 방법으로 접근하면 된다.

내가 이 책을 쓴 이유는 트라우마에 관해 경종을 울리기 위해서다. 트라우마는 바이러스와 마찬가지로 생각 이상으로 훨씬 만연해 있고 해로우며 전염성이 있고 종종 보이지 않는다. 이런 사실을 계속 무시하고 트라우마가 숨어 있도록 방치한다면 트라우마를 무찌를 가능성은 없다.

물론 우리 대부분은 트라우마에 대해 이미 알고 있다. 당연히 이 책이 트라우마에 관해 처음 출간되는 책도 아니며, 우리는 툭하면 뉴스에서 트라우마와 관련된 소식을 접한다. 그러나 우리가 주로 트라우마를 다루는 방식은 대부분 확성기를 통해 큰 소리를 내는 것과 비슷한 듯하다. 확성기에서 나오는 소리는 주의를 끌기는 하지만 사람을 쓸데없이 놀라게 하고 신경을 거슬리게 하며 대개는 충격을 주거나 혼동을 주는 것으로 끝나고 만다. 이 책에서는 그런 것을 의도하지 않는다. 이 책은 트라우마에 관해 진심으로 이야기해보라고, 컴퓨터 작업을 끝내고, 또 그날 신문을 다 보고 난 후 실질적인 대화를 유도하려는 목적으로 썼다. 따라서 깊이 있는 대화가 이루어질 수 있도록 확성기는 내려놓으련다.

사실, 엄밀히 말해 이 책은 대화 방식은 아니다. 내가 먼저 이 책을 썼고, 이제 여러분이 이 책을 읽으니, 쌍방향식 의견 교환은 아닌 셈이다. 그래도 나는 이 책이 대화처럼 느껴지기를 바라고, 이를 염두에 두고 각 장 안에 실천법과 사색할 거리를 제공했다. 현재 우리에게는 트라우마를 다룰 적합한 전략이 없으며, 우리 자신과 타인, 세계를 필요에 따라 변화시키는 데 필요한 이해와 동기를 충분히 얻지 못하는 실정이다. 이러한 현실적인 한계를 인정하면서, 이 책에서 여러분들이 얻어갔으면 하는 것들을 다음과 같이 꼽아보았다.

- 트라우마와 수치심에 대한 철저한 이해
- 자기 자신, 타인, 주변 사회에서 트라우마를 인식하는 능력
- 개인 및 집단 트라우마가 사회적 차원에서 작용하는 방식
- 트라우마를 그 길목에서 저지할 동기

- 자기 자신과 타인을 도울 수많은 실용적 도구

이 책은 나와 내 환자들의 삶에 관한 이야기로 채워졌으며, 총 4부로 나누어 설명과 상황 해석을 담았다. 1부 '트라우마와 그 파괴력'에서는 트라우마의 정의와 유형을 탐구하며 트라우마에서 수치심이 하는 중요한 역할을 설명한다. 2부 '트라우마의 사회학'은 트라우마를 확대해보면서 트라우마 문제가 실제로 얼마나 심각하고 주위에 만연해 있는지를 다룬다. 또 현재의 의료 체계가 트라우마 대처에 얼마나 취약한지 이야기해보겠다. 이와 더불어 코로나19 팬데믹 같은 사회 환경과 인종차별 문제가 트라우마를 얼마나 더 부추기는지도 탐구했다. 3부 '우리 뇌 사용설명서'에서는 대뇌 변연계의 역할, 특히 트라우마가 우리 뇌의 생리, 정서, 기억, 질병과 통증의 신체적 경험을 어떻게 변화시키는지 파헤쳐보았다. 마지막 4부 '트라우마 함께 물리치기'에서는 트라우마가 우리 모두에게 끼치는 해악을 처리하고 정화하며 치유하기 위한 집단적 조치를 제시했다.

차례

추천 서문 나는 어떻게 다시 살아갈 힘을 얻게 되었나 — 레이디 가가 9
서문 트라우마 이전과 이후의 이야기 13

1부 트라우마와 그 파괴력

1 트라우마의 은밀한 침투 29

트라우마에 대한 여러 가지 비유 30 | 트라우마 바이러스 30 | 오염 35 | 기생충 36 | 트라우마의 타격 39 | 트라우마는 인생의 경로를 틀어버린다 40 | 트라우마의 영향력: 네 가지 실화 42

2 트라우마 알아보고 구별하기: 유형과 외상 후 증후군 49

급성 트라우마: 한 번의 큰 사건이 주는 충격 50 | 만성 트라우마: 해로운 상황에 지속적으로 노출될 때 51 | 대리 트라우마: 타인의 고통이 나의 고통이 될 때 52 | 외상 후 증후군의 일곱 가지 증상 53 | 트라우마는 쉼 없이 내리는 비와 같다 62

3 트라우마 곁의 수치심과 공범자들 67

절망감과 무력감이 발목을 잡을 때 69 | **공범** 수치심 71 | 해법 자기와의 대

화 방식 발견하기 71 | 해법 수치심에게 책임을 돌리기 72 | 공범 자기 돌봄 부족 72 | 해법 인간으로서 누려야 할 부분을 분명히 생각해보기 72 | 해법 자신이 변화시킬 요소를 생각해보기 72 | 공범 위험을 불사하는 행위 73 | 해법 동기 들여다보기 73 | 해법 충동 조사하기 73 | 공범 수면 부족 74 | 해법 몸과 마음을 이완하기 74 | 해법 상상 기법 이용하기 74 | 공범 기분 저하 75 | 해법 몸과 마음 깨우기 75 | 해법 스트레스를 유발하는 요소 알아보기 75 | 공범 불안 75 | 해법 미디어 이용 제한 75 | 해법 불안 촉발 요소 확인하기 76 | 공범 면역 저하 76 | 해법 몸과 마음 돌보기 76 | 공범 악몽과 환각의 재현 77 | 해법 도움을 구하기 77 | 나의 환자 선생님 77 | 수치심은 믿음을 왜곡시킨다 82 | 학습된 트라우마는 어떻게 수치심으로 이어지는가 83 | 동생의 죽음 이후 우리 가족이 겪은 수치심 92

4   아동기 트라우마: 스테파니 주 구텐베르그와의 대화 95

5   트라우마의 타깃: 연민, 공동체 정신 그리고 인간애 123

"의사 양반, 자네가 처음으로 눈치챘구먼" 125 | 트라우마는 우리의 역량을 숨기고 부정한다 129 | 최고의 순간과 최악의 순간이 같이 올 때 130

2부   트라우마의 사회학

6   의료 서비스가 트라우마를 대하는 방식 139

구토 비닐 140 | 심리 치료: 이런 테라피스트에게 갈 것 148 | "의사 선생, 나는 죽은 사람이에요. 당신은 바쁜 사람이잖아요" 152 | 병원 문을 제집 드나들듯하는 환자 156

7 　트라우마 이후의 뇌: 다린 라이허터와의 대화 161

8 　트라우마에 감염된 사회: 고립, 분노, 분열 187

　　방독면을 쓴 소년 189 ｜ 차별과 편견이 만들어내는 위기 191 ｜ 환자가 필요로 했던 도움 193 ｜ 우리를 분열시키는 힘과 단결시키는 힘 196

9 　사회적 해법: 트라우마 대처를 위한 디딤돌 203

　　해법 겸손의 미덕 기르기 204 ｜ 해법 인간의 핵심 가치 기억하기 206 ｜ 사람을 죽인 공격과 사람을 살린 공격 208 ｜ 해법 타인에게 마음의 문 활짝 열기 210 ｜ 해법 공포 다스리기 212 ｜ 해법 빠른 해결책 피하기 214

3부　우리 뇌 사용설명서

10 　트라우마가 생각에 저지르는 행각 219

　　논리, 정서 그리고 기억 220 ｜ 인지 가림막: 트라우마가 세워놓은 거대한 벽 225 ｜ "누가 나를 선로 위에 눕혀놓았나요?" 229 ｜ "난 당해도 싸": 자기 안의 학대자 233 ｜ 해법 채널 바꾸기 237 ｜ 트라우마는 부정적인 기억만 부각시킨다 239

11 　변연계: 울고 웃고 기억하는 모든 것 241

　　기분, 감정, 정서는 어떻게 다른가 244 ｜ 해법 도움이 되는 환경 찾기 249 ｜ 트라우마가 변연계를 가로채는 방식 250 ｜ 기억은 하나의 데이터에 불과하다 252 ｜ 건강한 생각을 반복하면 내 것이 된다 255 ｜ 해법 잠시만 기다려! 256 ｜

"쥐들이 잠들었어요" 258

12   트라우마가 가하는 신체적·정신적 파고 263

트라우마는 통증을 키우고 통증은 고통을 늘린다 265 | 해법 긴장 줄이기 267 | 트라우마로 인한 자가 면역 질환 269 | 후생유전학과 아동기 스트레스 271 | 트라우마는 노화를 촉진한다 271 | 트라우마가 가져온 부정적 그림자 273 | "할 수 없죠. 당신은 이탈리아 사람이잖아요" 274

4부   트라우마 함께 물리치기

13   치유의 북극성으로 향하는 길잡이 279

다섯 가지 결정적인 연결 고리 281 | 해법 지식 활용하기 284 | 스스로에게 좋은 아군이 되는 법 285 | 해법 줄다리기 의식하기 288 | 해법 의식 수준 올리기 290 | 폭력을 버리고 선의를 택하다 293

14   트라우마가 아닌 나의 이야기 쓰기 297

지혜와 끈기는 누구나 키울 수 있다 298 | 트라우마 확산을 막기 위한 소통 방식 301 | 어떤 말은 타인의 불안을 자극한다 304 | 트라우마가 쓰는 거짓 내러티브 308 | 해법 진정한 삶의 내러티브 쓰기 311 | 이름이 바뀐 소녀 312

15   트라우마를 함께 치유한다는 것 317

인간애가 우리를 구한다 318 | 온정 어린 사회를 만드는 다섯 가지 요소 319 | 생물심리사회적 모델 322 | 트라우마에 맞서려면 어떻게 행동해야 하

는가 323 | 10년 후 10년 젊어지다 327 | 우리는 모두 충분한 힘을 가지고 있다 329

감사의 말 335
인용 출처 339

1부

트라우마와 그 파괴력

지구상 모처의 인간의 고통은
지구상 도처의 남녀와 관련되어 있다.

엘리 위젤^{Elie Wiesel}, 《나이트》

1

트라우마의 은밀한 침투

트라우마: 명사 - 감정적 또는 신체적 고통을 일으키며 나이가 들면서 한 개인에게 상처를 남기는 것.

트라우마는 모든 부분에 영향을 준다. 놀라울 정도로 많은 사람이 겉으로는 드러나지 않지만 심각한 상처를 입는다. 여기서 말하는 상처란 누군가 아이스크림을 다른 맛으로 잘못 줘서 또는, 마지막 한 개 남은 쿠키를 남이 먹어서 생기는 사소한 상처가 아니다. 트라우마란 보이지 않지만 실제로 뇌의 생리와 심리에 변화를 일으키는 감정적 또는 신체적 고통을 말한다. 인간의 회복력은 보통 상당하지만, 많은 사람은 상상 이상의 방식으로 오랜 기간 동안 트라우마로 인한 변화로 고통을 겪는다.

트라우마에 대한 여러 가지 비유

때때로 실제 정의만으로는 뜻을 파악하기 쉽지 않기 때문에, 나는 트라우마와 그 작용 기전을 종종 다른 것에 빗대어 설명하고 앞으로 트라우마 치료를 위해 나아갈 청사진을 제시할 것이다. 다음은 내가 트라우마를 설명할 때 즐겨 사용하는 비유지만, 책을 읽다 보면 이 밖에도 몇 가지 비유가 더 나온다.

트라우마 바이러스

바이러스는 트라우마를 설명할 때 아마도 내가 가장 많이 빗대는 대상인데, 이 책을 쓰는 현시점에서도 아주 적절한 것 같다. 나는 수년간 트라우마를 유행병이라고 생각했지만, 최근 코로나19 팬데믹이 전 세계 곳곳을 강타하는 것을 보면서, 트라우마야말로 셀 수 없이 많은 사람을 죽이고 고통스러운 후유증을 남기는 바이러스 같은 존재라고 생각하게 되었다. 코로나바이러스와 마찬가지로 트라우마도 실체는 보이지 않으며, 조용하고도 음흉하게 작용하는 그 양상만 드러난다. 트라우마는 한 사람에게 해를 입히면서 스스로 복제하고, 다른 사람에게 손을 뻗친 다음 또 다른 사람에게 퍼뜨리고 다시 본래 사람에게 돌아오는 경우도 많다. 불행하게도 트라우마를 예방하는 백신 실험은 전무하고, 트라우마의 조기 검진 방법은 한심할 정도로 부족한 실정이다. 따라서 현재 수중에 있는 모든 수단을 총동원하여 궁극적으로 트라우마 바이러스의 위협에 직면해야 비로소 우리는 행복과 안녕뿐 아니라 생존까지도 위협받고 있다는 실정을 깨닫게 될 것이다.

코로나는 우리가 이 세상을 살아가고 다른 공동체 구성원과 관계 맺는 방식을 완전히 바꿔놓았다. 우리는 다른 사람들과 있을 때 마스크를 써야 하고, (보통 180센티미터 이상) 사회적 거리를 유지해야 하며, 만나는 사람들이 혹시 코로나에 감염되었는지 걱정하며 최대한 짧게 대화를 마무리한다. 트라우마의 여파 역시 이와 많이 다르지 않다. 트라우마를 겪으면 불안과 우울감이 오기 때문에, 사람들을 대할 때 가면을 쓰며(로마에서는 연극할 때 쓰는 마스크를 페르소나personas, 즉 가면이라고 불렀다), 사람들과 감정적인 거리를 유지하고, 때로는 불안 또는 우울증을 겪는 것처럼 보이는 사람들을 피하며, 이들과는 짧고 깊이 없는 대화만 나눈다.

> 바이러스로 인한 팬데믹에 현명하게 대처하는 방법은 백신이 널리 보급될 때까지 활동을 더욱 제한하는 것이다. 트라우마 팬데믹에 현명하게 대처하는 방법은 우리 스스로 백신 역할을 할 수 있도록 좀 더 마음을 활짝 열고 생활하는 것이다.

코로나가 강타하기 전, 나는 항상 팬데믹이란 서로 다른 사람들이 다름을 극복하고 같이 모여 공동의 적과 싸우는 시기라고 생각했다. 옛날 사람들은 분명 의사와 간호사의 말을 경청하고 공동체의 권위자가 세워놓은 지침에 따라 사랑하는 사람을 비롯한 타인을 보살폈을 것이다. 2020년에 이 책을 쓰면서 나는 불현듯 이런 깨달음을 얻었다.

이제는 너무 많은 사람이 공동의 선이라는 관념에 고무되지 않는 것 같다. 사실 뉴스를 보면 자신들이 선호하는 것만 고집하고 불평불만을 쌓아가면서 나날이 커가는 치명적인 위협은 무시하는 사람들로 가득하다. 코로나에 대해 지금까지 미국은 이를 부정하고 말다툼을 벌이며 불쾌한 진실과 마주하기를 전면 거부하는 방식으로 대응했다. 경고 표시가 켜 있었는데도 정부는 한 치 앞을 내다보지 않았다. 또 불편한 진실을 마주하려고 하지 않았기 때문에 피할 수 있는 비극을 미리 근절할 수 있는 수많은 기회를 모조리 날려버렸다. 어떤 원칙이나 기준으로 봐서도 미국은 한 국가로서 스스로 위기에서 빠져나오는 데 실패했고, 국가와 그 안에 사는 모든 이들을 위해 마땅히 해야 할 일을 하지 못했다.

이 일은 상당히 안타깝지만, 덕분에 나는 더더욱 트라우마 바이러스에 관해 경종을 울리자는 결심을 굳히게 되었다. 트라우마 또한 전 세계에 말 못 할 고통과 절망을 안기는 팬데믹이기 때문이다.

트라우마는 현재 코로나만큼 언론의 관심을 받지 못하는 상태이고, 이 때문에 더욱 치명적인 결과를 가져온다. 코로나처럼 트라우마 바이러스 자체는 눈에 보이지 않는다. 증상의 일부를 확인할 수 있을지 모르지만, 트라우마는 사실상 우리 뇌(우리 생각과 기억, 기억의 의미까지)를 바꿔놓기 때문에, 그 피해 정도를 인식하기가 갈수록 더 어렵다. 우리 대부분은 트라우마가 충격적인 단발성 사건에서 비롯되었다고 생각하지만, 그런 사건은 트라우마라고 하는 빙산의 일각에 지나지 않는다. 트라우마를 연구하는 과학자들은 눈에 보이는 명백한 현상보다 그 이면에 훨씬 많은 것이 숨어 있다고 경고하지만, 코로나19 팬데믹에서 알 수 있는 것처럼 우리는 과학자의 말을 늘 경청하지는 않는다.

트라우마 바이러스에 대한 과학자들의 경고 한 가지는, 트라우마가 미래의 자녀, 즉 태어나기는커녕 머릿속으로 상상조차 하지 않은 자녀에게까지 영향을 끼칠 정도로 해롭다는 것이다. 트라우마는 유전적 특징이 대를 이어 어떻게 전달되는지 보여주는데, 이는 곧 트라우마의 여파가 현재 시점에서 미래의 유전 정보에 기록되고 있다는 것을 의미한다. 따라서 트라우마는 마치 팬데믹처럼 한 사람이 죽고 나서도 계속 퍼진다. 이 바이러스는 인간이라는 종족의 생존 고리를 무너뜨려 그 해악을 대대로 증폭시킨다.

마스크와 고립은 바이러스로 인한 팬데믹에서 중요한 역할을 한다. 이 두 가지 요소는 질병의 확산을 막아 인간을 보호해서 우리가 생존하고 앞으로 삶을 이어갈 수 있도록 해준다. 하지만 트라우마로 인한 가면과 고립은 대부분 내면에서 작용하여 건강한 감정과 사고를 부정적으로 바꾸고 자신의 불편과 공포를 외부 세계에 투사한다. 이 중 그 무엇도 우리를 돌보거나 보호해주지 않는다. 대신 트라우마로 인한 가면과 고립은 트라우마를 한층 더 악화시켜, 고통의 씨앗을 키우고 퍼뜨린다. 트라우마 팬데믹은 이런 식으로 스스로 영속한다.

바이러스로 인한 팬데믹에 현명하게 대처하는 방법은 백신이 널리 보급될 때까지 활동을 더욱 줄이는 것이다. 트라우마 팬데믹에 현명하게 대처하는 방법은 우리 스스로 백신 역할을 할 수 있도록 좀 더 마음을 활짝 열고 생활하는 것이다. 스스로 이해와 연민과 변화에 마음의 문을 열면 심리적 광선과 신선한 공기가 충분히 들어오면서 우리는 비로소 쑥쑥 자라게 된다.

트라우마를 바이러스에 빗대면 트라우마의 위험과 심각성을 가장 정확히 잡아낼 수 있지만, 가끔 트라우마가 우리 모두에게 끼치는 위협이 얼마나 심각한지 설명하는 데 나는 다음의 두 가지 비유도 즐겨 사용한다.

오염

트라우마는 우리가 마시는 공기와 매우 흡사하다. 공기는 어디에나 존재하고 집, 신체, 사랑하는 사람의 신체 안팎을 마음대로 드나든다. 보통 (예컨대 우리가 사는 도시의 스모그 또는 마을에 난 산불의 연기로 인한) 오염 수치가 올라가지 않으면 숨 쉬는 공기에 대해 그다지 많이 생각하지는 않지만, 오염된 공기가 우리 몸에 들어오면 건강을 위협한다. 그래서 대기 오염지수를 사용해서 지상의 오존, 일산화탄소, 에어로졸 등의 주요 오염원을 추적한다. 이 말은 우리가 대부분의 시간에는 생존에 필요한 공기에 대해 사실상 전혀 관심을 기울이지 않는다는 뜻이다. 트라우마에 대한 우리의 대응 방식도 이와 별반 다르지 않다. 트라우마 증상이 속수무책일 정도로 심해졌을 때야 비로소 우리는 이를 심각하게 받아들인다. 이상적인 대처 방안은 일종의 지속적인 모니터링 시스템을 개발하는 것으로, 이것의 도움을 받으면 트라우마의 일상적인 피해를 이해할 수 있는 힘이 생기고 우리의 내부 및 외부 환경에서 트라우마가 끼치는 피해를 최소화할 수 있다.

물론 수질 오염도 중요한 문제이다. 물을 담은 커다란 그릇에 염색약 한 방울을 떨어뜨린다고 상상해보자. 이 경우 염색약이라는 독성 물질이 든 그릇을 자세히 관찰하면 독성 물질이 물 전체로 확산되는 모습을 볼 수 있다. 염색약을 처음 물에 떨어뜨리면 물색

이 짙어지고 밝아지지만 그 독성이 그릇 전체에 퍼지게 되면 색이 흐려진다. 물 안에 들어 있는 독소의 양은 여전히 같고 독소가 퍼지는 동안 물속에 계속 존재하지만, 처음보다는 눈에 덜 띄는 것처럼 느껴진다. 결국 염색약의 색깔은 처음만큼 선명하지 않다.

우리가 지금 당장 오염의 위험을 인식하거나 걱정하지 않는다고 해서 이 행성이 안전한 것은 아니다. 마찬가지로 트라우마에 관심을 기울이지 않는다고 해서 트라우마가 우리 행복을 망치는 일은 없을 거라 마음 놓을 수는 없다. 트라우마의 위협은 실제로 존재하며, 트라우마는 지금 이 순간에도 활발하게 활동하며 우리에게 해를 끼치고 있다.

기생충

트라우마에 관해 얘기할 때 사용하는 세 번째 비유는 톡소플라스마다. 톡소플라스마는 다른 숙주 안에서 각각 다른 발달 단계를 거치는 기생충이다. 따라서 숙주를 침범하여 그 안에서 살고 스스로 복제하면서 생존을 이어간다. 이 기생충의 발달 단계, 즉 생존 주기는 이미 알려져 있으며, 기생충이 어떻게 각 단계의 숙주를 이용하여 다음 숙주로 이동하는지도 확인되었다. 톡소플라스마가 관심을 끄는 이유는 단지 매 생존 주기마다 서로 다른 숙주가 관여하기 때문은 아니다. 원래 기생충은 다른 종의 숙주를 이용하여 가속적으로 번식한다.

톡소플라스마는 쥐에서 고양이로 숙주를 이동하도록 진화되었다(이따금 고양이에서 인간으로 숙주를 바꾸기도 한다). 물론 톡소플라스마가 이를 의식적으로 계획하지는 않았지만, 그럼에도 이 기생충은 묘수를 부려 쥐가 고양이에게 잡아먹힐 가능성을 늘렸는데, 그 방법이 바로 기생하고 있는 쥐의 뇌를 고양이를 덜 두려워하도록 바꾸어놓는 것이다. 얼마나 그 방법이 교묘한지 혀를 내두를 정도다. 사실 쥐는 고양이를 본능적으로 두려워한다. 그러나 톡소플라스마에 감염된 쥐는 자신도 모르는 사이 이런 두려움이 없어져 세상 아무 걱정 없이 고양이 근처를 어슬렁거리게 된다.

때때로 트라우마 기생충은 너무 악질이어서 우리는 심지어 스스로의 안전을 지키는 기본 수칙마저 잊어버리게 된다.

나는 트라우마가 인간에게 끼치는 영향이 톡소플라스마가 쥐에게 끼치는 영향과 같다고 생각한다. 물론 트라우마가 있다고 해서 우리가 고양이에게 먹히지는 않지만, 트라우마는 분명 우리의 뇌를 변화시켜 완벽하게 살아 있다는 게 무엇인지 그 근본 의미를 망각하게 한다. 트라우마에 갇히면 자신의 가치, 꿈, 재능, 염원을 잊게 되는 것이다. 그리고 때때로 트라우마 기생충은 너무 악질이

어서 우리는 심지어 스스로의 안전을 지키는 기본 수칙마저 잊어버리게 된다. 과거 연인과의 관계에서 신체적으로 폭력을 겪은 (또다시 한번 그렇게 될까 두려워하는) 사람이 신체적 학대가 거의 확실한 관계의 불구덩이로 다시 뛰어드는 상황을 이루 헤아릴 수 없이 여러 번 목격했다.

톡소플라스마로 인해 쥐가 고양이를 덜 무서워하게 되는 것과 별반 다르지 않은 방식으로 트라우마는 우리 뇌를 변화시킨다. 트라우마를 겪은 사람들은 다른 사람들에게서 보이는 경고 신호에 촉각을 곤두세우는 대신, 자기 자신을 변화시키는 데, 즉 "좀 더 좋은" 사람이 되려고 행동하는 데 (문제는 사회의 도움을 거의 받지 않고) 초점을 맞추는 경우가 많다. 이런 생각은 더한 수치심과 자책 그리고 건강하고 안전하게 새로운 관계를 맺을 수 있다는 망상을 낳는다. 때문에 학대받은 사람은 네온사인 광고판처럼 선명하고 빤한 경고 신호를 지나치거나 무시하는 경우가 많다. 이 신호는 분명 더 심한 폭력과 절망, 수치가 앞에 도사리고 있다고 경고하지만, 트라우마에 갇힌 사람들은 스스로 변하면 다른 사람도 자기를 다르게 대할 거라고 착각한다.

트라우마는 생존하려고 톡소플라스마가 하는 방식을 따른다. 트라우마가 의식적으로 생각할 수는 없겠지만, 그렇다고 위험이나 파급력이 덜한 것은 아니다. 톡소플라스마는 무슨 방식을 쓰든 더 많은 톡소플라스마를 생산하도록 진화되었다. 이와 동일하게 트라우마는 더 많은 트라우마를 만들어내고, 사람에서 사람으로, 사람에서 다른 생명체와 행성으로 그리고 다시 사람에게로 옮겨다닌다. 이런 양상은 우리가 트라우마를 저지할 때까지 계속될 것이다.

트라우마의 타격

바이러스, 오염, 기생충이 우리에게 각각 다르게 영향을 주는 것처럼, 트라우마도 마찬가지다. 트라우마는 다양한 형태와 빈도, 강도로 찾아오며, 수많은 이유로 어떤 사람은 다른 사람들보다 트라우마의 영향을 더 많이 받는다. 트라우마를 물리치고 싶다면 이러한 요소들을 철저하게 알아보고 이해할 필요가 있다. 대부분의 사람들은 어느 한 가지 유형의 트라우마에 잘 대처하는 경향이 있는데, 이는 인생의 경험을 활용하여 어느 한 가지 유형의 적과는 잘 싸울 수 있지만, 다른 유형의 적을 상대하기에는 속수무책이라는 의미이기도 하다.

우리의 유전자와 인생 경험은 다중 충격 가설multiple-hit hypothesis의 영향을 받는다. 수많은 실제 상황에 적용할 수 있는 이 가설에 따르면, 우리의 대처 매커니즘은 연속적으로 트라우마를 겪을 경우, 즉 본질적으로 "타격"을 받는 횟수가 많을수록 약해진다. 어떤 사람들은 트라우마를 처음 겪고 심한 타격을 받는 반면, 어떤 사람들은 트라우마를 겪고도 상당히 잘 이겨내는 것 같지만 나중에 겉으로 봐서는 별일 아닌 일에 무너지고 만다. 예를 들어 민족 차별이나 구조적 인종차별을 겪는 사람들은 스트레스를 유발하는 상황에 끊임없이 직면하는데, 결국 트라우마가 쌓이면 나약해진 나머지 맥을 못 추고 항복한다. 트라우마에 타격을 받는 문제에 관해서는, 그 충격이 우리 자신과 다른 사람들에게 어떻게 축적되는지 모르는 경우도 많다.

트라우마는 인생의 경로를 틀어버린다

서론에서 언급했듯이 이 책은 내 인생과 영광스럽게도 내가 알게 된 사람들의 인생 이야기로 가득하다. 방금 언급한 트라우마에 관한 비유와 마찬가지로, 나는 사람들의 이야기를 활용하여 트라우마가 어떻게 작용하는지, 사람들이 트라우마에 대항하여 어떻게 분투하고 승리를 거두는지 보여주려 한다. 이런 이야기는 실제 일어난 실화라 그 힘이 강력하다. 기밀 보장을 위해 일부 요소는 바꾸었지만, 그들을 이해하면서(또 일부의 경우 그들과 생활하면서) 겪은 경험은 모두 진실이다. 우리 모두는 할 이야기가 있다. 우리는 이런 이야기를 통해 인생의 즐거운 일은 물론 어려운 일도 기억하고 공유한다. 또 트라우마와, 사람들이 트라우마를 안고 살아가는 이야기는 달의 수명만큼이나 오래된 이야기다. 트라우마는 우리가 행복을 추구하면서 만나게 되는 악당이다. 또한 우리를 딴 사람으로 바꾸고, 불안을 더욱 가중시키면서, 피해를 끼친다. 겉으로 보기에 이런 피해는 내면의 눈금에 부정적인 영향을 끼치고 우리는 행복 쪽으로 그 눈금을 다시 되돌려놓으려 애쓰지만, 트라우마 이야기에는 이 밖에도 여러 단면이 있다.

트라우마는 우리의 이야기를 가로챈다

트라우마가 뇌의 생리와 심리에 변화를 초래한다는 것은 우리가 숱하게 무시하는 트라우마 이야기의 한 단면이며, 이런 변화를 무시하는 이유는 트라우마에 갇히면 이런 변화와 그 여파가 우리 삶에서 어떻게 작용하는지 눈에 띄지 않기 때문이다. 트라우마는 우리의 꿈을 갉아먹으며, 은밀하게 우리의 결정을 왜곡한다. 이런 식으로 트라우마는 우리의 집안을 전복시키는 악당이나 적과 같은 역할을 한다. 이런 적은 우리가 누구인지, 무엇을 이루어낼 수 있는지, 어떤 대우를 받을 만한지 감을 잡지 못하게 한다. 트라우마는 우리가 저울 자체와 맺은 관계를 깨뜨려 정작 우리는 무슨 일이 일어나는지 알아차리지 못하는 사이에 인생의 음지에 추를 더 올려놓고 우리의 생득권인 안전과 기쁨을 몰래 빼앗아간다. 트라우마는 우리의 감정과 기억을 변화시키며, 변화된 감정과 기억은 우리의 결정과 인생의 경로를 틀어버린다.

담당 환자가 사망했을 때마다 나는 트라우마가 이들 환자에 은밀히 끼친 영향과 이들의 표면적인 사망 원인이 다르다는 점에 주목했다. 이 점은 진단서에 기술된 사망 원인에서 가장 분명하게 드러난다. 예를 들어 공식적인 사망 원인은 동료에 의한 강간이 아닌 교통사고로, 또는 평생 모은 저축을 사기당해서가 아닌 자살로, 또는 어린 시절 알코올 중독 부모에 의한 학대가 아닌 간경변으로 나올 수 있는 것이다. 트라우마는 삶은 물론 죽음에서도 우리의 이야기를 빼앗아간다.

트라우마의 영향력: 네 가지 실화

다음은 트라우마와 관련된 네 가지 실화(두 가지는 내 경험)로, 트라우마의 영향을 잘 보여준다.

- 나는 의대에서 췌장을 해부하고 그 기능을 배웠지만, 어머니가 췌장암 진단을 받기 전까지 이 장기는 내게 어떤 특별한 의미도 없었다. 우리 가족에게 지독히도 힘든 일이 닥친 후 어머니는 돌아가셨다. 췌장암 진단을 받을 때까지만 해도 어머니는 건강하고 활동적이었으며 닥치는 대로 글을 읽는 왕성한 독서가였고 걸음걸이도 너무 빨라 내가 따라잡지 못할 정도였다. 이제는 췌장 pancreas이라는 단어만 들어도 내 근육은 움츠러들고 숨이 가빠지며 어머니 장례식 생각이 나고 이제 더 이상 어머니가 앉아계시지 않는 안락의자가 보인다. 겉으로는 티가 잘 안 나지만 내면을 들여다보면 이런 변화가 확실히 보인다. 한번은 런던에 머무는 중이었는데 팬크라스 St. Pancras 역에서 친구를 차마 만날 수 없겠다는 생각이 들었다. 팬크라스가 그 끔찍한 췌장이라는 단어와 너무 비슷했기 때문이다. 어쨌든 약속에 나가기는 했지만 그곳으로 걸어가는 내내 죄의식이 몰려오기 시작하면서 "어머니가 편찮으셨을 때 좀 더 자주 집에 가봤어야 하는데"하는 후회가 들었다. 사실 나는 (서부에서 동부까지 오가면서) 수개월 동안 2주에 한 번씩 집에 꼬박꼬박 갔었다. 어머니와 병원에 같이 갔고 부모님과 나들이도 했다. 어머니 병환이 깊어지면서부터는 내가 나서서 어머니를 간호했지만, 그럼에도 여전히 반사 반응처럼 자동적으로 죄의식이 느껴진다.

• 성폭행을 당한 사람들을 헤아릴 수 없이 많이 치료했는데, 이들이 겪는 트라우마는 그들의 생활 단면 하나하나에 영향을 끼친다. 한 환자는 친구 집 파티에서 나오면서 차로 향하는 도중, 집 앞 잔디밭 후미진 곳에서 강간을 당했다. 특별히 기억하는 것은 잔디밭에 나무나 숨을 만한 곳이 전혀 없다는 점이었지만, 자신을 덮친 남성은 눈으로 볼 수 없었다. 날이 어두웠고 늦은 시간이라 대부분의 사람들이 이미 자리를 떴지만, 이 여성 환자는 새로운 사람들과 비슷한 관심사에 대해 이야기하는 것이 즐거워 좀 더 오래 머물렀고, 그날은 암벽 등반 얘기를 나누었다. 강간을 당한 이후 그녀는 공황 장애를 겪었고 잘 집중하지 못했으며 실적이 낮아 직장에서 잘리지 않을까 걱정이 이만저만이 아니었다. 앞으로 바뀔 근무 시간도 두려웠다. 그도 그럴 것이 일하러 가거나 집으로 돌아올 때 차를 타러 걸어가는 길이 어두워지기 때문이었다. 그야말로 길거리에서 만나는 모든 남성이 두려웠고, 심지어 자기를 사랑하고 자신이 사랑하는 남성들도 두려워했다. 그녀는 남의 시선을 끌지 않으려고 편한 복장을 입기 시작했지만, 그러다 보니 모임에서 최소한의 복장 기준도 맞추지 못했다. 설상가상으로 죄책감까지 들었다. 본인의 잘못이 아닌 줄은 알았지만 그날 다르게 행동했으면 상황이 달라지지 않았을까 하는 생각이 끊이질 않았다. 그날 집에 좀 더 일찍 갔더라면, 자리를 뜨면서 좀 더 주의를 기울였

더라면, 옷을 다르게 입었더라면? 하지만 남동생이 포옹하려고 했을 때도 두려움이 들자 그 미안함에 죄책감이 몰려왔다. 당연히 데이트는 물론 암벽 등반도 하고 싶지 않았다.

- 나는 20대에 여행을 많이 다녔는데 그러다 보니 비행기 이착륙을 수도 없이 많이 경험했다. 한번은 유럽에서 집으로 돌아가는 길이었는데 코가 막힌 느낌이 들어 충혈 제거제를 복용했다. 나도 모르는 사이에 부비동염에 걸렸는데, 이 때문에 이착륙 시 형성된 기압 변화가 더해져 부비강 내벽이 더 약해졌던 것이다. 비행기가 암스테르담에 들르려고 하강하기 시작하자 부비강 내벽은 찢어지고 부비강이 피로 차오르면서 왼쪽 윗니로 가는 신경에 상당한 압력이 느껴졌다. 그 고통은 이루 말할 수 없어서 실제로 수차례 의식을 잃기도 했고, 비행기가 대서양을 서서히 횡단했을 때는 내 상태가 그야말로 가관이었다. 지금까지도 나는 비행기 이착륙이 두려운데, 내 안에서 뭔가 터져버릴 것 같고 그러면 그 고통을 어떻게 감당할까 걱정이 앞선다. 이 일화를 떠올리니 당시 비행기에서 내 옆자리에 앉았던 예의 바르고 겸손한 네덜란드인 가족이 생각난다. 그 가족의 두 딸이 (둘 다 약 여덟 살 정도였고 머리에 리본을 달고 있었는데) 내 고통 때문에 큰 충격은 받지 않았는지 걱정된다. 알지도 못하는 아저씨가 9시간 내내 극심한 고통 속에 괴로워하는

것을 지켜봐야 했으니 말이다.

- 내가 담당하는 나이 든 환자 한 분은 병원에 올 때마다 항상 자상한 남편과 함께 왔다. 명절 때면 할머니는 쿠키를 구워오셨고, 할아버지는 세상에서 이것보다 맛있는 쿠키는 없을 거라고 장담하곤 했다. 이들 부부는 근처 공원 여러 곳을 수년간 함께 거닐었다. 그런데 어느 날, 갑자기 할아버지가 쓰러지더니 미동도 하지 않았다. 할머니는 공포에 질렸다. 필사적으로 맥을 찾아 인공호흡을 하고 즉시 911에 전화했지만, 할아버지는 심각한 심장 마비로 그 자리에서 사망했다. 너무나 많은 것이 할머니에게서 사라졌지만, 할머니를 가장 괴롭게 한 것은 할아버지와 자주 산책했던 공원에 다시 갈 수 없다는 사실이었다. 최고의 추억은 이제 할머니를 겨누는 무기가 되었고, 할머니는 죄책감까지 느끼게 되었다. 남편에게서 뭔가 이상한 낌새를 눈치챘어야 하는 것 아닌가? 뭔가 다른 시도를 했다면 남편 목숨을 살릴 수 있지 않았을까? 불현듯 남편의 죽음이 떠오르면 그날 밤은 반드시 끔찍한 불면증과 기억나지 않는 악몽에 시달리고 만다. 몇 년이 지나면서 할머니의 상태는 많이 나아졌지만 여전히 공원에는 가지 못한다.

이들 트라우마 사례는 각기 다르다. 한 가지는 아무 죄도 없는 여성을 고의로 성폭행한 사례이고 한 가지는 극심한 신체적 고통과 관련된 사례이며 나머지 둘은 사랑하는 사람의 죽음(한 사례는 서서히, 다른 한 사례는 갑자기 죽음을 맞이한 경우)과 관련이 있다.

그러나 이들 사례에서도 역시 공통점이 발견된다. 한 가지 공통점은 고도의 부정적 감정이고 또 한 가지는 바뀐 세상, 즉 사건 이후 완전히 다르게 느껴지고 다르게 보이는 트라우마 이후의 세상이다. 예전 같으면 별생각이 없던 의견도 부정적으로 바라보게 되고, 한때의 즐거웠던 기억마저 부정적인 감정으로 가득 차버리고 말았다. 두 번째 사례의 여성은 암벽 등반에 관한 대화가 트라우마를 일으킨 그날의 비극과 너무 깊게 연관되어 있으므로 더 이상 암벽 등반을 갈 수 없게 되었다. 비행기 착륙은 예전의 나에게는 별일이 아니었지만, 착륙하는 동안 부비강에 피가 가득 차 극심한 통증을 겪은 이후에는 엄청난 스트레스가 되었다. 이제 나에게 췌장이란 단어는 죄책감과 상실감이 스며 있는 말이며, 한 할머니는 고인이 된 남편 없이는 더 이상 공원에 갈 수 없게 되었다.

위의 사례는 트라우마로 인해 외부 세계를 보는 눈이 바뀌게 되는 몇 가지 예에 불과하다. 트라우마 사건의 성격이나 정도와는 상관없이 트라우마 이전과 이후의 우리 이야기는 극명하게 달라질 수 있다.

2
트라우마 알아보고 구별하기:
유형과 외상 후 증후군

생명을 위협하는 바이러스에 감염되었을 때 어떤 사람은 순식간에 병세가 악화되는가 하면, 어떤 사람들은 바이러스로 인해 몸이 상당히 많이 손상될 때까지 증세가 드러나지 않는 경우도 있다. 이런 점을 염두에 두고, 트라우마에도 여러 다른 종류가 있다는 것을 이해해서 이들이 서로 어떻게 비슷한지, 또 어떻게 다른지 식별하고 구별할 줄 아는 것이 중요하다.

급성 트라우마: 한 번의 큰 사건이 주는 충격

급성 트라우마는 심한 공격, 전투에서의 부상, 변사 장면 목격, 처참한 교통사고, 생명을 위협하는 위독한 상황같이 보통 남들이 심각하다고 여기는 특정 사건으로 인해 발생한다. 사고 전과 비교했을 때, 각각의 경우 당시에 일어난 일로 인해 앞으로 삶을 경험하는 방식이 확연히 달라진다. 급성 트라우마에는 종종 두려움, 고통, 공포, 극심한 나약함이 동반되고, 살면서 사고를 미연에 방지하는 식으로 삶을 예측하거나 통제할 수 있다는 자신감이 사라진다. 이런 사건을 겪는 동안과 그 직후, 당사자는 당연히 넋이 나가 있게 마련이지만, 때로는 마치 정신 회로에 브레이크가 걸린 것처럼, 아니면 뇌가 스스로 과부하를 막으려고 오프라인 모드에 접어든 것처럼 이상하리만치 침착한 사람들도 있다. 추후에 전문적인 도움을 받든 또는 받지 않든, 당사자들은 대부분 충격적인 사건이 일어났고 그들의 삶이 예전과는 확연히 달라졌다는 사실을 인지하게 된다.

만성 트라우마: 해로운 상황에 지속적으로 노출될 때

만성 트라우마는 한 번의 큰 사건이 아닌, 해로운 상황과 사람들에 지속적으로 노출되면서 발생한다. 예컨대 전시에 포로로 잡혀 살아가거나 아이 때 지속적으로 성적 학대를 경험하거나, 편견과 인종차별을 감내하며 살아갈 때 만성 트라우마가 생긴다. 만성 트라우마를 겪는 사람이 그것을 인지하지 못하거나, 그런 환경에서 살아왔다는 것을 나중에서야 깨닫게 되는 일은 흔히 볼 수 있다. 물론 우리가 잘 알다시피, 때로 어떤 사건의 경우는 차마 그 기억을 안고 살아가는 것이 견딜 수 없을 정도로 힘들기 때문에 뇌는 이를 억누르고 의식 아래로 가라앉혀버린다.

트라우마는 공기가 빵빵하게 차 있는 공과 같아서 물 위에서 수면 아래로 가라앉히려고 안간힘을 써서 눌러도 쉽게 내려가지 않는다. 결국 공을 아래로 가라앉히려면 꽤나 힘을 써야 하고, 때로는 그 공이 엄청난 힘으로 수면 위에서 터져버려 다치기 십상이다. 무엇보다도 만성 트라우마는 지속적인 자기 부정, 절망, 불안감, 두려움, 세상에 대한 부정적 성향, 수치심(3장에서 수치심에 대해 보다 자세히 설명하겠다)을 초래할 수 있다. 급성 트라우마와 만성 트라우마 둘 다 수치심으로 가는 지름길 역할을 하지만, 만성 트라우마는 수치감을 좀 더 잘 숨긴다.

그동안 응급실과 클리닉에서 만난 환자 중 학대 상황에서 보호 조치를 요청했던 사람들을 모두 떠올려본다. 많은 사람은 병원에서 필요한 조치를 받고, 만성 트라우마에 대한 도움을 요청한 덕분에 이후 가치 있는 삶을 살아가지만, 불행히도 너무나 많은 사람은 학대받는 상황으로 다시 돌아가거나 학대받는 관계에서 헤어나오지 못한다. 그 이유는 사람들이 만성 트라우마에 갇히면 스스로 다른 선택지가 없다고, 또는 더 좋은 삶을 살아갈 자격이 없다고 철석같이 믿게 되기 때문이다. 때로 더 나은 삶을 생각하기만 해도 잔인한 조롱이 들려오는 것 같아 어떻게 하든지 피해야겠다는 생각이 든다. 마치 굶어 죽어가는 사람이 뺏길 게 뻔하다는 이유로 바로 앞에 놓인 음식을 먹지 않는 것과 같은 이치다.

대리 트라우마: 타인의 고통이 나의 고통이 될 때

우리는 다른 사람의 감정을 느끼고, 사랑과 연민의 손길로 이들의 상처를 치유해줄 수 있는 뛰어난 역량을 갖추고 있지만, 이들의 고통을 내면화하면서 우리 역시 상처를 받을 수 있다. 지금 당장 의과 대학에서 있었던 여러 가지 비극적인 사건이 떠오르는데, 이 사건들만 생각하면 그 기억이 너무 강렬해서 나에게 일어난 일인지 다른 사람에게 벌어진 일인지 그 경계가 불분명하다. 대리 트라우마는 사건에 처음 반응하는 사람을 비롯하여 전문적인 도움을 주는 종사자들에게 영향을 주며, 다른 사람의 고통을 외면하지 않는 인정 많은 사람에게도 영향을 줄 수 있다. 고통받는 사람과 함께 있으면 이들의 고통과 외로움을 덜어줄 수 있지만, 반대로 이들의 공포가 자신의 내면에 들어오거나 트라우마의 직접적 경험을 흉내 내면서 각인될 수 있다. 물론 인정 많은 모든 사람이 개인적으로 다른 사람들의 고통에 영향받는 것은 아니고, 고통을 받는다고 해도 이들과 같은 수준으로 영향받지는 않는다.

대리 트라우마를 겪는지 여부는 당사자가 경험하는 트라우마의 종류와 이들의 감정선이 얼마나 섬세하게 피해자의 고통을 함께 느끼느냐에 달려 있다.

외상 후 증후군의 일곱 가지 증상

트라우마의 장기적인 영향을 생각하면 종종 외상 후 스트레스 장애PTSD가 떠오른다. PTSD는 언론에서 많이 사용하는 약어인데, 비록 그 뜻을 정확히 모른다 해도 많은 사람은 이 말을 트라우마와 연관시킨다. 그러나 대부분은 PTSD가 트라우마로 인해 초래되는 장기적 문제 중 단 하나에 불과하다는 사실은 모른다.

트라우마의 장기적 영향을 더 의미 있게 살펴보려면 외상 후 증후군post-trauma syndromes이라는 개념을 여러 측면에서 고려해야 한다. 외상 후 증후군이란 트라우마 발생 후 한 사람의 인생에 부정적인 영향을 주는 일련의 문제를 말하며, PTSD는 이런 문제 중 하나에 불과하다. 외상 후 증후군은 급성, 만성 또는 대리 트라우마에서 발생할 수 있다. 외상 후 증후군은 치료할 수 있지만, 많은 경우 이 증상을 앓는 당사자와 이들의 가족, 친구 또는 이 증상을 치료하는 전문 의료진들까지 그 존재를 알아차리지 못한다. 게다가 이 문제를 알아차리지 못하는 이상, 증상은 보통 더욱 악화된다.

다음은 외상 후 증후군을 진단하는 일곱 가지 기준이다. 처음 두 가지는 트라우마의 경험이며, 이후 다섯 가지는 우리 자신과 다른 사람에게서 발견할 수 있는 증상이다.

① 노출 이 기준은 보기에는 간단하지만, 항상 그렇지만은 않다. 급성 트라우마는 보통 식별하기 쉽지만, 만성 트라우마와 대리 트라우마는 당사자가 부인할 경우 식별하기 어려울 수 있다. 트라우마로 인해 생긴 수치심 때문에 트라우마를 겪는다는 사실을 인정할 경우 상황이 악화될 거라는 확신이 들기 때문에 보통 인정하려

들지 않는 듯하다. 수치심은 트라우마가 우리 잘못 때문에 생겼으며 아무리 얘기해봤자 사람들은 믿지 않을 거라고, 다른 사람들이 끼어들면 더 힘들어지니 잠자코 있어야 한다고, 그저 살면서 좋은 것들만 신경 쓰라고 끊임없이 속삭이며 우리를 트라우마 손아귀 안에 가둔다.

② 재경험 트라우마 재경험이란 과거에 생긴 일 때문에 계속 고통받는 상황을 말한다. 어떤 고통은 다른 것보다 유난히 더 힘들고 생생하다. 때때로 이런 트라우마가 마음을 이리저리 후비고 다니며 생각과 느낌을 바꾸어놓는다는 것을 당사자도 꽤 잘 인지한다. 급성 트라우마를 겪은 후 가장 두드러지게 나타나는 현상이 바로 재경험이다. 트라우마를 겪기 전과 비교해 자신이 달라졌다는 것을 당사자는 다 알고 있다. 이런 경험이 최악인 이유는 자신이 누구인지도 혼란스럽고 그동안 익숙했던 자아도 낯설게 느껴지기 때문이다. 상실감이 들고 통제력을 되찾느라 절박해지며, 동시에 그런 경험을 하는 동안 우리 생각이 만들어낸 공포는 훨씬 더 강력한 공포와 수치심을 자아낼 수 있고, 트라우마 재경험을 부추기기 때문에, 발생한 일을 받아들이고 도움을 받기가 더욱 어려워진다. 당분간은 트라우마의 공포를 저 아래로 밀쳐놓고 그냥 앞으로 나아가면서 제발 사라지라고 비는 것이 더 수월하고 안

전해 보일 때가 많다. 또 만약 상황이 확실하게 드러나지 않을 경우는 해결하기가 훨씬 어려운데, 이런 현상은 만성 및 대리 트라우마에서 더욱 빈번하게 발생한다. 보통 원인과 결과를 같이 보고 파악하는 데는 시간이 걸릴 수 있고, 왜 이런 생각이나 느낌이 드는지 상황 자체를 이해하지 못할 수도 있다. 심지어 자신의 결정에 도리어 놀라는 경우도 있다.

③ 과잉 각성 우리 모두에게 있는 '위험 감지 센서'는 보통 표면의식 바로 밑에 위치하는데, 이 센서는 보이는 것과 소리, 내부 및 외부 환경에 이상이 없는지 쉬지 않고 탐지한다. 우리가 독서 또는 영화 감상 같은 휴식 활동을 하는 도중에 만약 이 위험 감지 센서가 옆방에서 뜻밖에 예기치 않은 그림자를 보거나 뭔가 의심스러운 소리를 듣는다면, 즉시 우리에게 알린다. 우리를 보호하려는 것이지, 실제로 딱히 주의를 기울일 만한 문제가 없는 한 마음의 의식 부분을 방해하려는 목적은 아니다. 그러나 트라우마를 겪는 사람들의 경우, 위험 감지 센서가 과하게 발동되어 과잉 각성 상태에 들어가 **지금 당장의 상황이** 위험하고 뭔가 잘못되었다고 끊임없이 경보를 울린다. 이는 마치 위험 감지 센서가 애초에 처음 생긴 트라우마는 막지 못했으니 이제는 직접 나서서 항상 경보를 울려 그때의 실수를 만회해보겠다고 인정하는 것과도 같다. 그러

나 늑대가 나타났다고 부르짖는 양치기 소년처럼 위험 감지 센서가 끊임없이 경보를 울리면 뇌는 결국 피로를 느끼면서 거짓 위험과 진짜 위험을 구별하지 못하게 된다. 과잉 각성은 또한 끊임없는 긴장을 일으키며, 즐거움과 편안함을 덜 느끼게 하고, 더 위험을 불사하게 하며, 고혈압, 심장 질환, 뇌졸중, 암 같은 신체 질환을 일으킨다.

④ **기본 불안 수준의 증가** 여기에서 불안이란 내면에서 느끼는 긴장과 불편으로, 이런 감정은 건강한 대처 기술을 사용해 고민거리에 맞서는 능력을 낮춘다. 불안은 또한 인내력, 어려운 상황에서도 자신감을 유지하는 능력, 화나거나 피곤할 때 스스로를 진정시킬 수 있는 능력을 감소시키면서 위기 대처 기술에 부정적인 영향을 끼치기도 한다. 기본 불안 수준이 높아질수록 위기 대처 능력을 제대로 발휘하지 못하게 된다. 건강이 좋지 않아 관절이 뻣뻣하고 근육이 긴장된 상태에서 (우리가) 위험을 벗어나기 위해 뛰어내려야 할 경우, 능숙하게 해내지 못하는 것과 별반 다르지 않다. 이외에 기본 불안 수준의 증가는 '고통 내성'을 낮추기도 한다. 고통 내성이란 한 사람이 감내하고 훌륭한 대처 기술을 사용하여 건강한 판단을 내릴 수 있는 고통의 양을 말한다. 고통은 우리 마음속에서 반복 재생되는 트라우마의 생생한 기억에서, 또는 아무리

노력해도 실패하고 좌절감을 맛볼 거라는 트라우마로 인한 걱정에서 올 수 있다. 외적 고통의 사례는 과거의 배우자와 행동이 비슷한 사람으로부터 받는 학대, 괴롭힘 또는 편견의 경험 또는 일터에서의 성희롱 경험 등이 있다. 고통의 형태와는 상관없이, 우리에게 건전한 사고력과 공감 능력이 있고 현명한 판단을 내릴 수 있는 능력이 있다면 이를 통해 고통에 당당히 맞설 수 있다.

트라우마는 내면의 터전을 송두리째 바꿔놓는다. 운동선수가 악조건(질척한 경기장 또는 강한 바람)하에서 제 기량을 발휘할 수 없는 것처럼, 트라우마가 너무 과하게 작용해 우리 신경 체계의 제어판을 엉망으로 만들어서 신체의 작동 기능을 망쳐놓으면 우리는 제 역량을 발휘하지 못하게 된다. 여기에서 차이점이 있다면 운동선수는 조건이 정상으로 돌아가면 다시 최적의 기량을 발휘하는 반면, 트라우마에 노출되면 몸과 마음이 둘 다 부정적으로 바뀔 가능성이 높아진다.

⑤ 기저선 기분 baseline mood 기분과 불안은 밀접하게 관련되어 있다. 트라우마 노출, 트라우마 재경험, 과잉 각성은 모두 불안의 다이얼을 위로 돌려놓는 반면, 동시에 기분의 다이얼은 아래로 돌려놓는다. 트라우마를 경험하면 사람을 피하고 사람들로부터 고립될 경향이 높아지며, 이로 인해 전에 즐겁게 했던 활동을 제대로 즐기

지 못하게 된다. 이때 테이프를 앞으로 감아 앞으로 어떻게 될지 가늠해보는 것은 어려운 일이 아니다. 환자가 트라우마 사건 전에는 상상도 할 수 없는 표현으로 스스로에 대해 말하는 경우를 그동안 얼마나 많이 보았던가? 예전에는 사교적이던 사람이 이제는 "사람들이 자기를 좋아하지 않기 때문에 잠수를 탄다"고 스스로 깎아내린다. 또 다른 여성 환자는 예전에는 인기가 많고 남과 어울리기 좋아하던 사람이었는데 이제는 "어떤 사람과도 어울리지 못하고 심지어 그런 시도를 할 가치도 없다"고 냉소적 태도를 보인다. 이 환자들은 자신이 이런 말을 내뱉었다는 것에 놀라워했고, 즉시 다시 생각해보더니 방금 한 말이 거짓인지 아니면 트라우마가 발생한 후 어느 시점부터 사실이 되었는지 알 수 없다고 했다. 이런 현상은 트라우마가 불안과 가라앉은 기분으로 활동을 위장해서 우리 자신을 기만하는 또 하나의 전술에 지나지 않는다.

⑥ **수면 부족** 트라우마는 전 방위에서 수면을 방해한다. 잠이 드는 데까지 시간이 더 걸리고 밤중에 깨는 횟수가 늘어나며 수면 시간도 줄어들고 질도 떨어진다. 이는 우리의 행복과 건강에 분명한 악영향을 끼치는데, 부족한 수면으로 인한 피로는 부상 및 사고의 증가와 관련이 많다. 또 그토록 절박하게 필요한 잠을 청하려고 하는 사이, 많은 경우에 더 많은 불안과 근심이 몰려오기

도 한다. 바꿔 말해 잠이 부족하면 의사 결정을 제대로 하지 못하고 문제를 회피하며, 결국 고독과 실망만 남을 거라는 자기 충족적 예언을 더 하게 된다. 정신 및 신체 건강은 나빠지고, 한쪽이 나빠지면 다른 쪽은 더 나빠지는 악순환이 찾아온다. 또 수면이 부족하면 비생산적이고 부정적인 생각, 즉 '그 일은 절대 안 될 거야' 또는 '나는 형편없는 사람이야' 같은 생각을 계속 되새기게 된다. 이런 말을 스스로 반복하면 할수록 더욱 믿게 되고, 특히 이렇게 반복적으로 생각하는 것이 의식적, 무의식적으로 일어난다는 점을 감안하면 그런 잘못된 믿음을 갖고 일상 행동을 할 가능성이 커진다. 한밤중에 불현듯 깨어나 부정적인 생각을 곱씹다 보면, 밤중에 깨어 있는 것이 더욱 괴롭고 비참해지는데, 이럴 경우 수 시간 동안 잠들락말락하는 상태에서 생각을 계속 되새겼다는 것조차 깨닫지 못한다. 말할 필요도 없이 이렇게 반복적으로 생각을 되새기다 보면 수면이 주는 회복 기능은 망가진다.

⑦ **행동 변화** 이미 위의 대부분의 기준에서 행동 변화에 관해 얘기했지만, 내 생각에 행동 변화는 독립적인 범주로 분류할 만하다. 행동 변화는 순간적으로 커지고, 증식하며, 결국 우리를 확실한 탈출구가 전혀 없는 생판 모르는 장소로 끌고 가기 때문이다. 다시 말해 트라우마를 겪으면 우리는 그 정도나 위험 또는 피해를 파악

하지 못한 채 전혀 딴 사람이 된다. 사람들은 종종 자신이 트라우마를 겪은 후 얼마나 달라졌는지 토로하는데, 과거에 사람들에게서 좋게 느껴졌던 부분을 이제는 찾아내는 게 힘겹다고 말한다. 우리가 살아가면서 하는 행동 방식은 자신에 대한 생각과 느낌에 영향을 주며, 이런 생각과 느낌은 역으로 우리의 행동을 변화시킨다. 트라우마를 겪으면 약간 "잘못된" 지도를 사용하는 것처럼 행동하게 된다. 이런 지도를 따라가다 보면 목적지를 우회하여 가게 되는데, 우리는 대개 도중에 우왕좌왕하며 길을 잃고 만다.

외상 후 증후군을 앓는 사람들은 위에서 제시한 일곱 가지 기준을 모두 경험하기도 하고, 때로는 처음 두 가지에 나머지 다른 요소 일부를 겪기도 한다. 모든 경우 불행을 겪고 고통과 위험은 늘어나며 편안함과 회복 능력은 줄어드는 진짜 변화가 일어난다. 이런 부정적인 변화는 우리 존재 자체를 받쳐주는 토대에 충격을 가한다. 개인적으로 또 집단적으로 우리에게 닥친 문제는 바로 이런 부정적인 변화다. 우리가 진정 트라우마에 맞서 승리하려면 반드시 해결해야 할 요소이기도 하다.

트라우마는 쉼 없이 내리는 비와 같다

오래전, 아내와 내가 평화로운 곳에서 주말 연휴를 보내는 짧은 휴가를 계획한 적이 있다. 우리 둘에게는 휴가가 정말 절실했다. 낮 동안(때로는 밤새 내내) 응급 상황이라고 겁을 주는 전화와 호출기에 응답해야 하는 책임에서 벗어나고 싶은 마음이 간절했다. 다른 의사에게 내 일을 좀 봐달라고 부탁을 하긴 했지만, 내 담당 환자에게 급박한 일이 생기면 여전히 나에게 연락이 올 터였다. 일에서 벗어난 첫날은 환상적이었다. 날씨가 너무 좋아서 아내와 나는 저녁 무렵 편안히 야외에서 휴식을 취하고 있었다. 그때 전화벨이 울렸다.

장기 이식 팀을 위해 응급 사태를 평가하는 일을 하고 있는 중환자실 담당 의사로부터 온 전화였다. 그는 내 담당 환자가 약물을 과다 복용해서 이식을 받지 않으면 사망할 위험에 처했다고 전해주면서, 이 젊은 환자가 질병의 직접적인 영향으로(즉, 착각해서) 약물을 과다 복용했다면 수 시간 안에 이식을 받을 수 있을 거라고 설명했다. 하지만 자살 시도로 약물을 과다 복용했다면, 반드시 받아야 할 장기 이식에 적합한 수혜자가 되지 못할 거라고 했다. 그리고 그 누구도 확실히 원인을 알 수 없기 때문에 과다 복용의 이유에 대해 내게 의견을 달라는 요청을 했고, 내 의견이 앞으로의 추후 사태를 결정하게 될 거라고 했다. 그는 다른 사람들 역시 장기 이식을 받으려 기다리고 있다고 상기시켜주면서, 이들 역시 장기 이식을 받지 않으면 사망할 수 있다고 말했다.

나는 그에게 20분만 생각할 시간을 달라고 부탁했다. 이미 답을 알고 있던 터였다. 내가 맡은 환자는 상당히 많이 아팠고 그전에도 수차례 자살 시도를 했었다. 이번에도 딱 자살 시도로 보였다.

전화를 다시 주기 전 전화벨이 다시 울렸다. 이번에는 환자의 어머니였다. 전에 얘기를 나눈 적은 한 번도 없지만, 이분은 내가 누구인지 알고 상황을 파악하고 있었다. 어머니는 이식 팀에게 자기 아들이 자살을 시도하지 않았고 이번 일은 단지 실수였다 말해달라고 미친 듯이 사정했다. 이분은 나의 기본 업무가 환자를 도와주는 것인데 이식 팀에게 진실을 말한다면 내가 자기 아들을 죽이는 것과 마찬가지라고 협박했다.

2분 후 나는 이식 평가 담당의에게 전화를 걸어 내가 믿는 진실을 이야기했다. 환자와 그의 어머니에 대한 책임, 이식 팀과 장기를 필요로 하는 그 누군가에 대한 책임이라는 두 가지 사이에서 그때처럼 괴로워본 적은 없었던 것 같다. 내 담당 환자는 사망했고 다른 환자가 장기 이식을 받았다. 그때 그 휴가에 대해 기억나는 것은 아무것도 없다.

대부분의 아이들은 미래에 어떤 사람이 되어야지 하는 꿈을 품고 자란다. 예를 들어 우주 비행사 또는 교사 또는 소방관처럼 자부심이나 만족감, 자신이 중요한 사람임을 느끼게 하는 직업을 떠올린다. 어떤 아이도 그토록 많은 고통과 통증을 겪으며 괴로움에 종지부를 찍으려 생을 마감하는 시도를 수차례 할 거라는 꿈은 절대 꾸지 않을 것이다. 그건 자연의 순리에 어긋나는 일이지 않은가?

청소년과 성인이 이런 생각을 하며 사는 것 또한 역시 자연의 순리에 어긋나는 일이라 생각한다. 이런 일을 전적으로 막을 수는 없지만 우린 분명 지금보다 더 잘 해낼 수 있다.

트라우마에 빗댈 수 있는 또 한 가지는 비, 그것도 끊임없이 내리는 비다. 처음에는 가랑비처럼 느껴지지만, 아무런 보호막도 없다면 우리는 뼛속까지 푹 젖게 되고 물은 계속 우리 주위에서 차고 올라와 결국 고통의 강이 되어 우리를 휩쓸어 간다. 내 환자에게 발생한 일도 이와 같았다. 이 불쌍한 젊은이는 도망갈 수 없는 고통의 급류, 심지어 태어나기 전부터 강둑에 넘치고 있던 트라우마의 강에 휩쓸려 갔다. 나 역시 그 고통을 느꼈다. 그날 물은 내 가슴까지 차올랐다. 그러나 내 환자의 어머니가 겪었던 고통에 비하면 아무것도 아니었다.

하룻밤 사이에 트라우마의 대홍수를 바싹 말릴 수는 없다. 그러

> 나 같이 힘을 합하면 서로 보송보송해질 수 있도록 도와줄 수 있
> 다. 서로 같이 힘을 합하면 더 높은 지대를 찾을 수 있다.

어려운 결정을 내려야 했던 때를 생각해보라. 다른 사람의 삶에 결정적인 영향을 주었던 일말이다. 그 선택이 여러분에게 어떤 영향을 끼쳤는가? 그때 이후로 여전히 짊어지고 있는 트라우마가 있는가? 어떤 도움이 당시 했던 결정으로 인한 고통을 덜어줄까?

3

트라우마 곁의 수치심과 공범자들

트라우마는 혼자 활동하지 않는다. 그 종류에 상관없이 트라우마는 수많은 공범자, 그중에서 특히 수치심에게 많은 도움을 받는다. 나는 수치심을 트라우마의 제일 첫째가는 심복이라고 본다. 수치심은 트라우마의 다른 심복을 감시하는 동시에, 가장 추악한 일을 몸소 행하는 악당이다.

1장에서 소개한 트라우마와 관련된 네 가지 실화를 다시 떠올려보자. 각각의 실화에서는 힘든 감정을 많이 엿볼 수 있었고, 변화된 세계관도 알 수 있었다. 트라우마의 이러한 요소들이 바로 수치심이 날개를 펼 수 있는 환경을 마련해준다. 외부에서 봤을 때 당사자들(나 자신 포함)은 부끄러울 일이 거의 없을 것 같지만, 트라우마를 경험하는 사람은 사실 그렇지 않다. 의식적으로 노력해서 수치심에 당당하게 맞서지 않는 한, 수치심은 종종 말로 표현하지 못할 피해를 남긴다.

그동안 환자들이 미리 예상하거나 바꿀 수 없었던 일에 대해 스스로를 탓하는 이야기를 얼마나 많이 들었는지 모른다. 나 역시 이와 똑같이 내 탓을 얼마나 많이 했을까? 우리가 인간으로서 좀 더 명료하게 생각하고 미래 계획을 더 잘 세웠어야 했는데 하는 아쉬움이 드는 시기가 있겠지만, 대개는 자신이 통제할 수 없는 상황에 대해서도 스스로를 탓하는 일이 다반사다. 스스로를 탓하는 것보다 진실을 파악하는 일이 좀 더 어려울 때가 많기 때문에 이런 일이 벌어지는데, "그게 위험하다는 것을 미리 알았어야 했는데", "그녀가 죽기 전에 사랑한다고 더 자주 말해주었어야 했는데", "그 짓을 하지 말았어야 했는데", "이런 식으로 느끼지 말아야 하는데" 등 그 모든 '그랬어야 했는데', '그러지 말았어야 했는데' 같은 자책감은 수치심이 끼어들기 더 좋은 환경을 만든다.

이런 수치심을 기반으로 하는 생각은 트라우마가 동반하는 절망감과 무력감에서 생겨나는 것 같다. 자기 자신 또는 바깥 세계를 바꾸고 싶어도 수치심이 길을 잘못 안내하는 바람에 우리는 자학에 도달하고, 이런 감정은 건강한 판단을 내릴 수 있는 능력을 높이는 데 거의 아무런 역할도 하지 못한다. 모두들 자신이 사는 세상을 좀 더 안전한 곳으로 만들고 싶어 하지만, 그러기 위한 최적의 방식을 찾아내는 데는 상당히 애를 먹는다. 다행히 트라우마와 그에 수반되는 감정들을 겪는다고 해서 실제로 우리가 절망적이거나 무기력한 것은 아니다. 이번 장에서는 스스로를 돌보고 다른 사람의 배려를 받아들이려면 필요한 몇 가지 해법을 소개하겠다.

절망감과 무력감이 발목을 잡을 때

트라우마와 수치심은 우리가 삶의 질을 개선하기 위해 하는 일은 물론 하지 않는 일에도 영향을 준다. 좀 더 나은 일자리를 찾아야 하나? 학대 관계를 끝내야 하나? 담배를 끊을까? 내 몸에 좋은 음식을 먹을까? 이때 수치심이 우리 안에서 활동하면 건강치 못한 답이 나올 가능성이 크다. 수치심이 활동하면 자신에게 믿음을 갖거나, 자신감과 스스로를 사랑하는 마음을 가지고 자신이 행복한 삶을 누릴 자격이 있다고 생각하기가 훨씬 힘들어진다. 수치심이 우리 앞길에 장애물을 더 던져놓고 세상을 넓게 보는 능력을 해치지 않는다 해도, 인내와 규율은 그 자체로 실천하기 너무 어려운 덕목이다.

설상가상으로, 트라우마를 겪은 후 느끼는 수치심은 다른 사람들, 특히 우리와 가까운 사람들의 삶에 영향을 준다. 수치심이 생기면 우리는 가까운 사람들과 멀어지게 되는데, 내면에서 느끼는 고통은 특히나 스스로를 잘 돌보지 않을 경우 다른 사람에 대한 분노와 좌절로 바뀐다. 경우에 따라 더 강해지고 약해보이기 싫은 마음에 자기 자신만 탓하는 것이 아니라 다른 사람에게도 화살을 돌린다. 이렇기 때문에 학대는 학대를 낳는다라는 격언이 생긴 것이다. 물론 학대 트라우마를 겪는 대부분의 사람들이 다른 사람에게 상처를 주면서 자신이 받은 상처에 앙갚음을 하지는 않지만, 학대를 당한 사람들은 화를 더 불같이 내고 상처를 더 많이 받으며 그런 감정을 다스리는 데 어려움을 겪는다. 때문에 학대의 고통을 당하는 사람들이 전적인 지원과 온정 어린 대우를 받을 수 있도록 사회적으로 총력을 기울여야 한다.

한번은 안데스 산맥으로 여행을 가는 길에 한 장인이 생동감 있는 태피스트리tapestry(다채로운 색실로 그림을 짜 넣은 직물 - 옮긴이)를 짜는 과정을 지켜보았다. 장인이 셀 수 없을 정도로 많은 색실이 모인 두꺼운 실타래를 한데 끌어당기면, 마치 색실이 서로서로 불쑥불쑥 튀어나오다가 돌연 베틀로 짜는 무늬 속으로 사라진 후 갑자기 깜짝 놀랄 만한 새로운 패턴으로 다시 태어났다. 우리는 이런 태피스트리 같은 존재로, 이해할 수 있는 그 이상의 방식으로 서로 얽혀 있다. 물론 태피스트리와 다른 점도 존재한다. 우리는 태피스트리처럼 짜인 존재임과 동시에 장인이기도 해서, 베틀로 새로 짜내는 모든 무늬에 책임이 있다. 우리는 살아가는 세상을 함께 창조하는 예술가다.

내가 건강할수록 우리가 건강해지고, 우리가 건강하게 살아갈수록 상대방이 건강해지는 데도 큰 도움이 된다. 이 점을 염두에 두고, 우리 모두 트라우마 유행병을 치유하고 트라우마의 공범자를 구석으로 몰아내는 데 도움이 되도록 다음과 같은 해법을 제안한다.

공범 — 수치심

✓ 해법 **자기와의 대화 방식 발견하기**

자기 자신에게 속으로 어떻게 말을 하는지 주의를 기울여 보라. 왜 그런지 이유도 모른 채 스스로에 대해 끔찍하게 느끼는 사람들이 많다는 것을 알면 아마 깜짝 놀랄 것이다. 환자에게 내면의 대화를 관찰하도록 했을 때 이들은 많은 경우 "나는 패배자야", "아무도 나를 좋아하지 않아"

같이 스스로에게 부정적인 말을 반복하는 습관이 있다고 고백한다. 자기와의 이런 대화 방식을 발견했다고 해서 당장 고칠 수는 없지만, 발견 자체는 첫 단계로서 훌륭한 시작이다.

✓ 해법 **수치심에게 책임을 돌리기**

트라우마 사건에 대해 수치심을 느낄 때마다 스스로에게 그게 과연 맞는 대응인지 물어보라. 특히 학대 사건의 경우 누군가는 수치심을 느껴야겠지만 그게 학대를 당한 자신은 아닐 것이다. 수치심은 비난을 받아들이라고 우리를 꼬드기지만, 그럴 때는 그 책임을 수치심에게 도로 돌리거나 적어도 수치심이 말하는 내용을 귀담아듣지 않으면 된다.

공범 — 자기 돌봄 부족

✓ 해법 **인간으로서 누려야 할 부분을 분명히 생각해보기**

자신이 아닌 구체적인 어떤 한 사람을 떠올리고, 살면서 당연히 누려야 할 기본 사항을 생각하면서 적어보자. 하루 세끼 건강한 식사, 안전한 자동차, 집에서 두려움 없이 마음 편하게 살기 같은 것들을 쭉 적게 될 것이다. 이런 것을 분명하게 적어보면 기본적으로 자신에게 어떤 요소가 부족한지, 또 자신을 관리하려면 어떻게 해야 하는지 알아내는 데 도움이 된다.

✓ 해법 **자신이 변화시킬 요소를 생각해보기**

요술봉을 휘둘러 인생을 완전히 바꿀 능력이 있다면, 그 인생이 얼마나 달라 보일까? 원하는 변화를 주려고 시작할 수 있는 일은 어떤 것이 있을까?

공범 — 위험을 불사하는 행위

✓ 해법 **동기 들여다보기**

자신이 왜 위험을 불사하는 행위에 뛰어드는지 잠시 멈춰 생각해보자. 다치거나 죽으려고 하는 행동인가? 자신을 아프게 한 사람을 벌하려고 하는 행동인가? 자기 자신을 벌하는 행동인가? 위험한 행동을 하면 고통에서 잠시 벗어날 수 있기 때문인가?

✓ 해법 **충동 조사하기**

위험을 불사하는 행동을 통해 뭔가를 입증하려 하는 것은 아닌지 생각해보자. 그 행동이 무엇이든 간에 자기 자신에게 또는 누군가 다른 사람에게 심지어 더 이상 자신의 곁에 없는 누군가에게 뭔가 입증하려고 하는 것이 아닌지 따져보자.

공범 — 수면 부족

✓ 해법   **몸과 마음을 이완하기**

점진적 근육 이완은 발에서 시작해서 점점 위로 올라가 머리끝까지 간다. 방법은 각 근육을 긴장시켰다 이완시키는 것이고, 점점 몸 위쪽으로 올라가며 차례대로 실시한다. 이런 기법은 긴장되어 있는 몸의 각 부위의 스트레스를 풀어주며, 긴장되어 있는 줄 몰랐던 부위가 팽팽히 긴장되어 있음을 알려주는 기능도 한다(몸을 이완시키는 법을 배우는 것이 훨씬 더 중요하다는 사실도 알게 된다).

✓ 해법   **상상 기법 이용하기**

이 해법을 실시할 때는 우리의 다섯 가지 감각을 모두 동원하는 상상 기법을 사용하기를 권장한다. 해변은 우리가 상상하기 딱 좋은 곳이다. 물을 보고, 파도 소리를 듣고, 소금기 있는 공기 냄새를 맡고 맛을 보며, 모래를 밟는 것을 상상하다 보면 우리의 모든 감각이 동시에 사용되고 마음은 좀 더 고요해져서 잠들기 좋은 상태가 된다.

공범 — 기분 저하

✓ 해법 **몸과 마음 깨우기**

몸과 두뇌를 계속적으로 활발하게 사용하거나 가능한 활동 수준을 늘려보라. 운동, 소근육 운동 연습, 독서 및 퍼즐 풀기(십자말풀이, 숫자 퍼즐 등)은 모두 기분을 북돋울 수 있는 훌륭한 방법이다.

✓ 해법 **스트레스를 유발하는 요소 알아보기**

생활하는 데 유익한 요소와 스트레스를 유발하는 요소를 쭉 열거해보는 것이 종종 도움이 된다. 긍정적인 변화를 일으킬 수 있는 새로운 방법을 찾을 때, 스트레스를 유발하는 목록을 적어보면 종종 필요한 지혜가 나온다.

공범 — 불안

✓ 해법 **미디어 이용 제한**

불안 수준이 올라가는 흔한 이유는 뉴스를 과하게 보기 때문이다. 대개 뉴스를 보면 끔찍한 이야기만 줄줄이 나오는 것처럼 느껴지며, 그중 많은 사건은 보기가 상당히 불편하고 오감을 자극한다. 가령 시청 시간을 설정하거나 일정 주제를 피해서 뉴스를 접하면 기본 불안과 긴장 수준이 낮아져 웬만큼은 견딜 수 있게 된다.

✓ 해법   **불안 촉발 요소 확인하기**

본인이 감당하기 버거운 수준으로 불안감이 커지기 시작했던 때로 거슬러 올라가보자. 당시 삶에서 어떤 일이 발생했는가? 때때로 겉으로 보기에 사소한 사건이 큰 영향을 줄 수도 있고, 종종 별것 아니라고 느껴지던 일이 과거의 트라우마를 연상시키는 사건이 되기도 한다. 예를 들어 별것 아닌 범퍼 충돌 사건이 과거 심각한 교통사고의 기억을 촉발하는 계기가 될 수 있다. 사소한 교통사고에서 빠져나오며 괜찮다고 넘어갈 수 있지만, 이 사고로 발동된 기억이 의식 표면 아래에서 돌고 돌다가 불안을 무더기로 쏟아낼 수도 있다.

공범 — 면역 저하

✓ 해법   **몸과 마음 돌보기**

면역 체계를 위해 우리는 건강하게 먹고 몸을 움직이며 적절한 양의 수면을 취해야 한다. 식단, 운동 방법, 수면

습관이 조금만 개선되어도 우리의 면역 수준은 올라간다.

공범 — 악몽과 환각의 재현

✓ 해법   **도움을 구하기**

트라우마에 동반되는 공범 때문에 고통을 겪고 있다면 가족, 친구, 전문가에게 도움을 요청하는 것이 좋다. 어떤 해법은 다른 해법보다 더 효과적인 경우가 있다는 점을 밝혀두겠다. 일부 트라우마 유형에 동반되는 악몽과 환각 재현의 경우, 나는 혼자 이겨내는 것은 절대 권하지 않는다. 숙련된 심리 전문가들이 많은 도움이 되며, 나 같은 정신과 전문의는 깨어 있는 시간이나 잠자는 중에 우리를 괴롭히는 이미지와 기억으로 인한 고통을 줄여줄 수 있는 안전한 약물 요법을 권장할 수 있다.

나의 환자 선생님

정신과 전문의 수련을 받고 있을 당시, 운 좋게도 나를 지도해주는 뛰어난 전문의 선생님이 여럿 있었다. 이분들은 내가 까다로운 중증 환자들을 맡았을 때 곁에서 도움을 주었는데, 환자를 보는 절차, 예를 들어 MRI를 오더하는 시기 또는 특정 약물 및 다른 정신 요법을 최적으로 조합하는 방법 등을 잘 지도해주었다.

한번은 술을 끊으려고 고군분투하는 젊은이를 담당한 적이 있다. 당시 이 젊은이의 알코올 의존증은 생명을 위협할 정도였는데, 본래는 이렇게 되기 전 오랫동안 적절한 수준의 음주가 가능했던 사람이었다. 사실 그는 야구 연습 후 멤버들과 가끔 맥주를 마시는 일 외에는 술을 싫어했다. 이 젊은이는 야구를 정말 좋아했다.

그는 어릴 때 미국으로 이민 와서 고모, 고모부와 함께 살았는데, 미국 생활에 적응하는 일이 쉽지 않았다. 고모와 고모부는 조카를 도와주려고 있는 힘을 다했지만, 숫기가 없어 부끄럼을 많이 탔던 그는 고생을 좀 했다. 그는 고모와 아주 가까운 사이였는데, 고모는 조카가 이루어낸 일은 어떤 것이든 대단히 자랑스러워했다. 고모는 25년 전에 미국으로 왔지만 모국어밖에 할 줄 몰랐고, 내 환자였던 이 젊은이는 본인의 영어 능력을 동원하여 고모가 미국 생활을 잘 할 수 있도록 도왔다.

그런데 그의 인생은 10대에 야구를 알고 나서 바뀌었다. 한 번도 야구를 해본 적이 없던 그는 체육 시간 필수 코스로 야구 경기를 배우고 다른 학생들과 함께 서로 다른 포지션에서 경기를 해야 했다. 자신감도 없었고 스포츠에 유리한 체형을 타고난 것도 아니었던 터라 그는 분명 우물쭈물하다 뒤로 밀려날 거라는 예상을 했지만, 놀랍게도 야구에 대단한 소질이 있었다. 경기장에서 펄펄 나는 것뿐만 아니라, 경기 작전 계획과 전략 수립에도 능했고 이 덕분에 야구팀에서 주장이 될 수 있었다.

그 결과 그는 그토록 원했던 학교 친구들로부터 존경받는 대상이 되었고, 전에는 그를 쳐다보지도 않았던 여학생들의 관심을 한 몸에 받았으며, 이 모든 보상 덕분에 야구가 훨씬 더 재미있어졌다. 그는 야구 연습할 때 에너지가 넘치고 같이 경기하는 팀원을 격려했고 그 덕분에 팀이 생기가 넘쳐 여러 경기에서 승리할 수 있었다. 그의 고모와 그를 경외하는 사람들은 종종 이 팀이 연습하는 광경과 경기 장면을 스탠드에서 지켜보며 힘과 용기를 얻었다.

내 환자는 자신만만했고 사회생활과 직업생활도 문제없이 잘하고 있었으며 사회에서 자신의 위치에도 만족했다. 하지만 이 모든 것은 생명을 위협하는 질병이 그를 찾아오면서 확 바뀌었다. 상황이 심각한 것도 모자라 그의 신체적 협응 능력이 망가졌고 이 때문에 그는 더 이상 야구를 계속할 수 없었다. 내 환자는 무너졌다. 야구가 그의 전부였던 것처럼 느껴졌다. 야구는 단지 자신의 내면에 있는 모든 것을 보여주는 수단이었을 뿐인데 말이다. 그 모든 리더십과 총명함, 다른 사람을 격려하는 좋은 성품 그리고 유머가 자기 자신의 것이라는 사실을 그는 알지 못했다.

실패한 자신을 벌하려고 그는 술을 마시기 시작했다. 병에 걸린 것이 자신의 잘못이라고 생각했고, 하루빨리 생을 마감하려고 술을 마셔댔다. 그를 일으켜주기에 나는 속수무책이었지만, 마침 이쪽으로 경험이 풍부한 선배의 지혜를 빌릴 수 있었다. 이분은 다른 묘책이 없을 때 종종 해결책을 내놓는 분이었는데, 상황을 뒤집을 수 있는 한 가지 기발한 제안을 했다. 이분이 한 말은 간단했다. "그 젊은 환자에게 뭔가를 배워봐."

그날 오후 늦게 진료실에 앉아 그동안 놓쳤던 큰 그림에 관해 곰곰이 생각해봤던 기억이 난다. 내 환자는 수치심과 자신이 못났다는 생각에 사로잡힌 사람이었다. 그를 도와주려는 나는 그의 눈에 혈기 왕성하고 건강한 사람이었지만, 나를 보고 있자면 그의 열등감만 더욱 깊어졌을 것이다. 마침내 나는 내 환자로부터 뭔가를 배우기로 결심했다. 그가 나를 가르친다는 자부심을 느낄 수 있도록 하는 그 뭔가를 말이다.

몇 주 후, 그는 내게 자신이 고모와 있을 때 쓰는 모국어 단어 몇 가지를 가르쳐주었다. 나는 그 단어를 잘 발음하고 심지어 짧은 문장 몇 개도 만들 수 있게 되었다. 쉽지는 않았지만 그의 열정과 격려, 내 문제점을 짚을 수 있는 능력과 이것저것 족집게로 요점을 알려주는 요령 덕분에 해낼 수 있었다. 그의 끈기와 유머 감각도 물론 도움이 되었지만 내가 잘해냈을 때 그가 좋아해주었기 때문에 나는 그의 모국어를 배울 수 있었다.

약 8주 후 수업 시간에 그의 고모가 참여했다. 나는 고모의 모국어로 인사를 할 수 있을 정도가 되었고, 내 환자는 내가 중간에 못해서 헤맬 때도 상당히 뿌듯해했다. 그는 능숙한 솜씨로 내가 말을 하도록 도와주었고, 그 모습이 마치 우리를 자랑스럽게 바라보는 어르신 앞에서 장기 자랑을 하는 두 젊은이 같았다. 내 환자의 고모는 특히 주치의에게 대단한 것을 가르친 조카를 자랑스러워했다. 그 이후 마침내 내 환자의 알코올 섭취는 줄어들기 시작했다.

나는 그에게서 배워야 했다. 그가 나를 돕도록 해야 했다. 그러는 과정에서 나 역시 그를 도울 수 있었다.

우리 각자의 내면에는 많은 잠재력이 있다. 우리 모두는 각각 자신의 흥미를 탐색하고, 주변 세계를 배우며, 자신의 잠재력을 실현할 기회를 당연히 누려야 한다. 동시에 우리 모두는 수치심에 사로잡히기 쉽고, 낙담하기 쉬우며, 당연히 배려를 받아야 할 때 스스로를 벌하고 포기하기 쉽다. 우리 모두는 때때로 도움이 필요하다. 그리고 어느 누군가는 그런 도움이 절실하다. 정말 반가운 소식은 우리가 활용할 수 있는 가장 강력한 도구는 실제 사람 간의 관계이며, 이는 우리가 갈고 닦아 정말 유용하게 쓸 수 있다는 점이다.

먼저 정말 좋아하던 활동을 수치심 때문에 혹은 스스로 판단해서 그만두었던 때를 한번 생각해보라. 그 활동을 더 이상 하지 못했을 때 어떤 기분이 들었는가? 다음으로, 지인의 도움으로 당신의 훌륭한 자질을 깨닫게 되었던 순간을 생각해보라. 그런 자질을 떠올리도록 도와준 사람은 누구였는가? 그 지인은 어떤 방법을 썼는가?

수치심은 믿음을 왜곡시킨다

이 부분은 11장에서 더욱 상세하게 다루겠지만, 여기에서는 수치심이 하나의 **감정**이며 우리는 그런 감정에 빠질 수밖에 없다는 점을 일단 얘기하고 넘어가겠다. 어떤 사람이 당신 앞으로 뛰어들어 당신을 땅바닥으로 밀친다면, 아마도 우선 두려움 또는 분노, 또는 두 가지 감정이 다 들 텐데, 이런 감정은 당신도 모르는 사이에 자동적으로 생길 것이다. 우리의 무의식적인 마음과 몸은 우리가 인식하기도 전에 이미 무슨 일이 일어났는지 먼저 알아차리며, 선택에 의한 반응보다 훨씬 빠르다. 즉 일단 반응한 다음 생각하는 것이다.

감정은 원래 강력하다. 감정은 우리를 재촉하면서 통제하고,

생각하고 선택할 수 있는 능력을 한쪽 구석으로 밀쳐놓는다. 진화와 생존의 관점에서 볼 때, 감정은 우리를 보호해야 하지만, 소름 끼치도록 우리에게 나쁜 영향을 끼칠 수 있고, 수치심 역시 이런 방식으로 작용한다. 수치심은 드러나지 않게 우리 마음 및 우리 자신과 세계에 대한 믿음을 바꾸는 경향이 있다.

1장에서 공식적인 사망 원인, 즉 표면적인 이야기가 실제 사망 원인인 트라우마와 다른 경우가 종종 있다는 점을 이미 언급했다. 때로는 실제 사인으로 인해 공식 보고서에 기록된 사인이 생기도 하고, 때로는 실제 사인이 사망 보고서에 기재된 유일한 원인인 경우도 있다. 이럴 경우, 수치심과 그 공범은 항상 존재한다. 사람이 예기치 않게 일찍 사망한 경우, 이들의 사망 방식은 종종 그 사망 원인에 비해 알려주는 바가 훨씬 적다. 트라우마는 우리가 인정하는 수준 훨씬 이상으로 사망의 원인이 되며, 트라우마를 겪으면 십중팔구 수치감이 생긴다는 것을 나는 특별히 강조하고자 한다.

학습된 트라우마는 어떻게 수치심으로 이어지는가

아이들은 항상 끊임없이 배운다. 배우는 내용이 충분히 설득력이 있다면, 그 내용은 아이들의 존재감 속에 각인되어 세상을 해석하는 렌즈를 만들어낸다. 이런 학습 과정은 나이가 들어서도 계속되지만, 일반적으로 젊고 어릴수록 각인되는 정도가 깊고 렌즈는 더욱 돌출된다. 우리는 배우고 관찰하고 경험을 통해 학습하는데, 다음은 트라우마가 어떻게 학습되는지 보여주는 몇 가지 사례이다.

- 한 남자아이가 아버지에게 달려와 아버지가 평상시에 자랑스러워할 만한 것을 이야기한다. 때로 아버지는 아들의 우수한 성적이나 골 득점에 대해 미소를 지으며 "역시 내 아들이야!" 하고 칭찬하지만, 때로는 아들을 밀치며 심지어 찰싹 때리기까지 한다. 아들은 어떻게 하면 아버지에게서 고통스러운 반응이 아닌 긍정적인 반응을 얻을 수 있을까 골몰하지만, 아버지가 알코올 중독자라는 사실은 모른다. 이때 아들은 자신의 뜻대로 아버지의 반응을 이끌어낼 수 없다는 것, 즉 자신은 항상 아버지로부터 칭찬을 받을 만큼 좋은 아들이 아니며, 자신이 모르는 사이 오랫동안 틀림없이 나쁜 아들이었다는 점을 학습하게 된다.

- 한 여자아이는 사랑받고 보살핌을 잘 받으면서 원하는 모든 것을 가질 수 있는 집에서 산다. 그러나 시간이 지나면서 이 아이는 이런 것들은 집 바깥의 세상에서 그다지 좋은 것이 아님을 알게 된다. 아이의 피부색은 학교 친구들과 다르며, 학교에서는 친구들

로부터 이상한 음식을 먹고 이상한 색깔의 옷을 입는다는 말을 듣는다. 설상가상으로 아무도 이 아이와 놀려고 하지 않고, 모든 아이들이 이 아이에 대해 귓속말을 하며 면전에서 비웃기까지 한다. 이 아이는 다른 아이들에게 친절하게 대하면서 그 세계에 들어가려 노력하지만, 아무것도 변하지 않는다. 이윽고 이 아이는 집에서 좋은 것이 실제로는 모두 다 나쁜 것이며, 자신 역시 나쁜 사람이라는 사실을 학습한다. 결국 바깥 세계의 사람들이 생각하는 대로 생각하게 되는 것이다.

앞에서 소개한 사례의 어린아이들은 자신들이 어쨌거나 나쁜 사람이라고 믿고 있으며, 그 결과 자신과 세상을 왜곡된 눈으로 바라보기 때문에 스스로 기회를 차단하고 생의 활력을 잃어버린다. 이것은 수치심에 의해 전적으로 왜곡된 렌즈 때문이다.

- 한 청소년은 집이 그다지 부유하지 않은데, 이 소년의 부모는 다른 사람들이 좋은 일자리를 모두 다 빼앗아 갔기 때문에 자신들이 가난하게 산다며 끊임없이 분노한다. 소년의 부모는 이런 사람들은 다른 나라에서 태어났기 때문에 이곳에 살면 안 된다고 노래를 부르며, 하나님의 가르침과 어긋나는 것들을 믿는다. 그의 부모는 자기들이 더 많이 가질 자격이 있다고 말하며 그렇게 된다면

아들이 원하는 운동화와 자전거, 핸드폰을 사줄 수 있을 테지만 지금은 그럴 수 없다고 한탄한다. 이 소년은 학교에서 다른 아이들보다 덩치가 큰데, 다른 아이들, 특히 자기가 볼 때 이 나라에 있으면 안 되는 가정의 아이들을 밀치고 때리면 쾌감을 느낀다. 이 소년은 자기와 자기 가족은 선하지만 세상이 공평하지 못하며, 세상이 공평하지 못하기 때문에 마땅히 누려야 할 좋은 것들을 갖지 못한다는 사실을 학습한다. 따라서 주변의 다른 아이들, 특히 자기 생각에 나쁜 아이들을 밀치고 다녀도 괜찮다고 여긴다.

자신이 다른 아이들보다 잘났다는 말을 듣고 자라는 아이들에게는 다른 이들의 고통을 받아들이지 못하는 렌즈가 생긴다. 그리고 자신이 남 때문에 힘들게 살고 자기 몫인 좋은 혜택을 마땅히 누리지 못한다는 사실을 아는 순간, 이들의 렌즈는 항상 분노와 수치심으로 물들게 된다. 수치심이 생기는 원인은 자신이 문제를 일으키고 학교에서 수행 능력이 떨어지며 불량한 문제 학생으로 찍힐 가능성이 높기 때문이다. 그리고 남들 때문에 고통받고 있다고 믿다 보면 다른 이들에게 고통을 줄 수 있으며, 이 때문에 더 수치심이 생기고 그러다 보면 힘들게 산다는 느낌만 한층 강해진다.

- 한 여학생은 공부를 열심히 해서 학교 성적이 우수하다. 운동

도 하고 공동체에서 봉사도 하는 이 학생은 가족과 친구들로부터 항상 응원을 받았고 높은 성취도로 칭찬을 받았다. 그러나 최근 이 학생의 몸이 변하기 시작했다. 이것에 대해 학교 친구들이 모두 쑥덕거리는 것만 같다. 지금까지 같이 놀고 공부하던 여자 친구들은 이 학생을 피하거나 놀린다. 어떤 남학생은 도통 이해가 안 되는 얘기를 하면서 절대 만지면 안 되는 부위를 덥석 잡을 때도 있다. 그리고 아무도 이런 행위를 저지하려고 하지 않는다. 이 학생은 학교 성적과 운동, 공동체 봉사는 결국 그다지 중요하지 않은 요소라는 것을 학습했고, 또 친구라고 생각했던 사람들은 믿지 못할 존재들임을 깨닫는다. 또는 누군가 자기가 싫어하는 짓을 할 때 보호해줄 사람들이 아무도 없다는 것을 알았다. 또는 자신의 몸이 나쁜 것이고 자기 자신 역시 나쁘다고 생각한다.

자신의 존재 자체나 자기가 가치 있게 여기는 것이 아닌 다른 요소로 사회의 평가를 받으며 고통의 짐을 지고 사는 젊은이들은 혼동과 실망으로 오염된 렌즈를 통해 세상을 본다. 이 때문에 자신들의 정체성과 자질을 정확히 평가하고 그 진가를 알기가 너무나 어려우며, 그러는 사이 수치심과 절망감이 더욱 깊어진다.

- 한 청소년은 공부를 잘해서 우수한 성적을 받는 등 열심히 하

는 학생이다. 그런데 이 소년이 속해 있는 운동팀에 새로 온 코치가 그의 은밀한 부위를 만지면서 이를 누설할 경우 팀에서 제외시키겠다고 협박한다. 코치가 그런 짓을 할 때 이 소년은 혼란스럽고 무섭다. 소년은 다른 방법으로, 즉 연습을 더 하고 골을 더 넣는 등의 방법으로 코치를 기쁘게 해주려 애를 쓰지만, 코치의 은밀한 행동은 계속된다. 소년은 아무리 열심히 해도 소용이 없으며, 코치가 만질 때 혼란스러워하고 무서워하는 자신이 나쁘다고 생각한다. 관심을 그렇게 듬뿍 줘도 고마움을 모른다고 코치로부터 꾸지람을 들으면, 이 소년은 그런 코치의 말을 믿는다.

믿었던 어른의 신체적 학대로 트라우마를 겪는 어린 청소년들은 또한 혼란과 실망의 눈으로 세상을 보게 될 수 있다. 이런 학대를 당하면 세상을 보는 이들의 렌즈에서는 항상 왜곡된 정보가 나온다. 또한 이 렌즈를 통해서 무섭고 왜곡된 자기 자신의 이미지를 보게 되기도 한다. 이는 바로 수치심과 좌절감으로 만들어진 허상이다.

- 한 여성은 열심히 일하고 공부해서 대학 졸업 후 바로 꿈꾸던 직장에 들어갔다. 그녀는 일에 몰두해 시간을 아끼고 잠을 줄여 높은 실적을 달성한다. 어느 날 첫 연례 평가 이후 직장 동료들과 함께한 자리에서 자기보다 실적이 나쁜 몇몇 남성 사원의 급여가

자신보다 더 많이 올랐다는 사실을 접하게 된다. 그녀는 자기보다 일을 오래 한 몇몇 여성 사원들에게 이 얘기를 전했지만, 원래 다 그런 거라는 말을 듣고 회사에서 승진하고 싶으면 분란을 일으키지 말라는 주의를 듣는다. 이 여성은 아무리 열심히 일해도 반드시 보상을 받는 건 아니라는 사실을 알게 된다. 이 여성은 이제 열심히 일하지 않고 오히려 일을 덜 하는 생활을 즐기며, 그녀의 야망이 꺾이면서 직장 경력도 난항을 겪게 된다.

이런 식으로 자존심에 금이 가고 가치를 제대로 인정받지 못하는 사람은 정의가 실현될 수 없다는 사실을 깨달으며 낙담과 환멸에 의해 금이 간 렌즈를 통해 세상을 바라본다. 빛을 거르는 이 렌즈 때문에 이런 사람들은 양분도 공급받지 못하고 격려의 소리도 듣지 못한다. 당연히 이런 현상은 수치심을 키우는데, 애초에 자기가 남보다 가치 있는 사람이라 생각했을 만큼 순진하고 아둔했다는 생각에 사로잡힌다.

• 한 남성은 그의 아버지와 할아버지가 일했던 공장에서 일하면서 관리자 자리까지 승진을 했다. 이 공장의 일감은 지난 수년에 걸쳐 계속 줄어들었고, 이 남성은 두려워했으며 일어나지 않기만을 기도했던 소식을 듣게 된다. 바로 공장이 문을 닫는 것이다. 그

는 계속 일해서 가족을 부양해야 하는데, 그 앞에는 세 가지 선택지가 놓여 있고 그 어느 것도 좋은 조건은 아니다. 다른 도시로 가서 그곳에서 일자리를 구하거나, 집에서 먼 같은 회사의 다른 공장으로 가서 더 낮은 직급의 일을 받아들이거나, 지역 커뮤니티 칼리지에서 직업 교육을 받는 것이다. 자신의 아버지와 할아버지 시대는 끝이 났으며, 세상은 자신이 가지고 있는 기술을 그다지 많이 필요로 하지 않는다는 것을 이 남성은 깨닫는다.

무시당하고 자신의 가치를 제대로 인정받지 못한 아픔을 지고 사는 사람은 무기력감도 느끼며, 빛을 산란시키고 생활의 활력을 굴절시키는 렌즈로 세상을 본다. 이런 렌즈는 멀리서 볼 때 가치 있는 것을 모두 절망적으로 보이게 하며, 자신을 무가치한 사람으로 느끼게 만들어 수치심을 키우기도 한다.

트라우마가 심각해질수록 트라우마에 동반되는 피해는 어마어마하게 커진다.

위에서 얘기한 각각의 사례에서 등장하는 깨달음은 부정적인 감정이 상당히 많이 수반되는 은밀한 깨달음이다. 이런 트라우마를 겪으면 자신에 대한 존재감과 세계관이 틀어지는데, 그 방식이 비밀스럽게 위장되어 소름이 끼칠 정도다. 이런 비밀스러운 깨달음은 다른 사람들과의 의논이나 평가의 잣대를 거치지 않고 대개는 혼자 체득되는 경우가 많다. 자기 자신을 지킨답시고 우리는 이런 나쁜 깨달음을 세상이 볼 새라 깊이 묻어두는데, 이런 행위가 바로 스스로에게 저지르는 가장 해로운 짓이다. 즉 애초에 요청하지도 않은 유독한 씨앗을 무심코 심어서 양분을 주고 키우는 꼴이다.

수치심은 이런 유독한 씨앗에 낮의 빛을 쏘이지 말라고 지시한다. 수치심은 이런 씨앗은 버릴 수 없다고 설득하며, 만약 버리려고 할 경우 우리가 얼마나 형편없는 인간인지 다른 사람들이 알게 될 것이며, 결국 우리의 실체가 드러나 온갖 모욕을 받을 거라고 주장한다. 이런 식으로 수치심은 우리를 속여 거짓된 깨달음의 씨앗을 심도록 유도한다. 또한 우리를 속여 그 파괴적인 공범자를 다 받아들이도록 하는데, 이런 공범자들은 똘똘 뭉쳐 수치심으로 더욱 무장한 유독한 씨앗을 우리가 잘 키워 수확하도록 힘을 모은다.

비밀스러운 깨달음에 의해 생긴 트라우마와 수치심은 우리 모두에게, 즉 마지막 남은 사람들에게까지 해를 입힌다. 어떻게 보면 기껏해야 이런 해악으로 인해 기회와 행복이 줄어들 뿐이다. 하지만 최악의 경우 이런 해악은 우리의 삶을 발기발기 찢어놓는 산불과도 같다. 일반적으로 트라우마가 심각해질수록 이에 동반되는 피해는 어마어마하게 커진다.

수치심은 환자들에게서 가장 흔히 발견되는 부정적 감정이지만, 분노와 혼란, 좌절 역시 빼놓을 수 없다. 전형적으로 사람들은 이 모든 고통을 내면에 묻어두기 때문에 우리를 괴롭히는 그 많은 문제, 다시 말해 과도한 음주, 약물 남용, 건강 문제 방치, 해로운 관계 지속, 나쁜 식습관, 수면 부족 등 문제가 끝도 없이 생겨난다. 하지만 이런 고통을 바깥으로 분출하면 아동 학대, 강간, 증오 범죄, 학교와 술집 밖에서의 구타, 도로에서 운전자끼리의 폭행, 무모한 운전으로 인한 사고 같은 문제들이 생긴다. 다시 한번 말하지만 문제는 끝도 없다.

동생의 죽음 이후 우리 가족이 겪은 수치심

내 동생이 자살로 생을 마감한 이후, 우리 가족은 세 가지 문제에 직면했다. 처음 두 문제는 애도와 관련된 것이었고, 마지막 문제는 죄책감과 수치심에 관한 문제였다. 우리 가족은 동생이 자살로 놓친 기회, 즉 동생이 결국 경험하지 못하게 된 인생의 중요한 사건과 경험에 대해 애도했다. 우리는 우리를 위해서도 애도했다. 우리는 그를 그리워했고 앞으로도 계속 그리워할 것이다. 슬픔은 이런 식으로 아픔을 주지만 이건 당연한 일이다.

죄책감과 수치심은 흔히 일어나는 문제지만, 이건 당연한 것은 아니다. 트라우마 때문에 우리는 '그걸 봤어야지' 또는 '그때 그런 식으로 했으면 안 되지' 하고 나무라며 스스로 꼬치꼬치 따져 묻고, 내면에서 가혹하고 인정 없는 말을 쏟아부으며 스스로를 벌하게 된다. 우리 가족 역시 예외가 아니었다. 아버지는 어머니보다 항상 더 외향적인 분이라 동생 조너선이 자살로 삶을 마감한 이후 예상했던 대로 바깥세상에 더 의지하면서 필요한 도움을 받았다. 그러나 어머니는 동생이 죽은 이후 더욱 고립되어 구석으로 숨고 의기소침해졌다. 내 생각에 어머니의 이런 대처는 어머니가 아들한테 느꼈던 근거 없는 죄책감 및 수치심과 관련이 있었다. 역시 이런 감정 때문에 어머니에게 암이 생겼고 결국 돌아가셨다.

나와 남은 동생은 계속 몸부림치면서 앞으로 나아갔다. 동생이 그동안 어떻게 살아왔는지 알 수 없지만 나의 추진력은 수치심과 미흡함에서 초래된 감정에 대한 반작용이었다. 외부에서 봤을 때 나는 잘 살고 있었지만, 그런 성취감이 형편없는 자기 돌봄을 감출 수 없었고, 내면에서 봤을 때 나는 종종 엉망진창이어서 부족함과 실패를 모두 나의 책임으로 돌리며 스스로 책망하고, 끊임없이 자책감이 들 만한 판단을 내렸다. 자기 자신에게서 등을 돌리게 하는 트라우마의 기술이 얼마나 좋은지 직접 체험한 셈인데, 수치심은 트라우마가 휘두르는 가장 효과적인 무기다.

지금은 예전보다 훨씬 나아졌지만, 이 자리에 오기까지 숱한 밤을 새우며 정말 열심히 살았다. 물론 다른 사람들의 한없는 수고와 연민이 있었기에 가능한 일이었다.

4
아동기 트라우마:
스테파니 주 구텐베르그와의 대화

3장에서 언급한 여러 가지 사례는 어린아이들과 관련된 것이다. 아이들에게 미치는 트라우마의 영향에 관해서는 지금까지 훌륭한 저서가 상당히 많이 출간되었는데, 이 주제는 우리가 가능한 한 모든 관심을 쏟아야 할 그런 분야이기도 하다. 여기에서는 이 주제에 관해 내 친구 스테파니 주 구텐베르그Stephanie zu Guttenberg의 전문 지식에 의존해 약간 다른 관점을 제시하고 싶다.

스테파니는 아동 전문 변호사이며, 미국과 본인의 고국(독일)을 비롯, 전 세계에서 아동 학대와 싸우는 전문가로 명성이 높다. 특히 스테파니는 디지털 시대에 아이들에게 닥친 위험을 폭넓게 인지하고, 그것을 줄이는 데 노력을 아끼지 않는다. 또 비정부 기구인 '이노슨스 인 데인저 Innocence in Danger'의 독일 지부 회장으로 한동안 일했는데, 이곳은 인터넷상에서의 아동 권익 보호에 전적으로 힘쓰면서 아동 포르노 확산을 제한하는 데 매진한다. 나는 스테파니에게 트라우마와 인종차별, 학교 폭력이 아동에게 어떻게 영향을 끼치는지, 아이들이 팬데믹 상황에서 집 안에 고립되어 있으면서 어떤 영향을 받았는지 등에 관해 얘기해보자고 했다.

폴   스테파니, 당신은 아동기 트라우마에 관해 책을 썼는데, 저는 이 분야에 관한 지식이 그다지 많지는 않습니다. 저는 대부분 성인 환자를 상대하고, 아동기 트라우마가 성인기 문제를 일으킨다는 것을 분명 알고 있죠. 하지만 엄밀히 말하자면 저는 아동기 트라우마 전문가는 아닙니다.

스테파니(이하 스)   그럼 성인 환자를 대하면서 아주 중증의 환자가 특정 트라우마 사건과는 별도로, 아동기에 심각한 트라우마를 겪었다는 사실을 발견한 적이 있었나요?

폴   물론입니다. 하지만 이런 환자들에게서 심리적인 문제만 생기는 건 아닙니다. 마치 트라우마가 끼친 영향이 그게 전부가 아니라는 듯이 말이죠. 저는 트라우마가 환자들의 내분비계 기능에 어떤 영향을 끼치는지, 유전적으로 어떻게 발현되는지도 목격합니다. 사람들이 트라우마를 겪으면 일정 수준의 변화를 겪게 되는데, 저는 이 문제가 제대로 다뤄지지 않고 있다고 생각합니다. 세대 간에 전달되는 트라우마 문제도 생각해봐야죠. 아이들은 심지어 태어나기 전에도 그들의 부모나 조부모가 겪은 트라우마의 영향을 받습니다.

이런 현상은 전쟁이 났을 때 두드러지게 나타납니다. 예컨대 독일에서 제 조부모 세대의 모든 어르신은 2차 세계대전을 경험했고 게다가 끔찍한 고통을 겪었습니다. 강제수용소에 갇혔든, 아니면 고문을 당했든, 아니면 단지 살아남으려고 끔찍한 일을 모두 겪어야 했든 어쨌든 온갖 고초를 당했죠. 그런데 이런 고통이 언급된 적은 없어요. 하지만 이 모든 트라우마가 이후 신경학적으로, 유전적으로 아니면 다른 형태로 세대를 이어 계속 발현되는 게 보입니다. 그 당시 사람들은 이렇게까지 파장이 클 줄 전혀 몰랐지만, 이런 상관성이 있는 문제는 나중에 발현되죠. 그 일부를 보자면 아이들이 트라우마를 딛고 생존한 부모에 의해 양육되는 경우인데요, 실제로 이 경우 자녀의 뇌 화학물질은 물론, 특정 유전형질의 발현 방식이 바뀝니다.

> "성적 학대에 관해서는
> 그 지속적인 영향이 무시되는 경향이 있죠"

폴　아동기 때 받은 학대로 인한 트라우마도 있죠.

스　맞습니다. 특히 성적 학대의 경우 더욱 그렇습니다. 다른 트라우마가 사람들에게 미치는 영향을 폄하하고 싶지는 않지만, 아동에 대한 성적 학대는 아마 한 인간에게 벌어질 수 있는 가장 잔인한 일에 속할 겁니다.

폴　하지만 일반적으로는 여전히 트라우마는 개별적인 것이라거나, 그 사건이 일어난 시대에 국한된 것이라고 생각하는 것이 현실입니다. 마치 트라우마를 합법적 렌즈를 통해서만 볼 수 있다는 말과 같은 것이죠. 사실 과거 어느 시점에 나쁜 일이 벌어졌고, 그 시점에 트라우마가 어느 정도 진정이 되었어도, 특히 아이들의 경우는 그렇게 마무리되지 않습니다. 트라우마는 살아가는 동안 모든 일에 영향을 미칩니다. 우리가 알지 못하는 것은 사람들이 트라우마를 통해 근본적으로 변한다는 사실이지요. 이들은 생물학적으로 변합니다. 유전자 발현 및 호르몬, 화학물질과 신경전달물질이 바뀌고, 이런 변화가 평생 가게 됩니다. 사람들이 트라우마에 대한 과학 연구를 접하고 이해해서 트라우마에 대한 인식 수준을 높였으면 하는 게 저의 바람입니다.

스 특히 성적 학대에 관해서는 그 지속적인 영향이 무시되는 경향이 있죠. 예를 들어 아동 포르노 문제가 있다면 사람들은, "그게 뭔 대수라고? 그냥 사진이잖아" 혹은 "그냥 영화야"라고 반응하면서, 마치 포르노 장면이 과거 어느 시점에 벌어진 정적인 것이고 지금은 다 끝난 일이라고 단정합니다. 이런 종류의 학대가 사람들에게 끼치는 영향을 이해하지 못하는 것이죠. 이런 태도는 성폭력 피해자에게 질문을 던질 때 나타나는데, 왜 한참 후에야 그들이 자신에게 벌어진 상황을 입 밖에 냈는지 궁금해합니다. 즉, 트라우마가 너무 심각하고 피해자가 느끼는 고통이 너무 커서 전형적인 방식으로 사건을 기억할 수 없다는 것을 이해하지 못하는 거죠. 피해자의 두뇌와 정신 상태가 그동안 고통으로부터 자신을 보호하는 방식으로 작동했기 때문에 사건을 기억할 수 없는 건데 말입니다. 다행히도 사람들은 후생유전학(유전자의 염기서열이 바뀌지 않아도 염색질 구조의 변화를 일으켜 다음 세대로 전달될 수 있는 유전이 가능한 형질이나 표현형에 대해 설명할 때 사용되는 개념 - 옮긴이) 같은 최신 연구를 점점 받아들이는 것 같습니다. 우리는 단지 트라우마의 영향이 그렇게 오래 가고 널리 퍼져 있는지 몰랐던 거예요. 특히 아이들에 관해서는 더더욱 몰랐고요.

폴   제 생각에 수치심은 여기서도 큰 역할을 하는 것 같습니다. 모든 종류의 트라우마는 수치심을 동반하는 경향이 있고, 이 때문에 많은 것들이 내면화되고 정당화됩니다. 사람들은 이런 수치심 때문에 그들이 경험하는 세상이 얼마나 끔찍한지 입 밖으로 표현을 안 하죠.

스   가해자는 또한 이 점을 이용합니다. 우리가 피해자를 탓할 때도 이 점이 작용하죠. 아이들은 부모나 돌보미가 신경을 쓰지 않기 때문에 가해자에게 다시 돌아갑니다. 그러면 가해자는 이렇게 말하죠. "다시 돌아온 걸 보니 너도 이걸 좋아하는구나." 그리고 무엇보다 이런 아이들은 '다 네 잘못'이라는 말을 들어요.

폴   그리고 무엇보다 성폭력을 당한 책임이 자기 자신에게 있다는 말을 듣는다면, 수치심이 점점 더 쌓이는 거죠. 인간은 성적으로 학대당한 이야기는 당연히 하고 싶어 하지 않고 도움을 구하지도 않습니다. 그리고 어린아이들은 이 때문에 상황이 얼마나 엉망으로 될지 파악할 능력이 아직

없어요.

스　다시 말해서 가해자는 이런 방식을 즐겨 이용하는 겁니다.

폴　성적 학대 때문에 생긴 생물학적 변화를 보지 못한다면, 이 역시 우울증, 분노, 약물 남용 같은 문제가 생길 완벽한 환경을 조성하는 겁니다. 이로 인해 발생하는 모든 문제를 한번 생각해보면, 트라우마 피해자가 찍소리도 못하는 상황이 거의 완벽하게 만들어집니다.

스　또 최악의 상황은 외부로 전혀 발설되지 않는 경우가 종종 있죠.

> "한 아이가 성폭력을 당했다고 평균 여덟 번은 말해야
> 사람들이 이런 사실을 받아들인다고 합니다"

폴　트라우마가 심각할수록 수치심도 깊어져 사람들은 트라우마를 감추게 됩니다. 몸에 질환이 생겼을 때와는 다르게 반응하죠. 발진이나 고통은 심해질수록 당사자가 적극적으로 나서서 도움을 청하려고 하니까요.

스　독일의 경우 15건에서 20건의 성폭력 사건이 발생할 때마다 단 한 건만 보고가 된다고 추정되고 있습니다. 이 수치가 정말 놀랍지 않습니까? 그리고 대부분의 성폭력 사

건의 피해자가 저소득 계층 아이라고 알려져 있습니다만 실상은 그렇지 않습니다. 제가 알기로 가장 악질인 성폭력 사건에는 많은 자금이 걸려 있는데요, 그 이유는 사건 은폐와 아동 인신매매에 많은 돈과 연락망이 필요하기 때문입니다. 그러니 어린아이가 이런 상황에서 어떻게 도망칠 수 있겠습니까? 이보다 덜 극단적인 상황에서도 한 아이가 성폭력을 당했다고 평균 여덟 번은 말해야 사람들이 이런 사실을 받아들인다고 합니다.

폴   여덟 번이라고요?

스   맞습니다. 그 상황을 상상해보세요. 한 아이가 대략 여덟 번이나 도움을 청해야 하는 이유는 우리 사회가 성폭력이 실제 일어날 수 있는 사건이라는 걸 믿지 않기 때문이죠. 가해자는 바로 이 점을 이용하고, 이 때문에 많은 가해자가 아이들에게 믿음을 주고 접근할 수 있는 성직자와 코치 같은 직업을 택합니다. 아이들이 성직자나 코치, 아니면 청소년 캠프 지도자에게 성폭력을 당한다는 것을 누가 믿고 싶겠습니까? 게다가 이런 사건의 가해자는 바로 가서 아이들을 학대하지 않습니다. 이들은 아이 및 부모와 좋은 관계를 유지해서 부모와 돌보미들이 자기 아이를 해친다는 의심을 하지 못하도록 하죠. 뭐 말할 필요도 없이 사람들은 아이들이 거짓말을 그다지 잘하지 못한다는 걸 알면서도, 아이들보다는 성인 말을 훨씬 잘 믿잖아요. 이제는 아이들 말을 믿을 줄 알아야 합니다.

폴 여덟 번이나 도움을 청해야 한다는 말이 계속 신경 쓰이는데요. 그럼 누가 실제로 여덟 번이나 도움을 청하겠어요? 제 말은, 우리 대부분은 기껏해야 두세 번 도움을 청하고 포기하잖아요. 저의 경우 여덟 번 정도 도움을 청했던 적은 거의 없어요. 특히 낙인이 너무 깊게 찍히는 일에 대해서는요. 이 때문에 성폭력 사건 15건에서 20건당 겨우 한 건만이 세상에 드러나는 것이군요. 우리 사회 전체 시스템은 극단적으로 이런 진실에 무감각한 경향을 띠고 있는 거네요.

스 제 생각에 요즈음에는 이런 사건이 언론에서 다루어지기 때문에 예전보다 인식 수준이 조금 더 높아진 것 같습니다. 하지만 여전히 은폐되는 일이 너무 많죠. 종교 기관과 학교에서 일어나는 일을 보세요. 이런 기관과 학교를 운영하는 사람들은 아이들을 대변하는 일보다는 이런 스캔들과 이로 인해 입을 피해에 더욱 촉각을 곤두세우죠. 따라서 성폭력 사건이 세상 밖에 알려지더라도 그냥 아무렇지 않게 지나간 일이 많았지만, 우리가 하루 빨리 개입해 도움을 줄수록 아이들이 상처를 극복할 확률은 높아집니다.

> "전 세계적으로 볼 때, 우리는 만성적으로 정신 건강의 중요성을 과소평가했습니다"

폴 그래서 말인데, 우리에게는 원초적 트라우마와 후속 트라우마가 있습니다. 예컨대 사회에서 믿어주지 않아서 생기는 트라우마 또는 학대를 받았던 기관에 다시 보내져 폭력 사건이 반복되면서 발생하는 트라우마가 있는 거죠. 이런 아이들은 그 어느 곳도 안전한 곳이 없다는 메시지를 받게 돼요. 가해자와 있으면 분명 안전하지 않지만, 자기들을 보살펴주면서 나쁜 기미가 없나 살피고 자기들이 말하는 것을 들어줘야 하는 어른과 함께해도 안전하지 않다는 메시지를요. 따라서 방치의 트라우마가 더해지고, 덜 극단적 형태로 방치된 상태에서 동일한 사건이 발생하게 되는 거죠. 이렇게 해서 트라우마는 시간이 지나면서 한 아이 위에 차곡차곡 쌓이게 됩니다. 그러니 상당히 많은 아이가 자라면서 불안감 또는 우울감을 겪거나 자신감이 결여되어 있다는 게 뭐 놀랄 일이겠습니까? 또 고통을 다스리려고 약물에 의존하는 것이 놀랄 일일까요? 이게 바로 우리가 아이들에게 만들어놓은 환경인데요. 한 사회가 트라우마와 특히 학대를 어떻게 생각하는지 살펴보면 전적으로 예상할 수 있는 결과입니다. 학대를 인식하고, 그 발생 빈도와 강도를 최소화하면서, 사건이 일어났을 때 아이들을 도와주면 지금보다 훨씬 나은 사회를 꾸릴 수 있습니다.

스 물론입니다. 그리고 이 해결책을 아이들이 겪는 다른 문제에도 적용할 수 있습니다. 예를 들어 온라인이나 이외의 다른 곳에서 일어나는 괴롭힘 같은 문제가 있죠. 이 밖에 난민 아이들이 겪는 온갖 트라우마도 생각해볼 수 있고요. 수천 명, 수만 명의 아이들이 고향을 떠나는데, 이들에게 어떤 일이 발생할까요? 안전지대에 도착하더라도 그동안 겪은 공포를 처리해야 하는데 누가 이걸 도와줄까요? 그래서 이런 옛날 격언이 있잖아요. 강한 자만이 살아남지만, 사람들은 이들이 살아남으려 어떤 고초를 겪었는지는 묻지 않는다고요.

폴 그런데 이들이 그렇게 강하지 않다면 어떻게 되나요? 살아남지 못할 것이기 때문에 우리가 그냥 잊으면 되나요?

스   이건 아니라고 보는데요.

마치 생존만이 유일하게 의미 있는 목표인 것 같으니까요. 그동안 개인적으로 치른 대가도 고려되지 않잖아요. 가족, 공동체, 우리의 의료 체계에 끼치는 부담은 말할 것도 없고요. 심지어 아주 운이 좋은 상황에서도, 말하자면 난민 중 독일에 갈 수 있는 사람들이요. 끊임없는 공포에서 벗어나 기본적으로 안정을 찾을 수 있는 어딘가에 마침내 도착한 가족의 아이들마저도 트라우마가 깊게 각인되어 있습니다. 그럼 이 모든 상황은 어떻게 흘러갈까요? 세상이 현 상태에서 변하지 않는다고 할 때, 도대체 이 아이들은 필요한 심리적 또는 정신적 도움을 어떻게 받을까요?

폴   사실 도움의 손길이 있다 하더라도 실제 아이들의 문제에 비하면 정말 보잘 것 없습니다. 게다가 우리에게는 큰 문제가 있잖아요, 가령 팬데믹, 미국의 산불, 또는 시리아의 정치적 불안 및 폭력으로 인해 발생한 난민 같은 문제요. 그 문제가 무엇이든, 우리는 이미 이런 문제의 낙진을 정통으로 맞고 있어요. 그 어느 누구도 여기에서 자유롭지 못하죠. 이 문제를 남의 문제로 치부할 수 있는 계층이 있을까요? 물론 스스로 충격을 완화하려고 이를 남의 문제로 돌릴 수 있다는 시각도 있긴 하지만요. 하지만 우리 앞에 놓인 확연한 진실을 외면하면 더한 트라우마만 생기게 되죠.

스 전 세계적으로 볼 때, 우리는 만성적으로 정신 건강의 중요성을 과소평가했습니다. 특히 아이들에 관해서는요. 제가 보기에 미국은 이 점에서 독일보다 조금 앞서 있다고 생각합니다. 적어도 대부분의 아이들이 학교에서 심리 상담을 받을 수 있으니까요. 하지만 아이들이 마땅히 누려야 할 수준과는 여전히 거리가 멉니다. 학교에서 수학, 물리, 화학, 언어, 미술 활동에 관심을 기울이는 만큼 정신 건강에도 관심을 기울여야 합니다. 우리의 정서 지능 수준이 뒤떨어지고 있는 데다 우리가 아이들을 가르치지도 않는다면, 이 아이들이 어떻게 배우겠어요?

폴 미국 정치에 관한 이야기입니다만, 우리는 아이들에게 다른 사람에게 창피를 주고 모욕을 주어서라도 성공을 하라고 가르칩니다.

스 성공하기 위해 남을 괴롭히는 건 괜찮다는 거죠.

폴 맞습니다. 아이들의 정서 지능을 더 높이려고 애쓰지는 않으면서 말이죠. 남을 괴롭히는 것은 나쁜 짓일 뿐 아니라 그 뒤에 숨은 의미가 더 크다는 것을 아이들에게 아주 일찍부터 가르쳐야 합니다. 예컨대, '남을 괴롭히는 아이의 삶은 어떻게 될까?' '왜 애초에 이 아이들이 남을 괴롭힐까?' 같은 질문을 통해 아이들은 수치심과 부적절함 그리고 우리 모두의 내면에서 생겨나는 온갖 감정에 관해 배우게 됩니다. 누군가를 비난하고 잘못 대할 때 어떤 느낌이 들까? 그렇게 행동하지 않는다면 또 어떤 느낌이 들까? 우리는 아이들에게 행복감을 키우고 자신감을 높이는 방법은 말할 것도 없고, 건설적인 것과 그렇지 않은 것을 배울 만한 기회를 충분히 주지 않고 있습니다. 한 가지 질문을 더 던져볼까요? 나라의 지도자와 역할 모델로 선출된 사람들이 사람들 앞에서 아주 형편없는 행동을 한다면 아이들은 어떻게 생각할까요?

ㅅ 저는 디지털 교육, 특히 온라인상에서 모욕을 주고 남을 괴롭히는 문제에 관해 아이들과 많은 연구 작업을 하고 있습니다. 우리가 한 실험은요, 어린 학생들이 모니터링 당한다는 것을 아는 상황에서 일부는 괴롭히는 가해자가 되고, 일부는 관찰자가 되고, 일부는 괴롭힘을 당하는 피해자로 지정이 되는 겁니다. 여기서 나타나는 역학

이 놀라운데요. 직접 남을 괴롭히는 것은 서로 얼굴을 맞대고 하는 행동이기 때문에 또 다른 문젠데, 온라인상에서 실험을 해보니 갑자기 통제 불가능한 상태가 되었어요. 가해자로 지정된 학생은 그 역할에 몰입해서 충격적으로 온갖 나쁜 메시지를 보내더라고요. 나중에 학생들을 모두 모이게 해서 이에 대해 얘기해보고 정말 유익하다는 생각이 들었습니다. 아이들은 이 모든 일이 벌어지는 것을 지켜보는 게 얼마나 무안한지, 또 괴롭힘을 당하고 또 괴롭힐 때 얼마나 끔찍한 기분이 드는지 얘기를 나누었습니다. 이 과정에서 아이들은 디지털 시민 의식을 아주 새로운 방식으로 이해하게 되었고, 이런 교육은 온라인에서 의사소통하는 방식에 많은 영향을 주었죠. 이런 큰 문제에 대해 아이들을 교육시키고 자원을 투입할 때 어떤 결과가 나타나는지 알려주는 아주 좋은 사례였어요. 남을 괴롭히는 행동이 무엇인지 분간할 줄 아는 아이들은 이런 행동을 목격하는 경우 뭔가 조치를 취하려고 나설 가능성이 높으며, 이런 행동이 뭘 의미하는지 곰곰이 생각해볼 가능성이 큽니다. 하지만 이런 실험에 관여하는 게 너무 고욕이라 정말 다시 하고 싶지는 않습니다.

폴   왜 그런지 충분히 알겠습니다. 하지만 보통 어두운 음지에서 벌어지는 끔찍한 행위를 밖으로 끄집어내는 일은 분명 가치가 있습니다.

스   모든 사람은 그런 일을 그저 끔찍하다고 생각만 하겠죠. 남을 괴롭히는 아이들은 사실 난감해했어요. 마치 무슨 일이 벌어지고 있는지 영문을 모른 채 남을 괴롭히는 에너지에 의해 질질 끌려다니는 느낌이 든 거죠. 남을 괴롭히는 아이들은 나중에 스스로를 섬뜩하다고 느낍니다.

> "조기 교육이 가능하다면,
> 우리가 할 일은 이런 트라우마를 피하는
> 메커니즘을 든든하게 보강하는 겁니다"

폴   디지털 시민 의식 고양과 관련된 연구에 대해 좀 더 들려주실 수 있을까요? 또 인종차별같이 사회 시스템과 좀 더 연관이 깊은 문제에 관한 당신의 생각과 이런 인종차별이 온라인상에서 어떻게 나타나는지 들어보고 싶습니다.

스   예, 알겠습니다. 기술이 믿을 수 없을 정도로 빠르게 발달해 지난 수십 년간 세상이 아주 극적으로 바뀌었다는 사실을 모르는 사람은 거의 없습니다. 미래 언젠가는 스마트폰 없이는 세탁기를 쓰지도 못할 것이고, 스마트폰은 현재 모습보다 훨씬 달라져 있을 겁니다. 물론 흥미로운 양상도 보이는데, 새로운 기술은 새로운 가능성을 의미하고 수많은 옵션이 등장할 것이기 때문이죠. 그러나 인터넷과 팬데믹 기간 동안 이루어진 화상 회의 그리고 우리 삶 전반의 큰 부분을 차지하는 소셜 미디어의 경우, 이를 사용할 때 사람들은 실제 세계에서 얼굴을 맞대면서 지키는 규칙과 지침을 무시하고 있습니다. 이상적으로는 사람들을 온라인에서 대하는 방식과 거리에서 대하는 방식이 차이가 나면 안 되죠. 대부분의 사람들은 거리에서 다른 이들을 모욕하는 건 생각도 못 할 일입니다. 최소한 크게 입 밖으로 내뱉지는 않죠. 또 사람들의 피부색, 문화, 종교 또는 다른 요소에 대해 공공연히 비판하는 행위 역시 감히 생각도 못 할 일입니다. 하지만 온라인 세계는 실제 세계와는 다른 것 같습니다.

폴 온라인 세계는 실제 세계가 아니라는 의견도 있습니다. 그래서 어쨌든 좀 더 관대하고 전혀 새로운 규칙이 있는 거죠. 그런데 너무 많은 사람이 이를 부적당한 행위나 아주 부끄러운 행위를 해도 괜찮은 것으로 해석하고 있습니다. 왜 규칙이 이렇게 다른 걸까요?

스   우리가 서로 마주 보고 앉아 있는 것과 디지털기기를 통해 대화하는 것은 상당한 차이가 있습니다. 디지털기기를 통해 대화하면 마치 우리가 상당히 멀리 떨어져 있는 듯한 느낌이 들거든요. 요즈음은 사람들이 더 이상 직접 소통하지 않고 디지털 기기 화면만 보고 있는 것 같습니다. 요즘 아이들은 점점 더 이런 식으로 자라나죠. 이 때문에 온라인 활동의 기본 규칙을 알려줄 방법을 찾아야 합니다. 그래서 디지털 교육이 중요한 겁니다.

폴   특별히 지금은 대면이 아닌 가상 세계에서 더 많은 일이 벌어지죠. 하지만 우리는 여전히 인간이라, 실제 세계에서 추구하는 가치를 분명히 할 필요가 있습니다. 예컨대 예절, 친절, 연민 같은 것이죠. 이런 것들이 실제로 우리가 추구하는 가치라면, 가상 세계에서도 이런 가치들을 강조할 필요가 있어요.

스   가상 기술은 도구이며, 우리가 발명한 다른 도구와 같이 이를 올바르게 사용하는 방법을 배워야 합니다. 전기톱은 유용한 도구이지만, 아주 무시무시한 일에도 쓰일 수 있습니다. 우리가 온라인으로 하는 일은 여전히 실제이며, 우리는 그 실제적인 일을 하기 위해 그저 다른 도구를 이용하는 것뿐이에요.

폴 또한 온라인에서 받아들이기 참 힘든 사회적 관념이 실제로 모습을 드러내고 있죠. 예컨대, 어떤 사람들은 다른 사람들보다 더 중요하다는 생각인데, 바로 이 때문에 당신과 함께 디지털 시민 의식과 인종차별에 관해 이야기를 나누고 싶었습니다.

스 이 문제는 복잡한 주제인데요. 인종차별이 지역에 따라 다르게 나타나기 때문입니다. 피부색으로 인한 인종차별은 미국과 독일에서 다르게 나타나죠. 독일의 민족주의는 예전부터 독자적인 모습을 띠었고, 이슬람 문화권에 대한 편견은 그 어느 곳보다 서구 세계에서 다르게 나타납니다. 스스로가 비참하다고 느끼는 사람들은 때로 인종차별을 이용해서 다른 사람들을 비참하게 만듭니다. 특히 자신의 삶이 잘 풀리지 않는다고 생각하는 이들은 희생양을 찾는 거죠. 역사 속의 지도자들이 이런 방법을 이용했는데, 그중 한 사람이 히틀러입니다. 이런 지도자들은 실제 일어나고 있는 빈곤을 들먹이며 사람들에게 그 원인을 바깥에서 찾아보라고 부추깁니다. 아이들이 가정에서 피부색이 다른 사람들 때문에 문제가 생긴다는 말을 듣고 자랄 때, 이런 관념에 젖어들게 되면 고치기 힘듭니다. 자기 자신을 탓하기보다 다른 사람을 탓하는 것이 훨씬 쉽죠. 우리는 일반적으로 자기 자신의 잘못과 실수에 대해 책임지지 않으려고 하고, 그런 점이 확실히 온라인에서도 나타납니다.

폴 정서 지능이라는 주제로 다시 돌아가보면, 우리는 아이들에게 감정에 관해 잘 가르치지 못합니다. 왜 아이들이 수치심부터 느낄까요? 어째서 아이들이 다른 아이들을 기분 나쁘게 하고 싶을까요? 이런 것을 자세히 관찰하고 이런 문제에 답하지 않으면서 어떻게 우리가 괴롭힘과 인종차별 같은 문제를 해결할 수 있을까요?

스 안타깝게도 인종차별은 우리 문화에 깊이 뿌리 박혀 있고 이를 바꿀 유일한 방법은 교육입니다. 성폭력의 경우, 왜 그런 폭력이 발생하는지 알아보고, 도움을 필요로 하는 사람을 도와주는 데 더욱 힘을 모을 필요가 있어요. 그렇게 해야 좀 더 긍정적인 메시지가 쌓이기 시작합니다. 성폭력은 생각만 해도 끔찍한 일이라 얘기하고 싶은 사람들이 거의 없겠지만, '강함'의 관점으로 성폭력을 보면 뭔가 바뀝니다. 자기 자식을 강한 아이로 키우고 싶지 않다며 손사래를 칠 사람은 거의 없을 거예요. 그래서 바로 폴, 당신이 우리 아이들을 강하게 키우기 위해 애를 쓰시는 거잖아요. 자기 인식 수준을 높여주고 자기 몸을 사랑하는 마음도 심어주려 애쓰고, 자기 경계선을 확정 짓고 '싫어'라고 할 수 있는 거절의 힘을 키워주는 일을 하고 있죠. 아이들의 교사, 부모, 국회의원, 판사 들도 교육시키고 있고요. 저는 이게 우리가 나아갈 유일한 길이라고 생각하고, 인종차별에 대해서도 같은 방법으로 대처해야 한다고 생각합니다. 아이들은 일찍부터 인종차별에 관해 알아야 해요. 왜 인종차별이 발생하는지, 왜 사람들이 그런 짓을 하는지, 인종차별을 겪는 사람들에게 어떤 일이 일어나는지, 등등을요.

폴　트라우마에 관해서도 저는 그렇게 생각합니다. 교육은 우리가 가진 사회 체계 중 트라우마에 대적할 수 있는 가장 강력한 수단입니다. 교육은 일찍 시작할수록 효과가 더 좋습니다.

스　아동기 초기부터 시작해야죠. 아이들에게 성폭력에 관해 제대로 알려주는 데는 교육만한 것이 없다고 생각합니다. 베를린에서 수년 전 어린아이들을 데리고 교육 프로그램을 하나 시도해본 적이 있습니다. 그런데 그 남자아이 중 한 명이 얼마 후 가해자의 꼬임에 걸려든 사건이 있었어요. 당시 그 일이 일어났을 때 아이가 아홉 살인가, 열 살이었는데, 아동 학대라고 큰소리를 치며 그곳에서 뛰쳐나왔어요. 아이의 부모님은 경찰서에 전화했고요. 경찰이 가해자를 구속시키면서 아이에게 어떻게 그렇게 할 수 있었냐고 물었대요. 왜냐하면 아이가 정말 대처를 잘했거든요. 그랬더니 모든 것을 저희가 진행했던 학교 프로그램에서 배웠다고 했답니다.

폴 주목할 만한 성과예요. 아이는 뭔가 이상함을 느꼈고, 그게 자기 잘못이 아님을 안 거죠. 그리고 그런 상황에서 어떻게 해야 할지도 알았잖아요. 상황을 빠져나와서 도움을 청해야 한다는 것을요. 저는 이런 교육을 전반적으로 실시했으면 해요. 아이들이 인종이나 종교 또는 출생 국가나 재산, 그 밖에 무엇이든 이로 인한 편견은 그릇된 것임을 알도록 가르쳐야 합니다. 그뿐 아니라 아이들이 그런 편견에 대응하는 법도 터득해야 하고요. 조기 교육이 가능하다면, 우리가 할 일은 이런 트라우마를 피하는 메커니즘을 든든하게 보강하는 겁니다. 그러면 이런 아이들은 자라면서 소아 성애자가 강아지로 유인하려고 하거나, 어떤 어른이 인종차별이나 다른 모욕적인 언행을 했을 때 대응하는 방법을 알 겁니다. 그리고 아이들과 이런 식으로 교감하면 아이들은 일어난 상황으로 인한 정서적 영향을 실제로 느낄 수 있고, 그 사건이 자신과는 아무 상관이 없으며, 다른 상대방의 책임이라는 걸 알게 됩니다. 정당하게 책임을 귀속시키는 거죠. 내가 아니라 그 사람에게 문제가 있으니까요.

스 이런 교육은 일찍 시작할수록 엄청난 차이를 만들어냅니다. 제가 디지털 교육을 하려는 이유도 다 이 때문입니다. 앞으로 활동할 세대를 위해 장기적인 변화가 이루어질 수 있도록 노력하는 거죠. 당분간 실질적인 변화가 생기기는 아주 힘들 테고, 어떤 변화든 순식간에 이루어지지는 않겠지만, 교육은 우리 아이들에게 긍정적인 영향을 줄 수 있으며, 그렇게 되면 앞으로 지금과는 다른 세상이 만들어질 겁니다.

폴 맞습니다. 아이들을 보호하고 이 아이들을 위해 더 좋은 세상, 가령 물려줘도 될 만한 세상을 만들려고 노력하는 것보다 어른으로서 더 큰 일이 또 뭐가 있겠습니까?

스 제가 책상에 놓고 보는 인용구가 하나 있습니다. "어릴 적 상처에서 치유될 필요가 없도록 아이들을 키우자."

"적어도 도움이 되는 시스템이 자리를 잡도록 해야죠. 안 좋은 일이 발생할 때 즉시 가동되는 시스템 말입니다"

폴 우리 어른들에게 이보다 더 큰 책임은 없을 겁니다. 아이들이 적어도 자라면서 공포를 느끼지 않을 세상을 선사해야죠. 그래서 우리가 지금 트라우마의 영향을 경감시키자는 이야기를 하고 있잖아요.

스 사고, 가까운 사람들의 죽음처럼 인생을 살다 보면 겪는 일반적인 트라우마가 많죠. 그걸 바꿀 수는 없습니다. 하지만 적어도 도움이 되는 시스템이 자리를 잡도록 해야죠. 안 좋은 일이 발생할 때 즉시 가동되는 시스템 말입니다. 제가 봤을 때 이런 점에서 학교는 필수적인 역할을 합니다. 가정에서 벌어지는 일에 대해서는 우리가 그다지 손쓸 수 없지만, 학교에서는 온갖 배경의 어린 학생들과 접촉할 수 있으니까요.

폴 당신 말처럼, 살다 보면 이런저런 고난이 많이 찾아오지요. 예를 들어 코로나19 팬데믹 사태가 그렇고요. 팬데믹에 모든 사람이 영향을 받았지만, 어떤 나라들은 분명 다른 나라보다 아이들을 잘 보살폈어요. 미국이 코로나바이러스에 얼마나 잘 대처했는지 얘기하기 부끄러운데요. 사실 제 생각에 우리는 온갖 정치적 싸움에 몰두하고 공중보건을 뒷전에 두며 트라우마를 더 쌓았죠. 당신은 양쪽 나라에서 살아보셨잖아요. 미국에서의 코로나 대처 방식과 독일에서의 대처 방식이 어떻게 다르던가요?

스 가장 뚜렷한 차이는 의료 서비스입니다. 독일은 의료 서비스가 잘 되어 있는 나라이고, 대부분의 국민이 의료 보험에 가입했습니다. 그래서 필요할 경우 의료 서비스를 받을 수 있죠. 하지만 미국은 달라요. 학교 폐쇄에 대해서도 두 나라는 다르게 대처했습니다. 디지털 교육과 온라인을 통해 어떤 상황에서든 학생들과 계속 연결하고 소통하는 점에서 본다면 독일이 미국보다 못합니다. 하지만 어쨌든 저는 집에서 오랜 기간 고립될 경우 사람들이 받게 되는 영향과 락다운 기간 동안 가정 폭력이 증가하는 현상, 또 우울증, 불안, 면역 체계 문제 등에 관해 걱정이 많습니다. 따라서 이런 문제는 다시 의료 서비스로 귀결됩니다. 의료 서비스가 제대로 되어 있지 않을 경우, 저소득 가정이 가장 심한 타격을 받습니다.

폴   저는 미래에 이런 문제가 어떻게 될지 걱정됩니다. 제 말은 팬데믹이 이어지는 상황에서 락다운과 격리를 겪어야 하지만, 이런 상황에 우리가 얼마나 엉망으로 대처했습니까? 우리의 빈약한 대응과 단점투성이인 의료 시스템으로 불필요한 트라우마를 얼마나 많이 만들어내고 있을까요? 그리고 조금 전에 말씀하셨듯이 사회·경제적으로 소외된 사람들이 가장 큰 타격을 받을 겁니다. 왜냐하면 이들은 애초에 겨우겨우 생활을 유지하고 있으니까요.

스   독일에서도 실직자는 발생합니다. 하지만 정부에서 많은 지원을 하죠.

폴   장기적인 관점에서 우리는 그런 점을 배울 필요가 있습니다. 한동안 코로나바이러스와 함께, 또 아마도 이와 비슷한 다른 바이러스와 함께 살아가야 할 테지만, 지금 세상은 이 같은 일들이 얼마든지 일어날 수 있고, 우리는 여기에 맞는 대비책을 제대로 세울 필요가 있습니다. 결국 좀 더 국제적이고 국지적인 공중 보건 메커니즘과 소통책을 마련해야겠죠.

스   그리고 교육이요. 교육이 바로 오늘 대화를 관통하는 주제였죠.

폴   교육은 빠를수록 더 좋습니다.

스   맞습니다. 그리고 학과 과목뿐 아니라, 삶의 사회적이고 정서적인 측면에 대한 교육도 이루어져야 합니다. 아까도 말씀하셨듯이 이런 식으로 트라우마에 대한 보호책이 마련되는 것입니다.

폴   정서적인 측면 역시 오늘 대화를 관통하는 주제였습니다. 트라우마는 정서적인 문제이고, 정서는 우리라는 존재의 상당히 많은 부분을 좌우하죠.

스   그렇게 우리는 정서의 지배를 받습니다. 정서적 존재인 우리 인류의 아름다움이기도 하지만요.

폴   그리고 바로 이 점 때문에 트라우마가 우리 안에 자리를 잡게 되는 겁니다. 아동 학대나, 인종차별로 인해서, 또는 팬데믹 기간에 다른 사람과 만남이 차단되어 발생했든, 트라우마는 사람들의 정서와 인식을 뒤틀고 결국 세상을 보는 방식을 바꿉니다. 그리고 우리 자신도 바꿔놓죠. 우리의 기억조차도 트라우마가 생기기 전과는 다른 것으로 바뀝니다. 트라우마를 겪기 전에는 희망과 빛으로 가득 차 있던 아이가 스스로를 끔찍하게 느끼고 세상을 불안하게 봅니다.

스 어떤 유형의 논리적이거나 이성적인 사고로 트라우마를 억누르기란 어렵습니다. 트라우마가 우리 마음속에 파고들어버리면 대적하기가 힘들어지니까요. 그렇기 때문에 오늘 우리가 얘기한 교육과 보호책으로 조기에 개입해야 하는 것이죠. 이 방법이 트라우마를 해결할 열쇠입니다.

5

트라우마의 타깃:
연민, 공동체 정신 그리고 인간애

연민과 공동체 정신 그리고 인간애는 인간으로서의 우리의 존재감을 완벽하게 드러내준다는 점에서 서로 떼려야 뗄 수 없는 관계다. 트라우마를 겪으면 고립감과 외로움을 느끼지만 사실 우리는 모두 한 울타리 안에 모여 사는 존재다. 연민 덕분에 우리는 다른 사람들을 돌보고, 친절한 마음으로 이들과 교감하며, 세상을 타인의 관점에서 바라볼 수 있다. 공동체 정신은 우리가 다른 사람들과 상호 의존하며 살아가고, 우리의 행동이 서로에게 영향을 끼친다는 점을 인정하는 것이다. 마지막으로 인간애는 이 세상을 공유하는 사람들로서 우리 모두가 고통을 겪는다는 것을 인정하는 마음이다. 게다가 이런 고통은 문제가 된다.

연민과 공동체 정신 그리고 인간애는 우리가 태어나면서 받은 권리다. 이들은 세상을 돌아가게 만드는 산소 같은 존재지만, 동시에 트라우마가 우리 가정에 침투할 때 공략하는 첫 번째 급소이기도 하다.

우리에게는 문자 그대로든 비유적이든 많은 집이 있다. (집을 가질 정도로 넉넉한 사람들인 경우) 실제 사는 집, 우리의 신체, 우리를 사랑하고 우리가 사랑하는 사람들의 마음과 생각, 또 사는 동네나, 도시, 나라나 지구 등 우리의 큰 공동체를 전부 집이라고 표현할 수 있다. 트라우마는 이런 각각의 집에 숨어 갖은 방법을 써서 평범해 보이도록 위장한다. 예컨대 처음에는 자기 부정과 수치심으로 뭔가 어긋났다고 느끼지만, 그 이후에는 이런 감정이 인생이라는 결의 일부인 것처럼 느낀다. 그래서 이런저런 일로 혼자 기분 나빠지는 것이 일상이 되고, 그러다 자기 스스로를 가장 믿어야 하는 순간에 스스로를 의심하며 그런 식으로 다른 사람들도 의심한다.

모든 종류의 트라우마는 자기 부정과 수치심을 동반할 수 있으며, 이런 감정은 우리 정서의 변화와 바뀐 기억에서 흘러나온다 (이 책 3부에서 트라우마로 인해 일어나는 양상에 관해 추가로 설명하겠다). 자기 부정과 수치심은 트라우마의 영향을 증폭시키며 악순환을 초래하는데, 어느 누구도 사태를 알아차리지 못하는 사이에 상황이 악화될 수 있다. 3장에서 언급했듯이, 일반적으로 수치심은 자신 때문에 끔찍한 상황이 벌어졌다고 생각하는 잘못된 자책감이다. 안타깝게도 이런 잘못된 책임 의식이 자기 무시와 자기 체벌, 심지어 더 나쁜 상황을 초래할 수 있다.

> **"의사 양반, 자네가 처음으로 눈치챘구먼"**
>
> 의사 생활 초반, 나는 여러 양로원에서 일했다. 일의 대부분은 기억력과 관련된 것으로, 나는 기억력 저하의 진행을 서서히 늦추거나 여기에 동반되는 문제를 치료했다. 한번은 항암 치료를 잘 마친 할머니 한 분을 봐달라는 요청을 받았다. 항암 치료를 마쳤지만 이 분의 체중은 지난 수개월에 걸쳐 갑작스럽게 빠지고 있었다. 할머니는 체중 감소 방지를 위한 약물도 처방받았지만 아무 차도가 없어서, 나는 할머니가 우울증이나 항암 치료 때문에 발생한 예기치 못한 부작용을 겪고 있는지 판단해달라는 요청을 받았다. 할머니의 차트를 살펴보니 검사 결과가 너무 좋아 의아스러웠다. 암이 재발했거나 치료로 인한 부작용의 기미가 전혀 없었다. 담당 간호사와 간호조무사에게도 물어봤는데, 할머니가 정말 친절하고 순한 분이며 기억력도 놀라울 정도로 좋다는 답변을 들었다. 이런 답변이 나오리라고는 예상치 못했던 터라 실제로 보면 어떤 분일지 궁금했다.

방에 들어갔을 때 할머니의 모습은 충격적이었다. 끔찍할 정도로 말랐고 안이 비치는 나이트가운을 입고 있었는데, 그래서인지 죽음이 임박했다는 것을 잘 알 수 있었다. 하지만 할머니의 눈은 맑았으며, 몸 상태에 비해서는 움직임에 기품이 있었고 재미있고 재치도 있는 분이었다. 할머니는 분명 우울증은 없어 보였는데, 나는 할머니 몸 안에 암세포가 없다는 것을 이미 알고 있었다. 도저히 의학적으로 체중 감소의 원인이 무엇인지, 왜 점점 더 노쇠해지고 쇠약해지는지 알 길이 없었다. 도무지 말이 되지 않았기 때문이다.

할머니는 가족과 관심사 얘기를 할 때마다 특이하리만치 무사태평한 모습을 보였고, 나와 내가 하는 정신과 의사 일에 대해서도 많은 관심을 표했다. 체중 감소 얘기를 꺼냈더니 할머니는 생각에 잠기는 듯하더니 이내 자기 몸에 무슨 일이 생겼냐고 도리어 궁금해했다. 하지만 잠시 후에 그 이유는 분명해졌다. 할머니는 체중 감소의 이유를 숨긴 것이 아니라 실은 내가 그 이유를 찾아내는지 두고 보는 중이었다. 할머니와 함께 소파에 앉아 있던 나는 이렇게 떠보았다. "저는 다 알아요. 할머니가 일부러 굶고 있다는 걸요." 내 말에 할머니는 미소를 지으며 그 가늘고 쇠약한 손으로 내 손을 잡고는 마치 우리가 이제 같은 편이라는 듯, 매력적이고도 은밀하게 말했다. "의사 양반, 자네가 처음으로 눈치챘구먼."

할머니는 정말 상냥한 분인지라 아무에게도 의심을 받지 않고 음식과 식욕 촉진제를 아주 쉽게 버릴 수 있었다. 암 치료가 성공했다는 소식은 할머니에게는 너무나 뜻밖이었고, 달갑지 않았다. 오히려 이때부터 할머니는 당신 스스로 이 일을 꾸미기 시작했다. 나는 궁금해서 물었다. "왜죠?"

할머니는 어떤 사람에게 금전적으로 사기를 당해서 모든 것을 잃었으며, 결국 자식과 손주들에게 당신에게 책임이 있음을 고백했다고 말했다. 이 때문에 할머니는 자신이 실패한 삶을 살았다 믿고 있었고, 스스로에게 치명적인 벌을 내리고 있었다. 자식과 손주들에게 자신이 끔찍한 짐처럼 느껴졌고, 그런 참을 수 없는 비참함 때문에 스스로 굶어 죽기로 결심했던 것이다. 여기까지 말한 할머니는 이제는 너무 늦었다고, 아무리 내가 할머니를 진찰해도 할 수 있는 일은 아무것도 없을 거라고 다정하게 일러주었다. 이미 단단히 결심을 한 할머니는 편안해 보였다. 방을 나오기 전 할머니는 우리의 대화가 고마웠다며 당신이 살아 있는 동안 한번 더 방문해달라고 부탁했다.

사는 동안 치러야 하는 의무를 제대로 해내지 못했다고 인정하는 것은 참 처참한 일이다. 게다가 이에 동반되는 수치심은 심한 고통을 가져올 수 있다. 이럴 때야말로 다른 사람에게서 연민과 위안을 받아야 하지만, 똑같은 상황에서 남에게는 주저하지 않고 인정의 손길을 내밀지라도, 정작 자신이 그런 상황에 처했다면 수치심으로 인해 필요한 도움을 차단한다. 이런 상황에서 우리는 필사적으로 발 디딜 곳이나 통제력을 찾으려 애쓰지만, 때로 그런 통제력은 자기 파괴적인 방식으로 모습을 드러낸다.

이 할머니는 바로 이런 과정을 거치고 있었다. 수치심과 대적한 내면의 전투로 인해 모든 사람에게 감춘 비밀이 생겨났지만, 오롯이 혼자서 이런 과정을 겪기에는 할머니가 지닌 내면의 생명력이 너무 강했다. 생의 마지막에 할머니는 나를 초대해서 비밀을 들려주었고, 우리는 인간으로서 진정으로 통하는 순간을 함께했다.

여러분과 아주 가까운 사람, 여러분에게 의지하는 사람을 실망시켰다는 생각이 뼈에 사무쳤던 순간을 생각해보라. 그때 어떠한 수치심을 느꼈는가? 그 수치심으로 인해 스스로와 여러분을 사랑하는 사람들을 어떻게 대했는가? 또한 연민, 공동체 정신, 인간애에 관한 경험이 어떻게 바뀌었는가?

트라우마는 우리의 역량을 숨기고 부정한다

이 세상에는 연민, 공동체 정신, 인간애가 너무도 부족하지만, 우리 인간에게는, 적어도 태어날 때는 이런 것들이 부족하지 않다. 우리 모두에게는 이런 요소를 실현할 역량이 충분하다. 단지 트라우마가 그 실현을 방해하고, 이런 요소를 우습게 보거나, 아니면 우리가 보지 못하도록 이들을 숨기는 것이다. 우리는 태어날 때 인생의 지도를 한 장 받았다고 볼 수 있다. 사방팔방으로 길이 나 있는 그런 지도 말이다. 우리 앞에는 온갖 여정이 펼쳐져 있고, 오르기 힘든 산, 협곡, 사막, 바다 등 다른 사람의 도움이 있어야 건널 수 있는 여러 다양한 지형 때문에 여행에 애를 먹을 수도 있다.

하지만 트라우마가 따라오면 인생의 지도가 바뀐다. 트라우마는 일부 근사한 목적지에 흠집을 내고, 한때 안전했던 행선지에는 늪과 가시덤불을 그려 넣는다. 트라우마가 닥치면 마치 연안에 닿고 바다 건너 다른 지역을 구경할 수 있는 수단이 과연 있을까 하는 생각이 든다. 실은 트라우마로 인해 태어났을 때 받은 지도를 잊고 엉망진창이 된 지도를 따라가는 것일 뿐인데 말이다. 트라우마가 따라붙기 전, 여행하기 힘든 지형은 그저 인생이라는 여정의 또다른 측면이었다. 하지만 트라우마가 따라붙은 후에는 사방이 온통 가기 힘든 곳뿐이다(대부분은 실제 있는 지형도 아닌데 말이다).

우리 생활이 이런 식으로 제한되면, 연민, 공동체 정신, 인간애와 관련된 우리의 역량도 줄어든다. 혼란스럽고 두렵고 마치 혼자인 것처럼 느낀다면, 이 요소들 중 그 어떤 것도 넉넉할 수 없다. 그렇기 때문에 자기 돌봄은 정말 중요하다. 도중에 트라우마가 닥치더라도 우리는 스스로를 더 잘 건사해야 하고, 그러는 과정에서 다른 사람도 더 살뜰히 챙겨주어야 한다.

최고의 순간과 최악의 순간이 같이 올 때

랑고 삼촌은 1920년대와 1930년대 뉴저지주, 트렌턴의 이탈리아 이민자 마을에서 자랐다. 삼촌은 대가족과 함께 살았는데, 모두들 경제적으로 어려운 시기에 살아가기 위해 몸부림쳤고 삼촌 또한 어린 나이부터 스스로 돈을 벌어야 했다. 삼촌은 학창 시절 성적이 그다지 우수하지 않았고, 중학교 때 선생님과 싸운 이후에는 공교육을 그만두었다. 그 이후 후덥지근한 빵집에서 일을 했고, 2차 세계대전 중 징집되었다. 이후 삼촌은 유럽으로 실려가 전방에 파견되었다.

처음에 삼촌은 정비병의 조수로 일했지만, 연합군이 프랑스를 거쳐 독일로 진격하면서 삼촌의 계급은 올라가기 시작했다. 랑고 삼촌은 민첩하고 용감하며, 혼돈과 살육의 전쟁터 한가운데에서 효과적인 전략을 구사할 수 있는 사람으로 인정받았다. 그런데 그만 삼촌의 부대가 전선 너머에 갇히게 되었고, 적군의 압도적인 공격으로 장교들이 전투에서 전사하고 말았다. 당시 무전으로 진급 명령을 받은 삼촌은 점점 수가 줄어드는 남은 부하들을 책임져야 했다. 그 누구도 이들이 생존하리라 기대하지 않았다.

하지만 랑고 삼촌은 단 한 명의 부하도 잃지 않고 모든 사람을 하나하나 이끌고 나왔다.

그런데 삼촌은 이 이야기를 할 때마다 분노했고, 심지어 어느 순간에는 수치심도 느끼는 것 같았다. 삼촌의 평상시 태도와는 완전히 달랐기 때문에 나는 이해가 되지 않았다. 삼촌은 마음이 따뜻하고 유쾌한 분이었지만, 내면의 힘(육체적인 힘은 물론)은 누가 봐도 강했다. 전쟁이 끝난 후 삼촌은 타일 까는 일을 했고, 이 일을 하면서 몸도 마음도 강건해졌다. 우리 가족 모두는 전쟁이 삼촌의 성격에 영향을 끼쳤다고 생각했지만, 삼촌은 항상 평정심을 유지해서 분노하고 수치스러워하는 것은 극히 이례적인 모습이었다. 한편 삼촌 이야기를 들으면 들을수록 나는 더욱 이상하다는 느낌이 들었다. 랑고 삼촌은 어느 부분에 대해서는 수치스러워하면서도 뿌듯해했기 때문이다. 나는 바로 이 점이 이해하기 어려웠다.

이제 자세한 내막을 밝혀보련다. 랑고 삼촌은 본인의 부하들을 이끌고 나왔지만, 밤에 행동을 개시하면서 아주 은밀하고 조용하게 작전을 수행해야 했다. 당시 삼촌과 부하들은 독일군 포로 세 명을 데리고 있었다. 이들 독일 포로를 함께 데려갈 수 없다는 것은 삼촌도 알고 있었다. 하지만 이들을 남겨두고 갈 수도 없는 노릇이었다. 적군이 그들을 에워싸고 있어서 그 어느 쪽을 택한다 해도 발각되어 곧바로 사살당할 가능성이 높았기 때문이다. 삼촌은 본인의 직위 정도 되는 사람이 책임지고 독일군 포로들을 처형해야 하며, 이런 일을 다른 부하들에게 시키는 것은 부도덕하다고 생각했다. 그래서 삼촌은 독일 병사들을 혼자서 사살했다.

이 일은 삼촌을 평생 동안 두고두고 괴롭혔다. 삼촌 말로는 그 병사들은 그냥 아이들, 딱 어린 미군 병사 같은 아이들이었다고 했다. 하지만 포로로 잡힌 어린 병사들을 죽여야 삼촌과 삼촌 부하들이 빠져나올 수 있다는 것도 엄연한 사실이었다.

전쟁이 끝난 이후로 평생 삼촌은 그때의 여러 부하들에게 편지를 받았다. 부하들은 인생에서 중요한 일이 생길 때마다 편지로 소식을 전했다. 삼촌 부하 중 한 분은 대가족을 꾸렸는데, 그분은 본인의 자녀가 태어날 때마다, 또 수년 후 시간이 흘러 손주와 증손주가 태어날 때마다 랑고 삼촌에게 편지를 보냈다. 이분은 편지에서 전쟁 중에 삼촌의 그 결단력 있는 행동이 없었다면 자기들 중 아무도 살아 있지 못했을 거라고 되새겨주었다.

랑고 삼촌은 최고의 순간과 최악의 순간이 때로는 같이 온다며, 우리도 언젠가 올바른 일을 하기 위해 끔찍한 일을 저질러야 할 수도 있다고 일러주었다. 삼촌은 그 일 때문에 아직까지도 정말 심히 괴롭지만, 올바른 선택을 한 것에는 의심이 없다고 했다. 삼촌은 부하들을 안전하게 이끈 공로로, 또 다른 전투에서는 치열한 교전 중 부상병을 구하기 위해 참호를 판 영웅적 공로로 훈장을 받았다. 삼촌은 후자의 공로로 받은 훈장은 (윤리적으로) 문제가 될 게 없다며 더 가치 있게 여겼다. 그 부상병을 구했다는 사실은 삼촌을 전혀 괴롭히지 않았다.

전쟁 트라우마는 랑고 삼촌에게 평생 수치심을 안겨주었을 뿐 아니라 동시에 자부심과 얻기 힘든 성취감도 느끼게 해주었다.

그 누구도 하지 말았어야 할 일을 해야 했음에도, 삼촌은 로즈 숙모와 함께 건실하게 행복한 결혼 생활을 꾸렸다. 두 분은 수십 년간의 결혼 생활 내내 서로에게 헌신했는데, 아무래도 삼촌이 트라우마를 가진 상태에서도 잘 살 수 있었던 것은 숙모의 사랑과 숙모가 삼촌을 자신과 국가를 지키기 위해 상상할 수 없는 일을 감내한 전쟁 영웅으로 항상 추켜세워주었기 때문일 것이다. 삼촌이 돌아가신 후 로즈 숙모는 삼촌이 부하에게 받은 모든 편지를 불태웠다. 숙모는 편지는 삼촌에게 온 것이고, 그 누구도 읽으면 안 된다고 했다. 로즈 숙모가 돌아가신 후 우리는 삼촌의 군대 인식표와 함께 숙모를 묻어드렸다.

올바른 일이면서도 정말 어려운 일을 한 적이 있는지 떠올려보자. 수치심까지 느낀 행위일 것까지는 없고, 랑고 삼촌이 말한 것처럼 최고와 최악이 함께 오는 일이면 된다. 지금 회상해보니 어떤 기분이 드는가? 이 경험에 타당성을 부여하는 데 무엇이 도움이 되었는가? 이 일에 동반된 복합적인 감정을 처리하면서 누구의 도움을 받았는가?

우리가 겪는 시련과 트라우마에도 불구하고 우리 모두에게는 연민과 공동체 정신, 인간애와 관련한 역량이 있다. 소수의 몇 사람은 랑고 삼촌처럼 어려운 선택을 해야 하겠지만, 우리 대부분은 이런저런 트라우마의 유산을 안고 살아간다. 그런 트라우마의 유산 문제에 부딪쳤을 때 우리가 하는 선택은 각자에게도 물론 중요하지만 다른 사람들에게도 중요하고, 종종 우리의 상상 이상으로 중요할 수도 있다.

트라우마는 마지막, 결정적인 단어가 아니다.

내가 좋아하는 단어 중 하나가 '창조적이다'는 의미의 'generative'이다. 이 단어는 가치 있는 것을 창출하거나 긍정적인 방식으로 세상에 이바지한다는 뜻이다. 가치 있는 일은 전쟁 중 병사를 구하거나 다리를 건설하거나 고약한 바이러스에 맞서 백신을 개발하는 일 등이 해당되지만, 우리 대부분에게 가치 있는 일은 낯선 사람에게 미소를 짓는다거나 곤경에 처한 친구에게 응원의 말을 건넨다거나 옆집에 사는 노부부를 도와주는 일일 경우가 훨씬 많다. 연민, 공동체 정신, 인간애를 실현하려면 우리는 되도록 이런 가치 있는 일을 해야 한다.

하지만 트라우마가 우리를 방해하고, 트라우마로 인해 겪는 고통이 세상을 보는 렌즈를 바꾸어 놓기 때문에 이런 일을 하기가 쉽지 않다. 사실상 트라우마는 우리를 바꾸어 놓고, 아주 많은 경우 우리의 행복감은 물론 다른 사람의 행복감까지 갉아먹으며, 우리를 딴 사람으로 만든다. 이 책의 상당히 많은 부분은 트라우마에 대한 경종을 울리고 결국 사람들에게 트라우마라는 적이 얼마나 위협적인지 확실히 알리는 데 할애했다. 하지만 트라우마는 마지막, 결정적인 단어가 아니다. 트라우마는 전지전능하지도 않고 우리를 무찌르도록 생겨나지도 않았다.

우리는 트라우마가 어떻게 주도권을 잡고 어떻게 숨는지, 또 어떻게 공격하는지 이해할 수 있다. 더불어 트라우마를 식별하고, 우리 앞으로 불러내서 그 힘을 누그러뜨리고, 더 나아가 우리 자신과 사랑하는 사람들을 더 이상 공격하지 못하도록 하는 방법도 배울 수 있다. 이미 생겨난 트라우마, 이미 우리 내면을 차지하고 있는 트라우마를 치유하는 일이 중요하긴 하지만, 궁극적인 목표는 트라우마를 미리 저지하는 것이다. 다시 말하면 우리 자신을 치유한다는 의미이지만, 연민, 공동체 정신, 인간애는 다른 사람을 치유하기도 한다. 이 두 방향의 노력은 서로 별개의 것이 아니다. 사실 이 두 노력은 상호의존적이다.

2부

트라우마의 사회학

레일라는 만약 파트너가 오지 않는다면
그래서 저 웅장한 음악 소리를 들으며 다른 사람들이 황금빛
무도회장을 미끄러지듯 누비는 모습을 지켜봐야 한다면,
최소한 죽어버리든지 기절해버리든지 아니면 팔을 들어 올린 채
별이 반짝이는 저 어두운 창문으로 날아가버릴 것만 같았다.

캐서린 맨스필드 Katherine Mansfield, 〈첫 번째 무도회 Her First Ball〉

6
의료 서비스가 트라우마를 대하는 방식

물론 연민, 공동체 정신, 인간애는 단순히 개인이 선택할 문제가 아니다. 우리 모두에게 영향을 미치는 사회 시스템은 우리의 행복을 증진시키기도 하지만 오히려 반대의 결과를 가져오기도 하는데, 의료 서비스는 더욱 그렇다.

지금까지 미국에서는 의료 산업에 천문학적인 규모의 지성과 자원이 투입되었다. 덕분에 과학 분야가 놀라울 정도로 발전했고, 의료 서비스 산업은 이런 과학을 이용하는 데 꽤나 능숙해져서 시급하면서도 직접적이고, 종종 간단한 문제를 해결했다. 하지만 트라우마는 간단하지 않으며, 보통 말하는 "문제"에 속하지도 않는다. 이 책 1부에서 다룬 내용이지만, 트라우마는 거미줄같이 서로 얽히고설킨 문제에 더 가깝다.

의료 서비스 분야에서는 똑똑하고 고도로 숙련된, 배려심 넘치는 수많은 인력들이 일하고 있지만, 의료 서비스 산업 자체는 그렇지 않다. 사실 지금까지 너무 많은 사람이 경험한 것처럼 의료 서비스 시스템은 종종 도움을 받으러 오는 실제 사람들보다 시스템 자체의 이익에 더 신경을 쓰는 것 같다. 직종을 바꿔 처음 의료 분야에 발을 들여놓았을 때, 나는 의료 서비스는 환자를 고려하여 조직되고 이들을 가장 먼저 우선순위에 놓는 방식으로 설계되리라 기대했다. 그런데 세상에, 실상은 정말 충격적이었다.

이 장에서 내 스승이나 내가 교육받고 훈련받은 기관을 탓하지는 않겠지만, 대신 의료 서비스 인프라와 보험 업계의 과도한 영향 그리고 효율성과 돈을 환자보다 우선시하며 근시안적인 목표에 찌든 의료계 전통은 확실하게 비판하고 싶다.

구토 비닐

병원에는 관례가 정말 많다. 관례는 필요하고 유용하기는 하지만 실제로 사람들에게 도움이 되지 않는 경우도 있다. 식이 장애를 가진 환자에게 적용되는 관례 하나가 기억나는데, 환자들이 화장실에 몰래 들어가서 게워내지 못하도록 화장실 문을 잠가두는 규정이었다. 마치 그런 조치를 해두면 환자들이 다른 곳에 가서 게워내지 못하기라도 하는 것처럼 말이다.

어느 날 게워내지 않으면 자기 안에 사는 쥐가 위를 갉아먹으며 뚫고 나온다는 강한 망상을 가진 여성 환자가 나에게 배정되었다. 이 환자는 당연히 문을 잠그라는 관례에 불만을 가지고 있었다. 이 환자는 게워내지 못하는 것은 쥐로 인해 고통스럽고도 끔찍한 죽음을 당하는 것과 다르지 않다고 주장했고, 나는 이 환자에게 치료를 어느 정도 받아들여서 서로 먼저 신뢰를 쌓으면 병원 관례에서 예외가 되는 방법을 찾을 수 있을 거라고 설득했다. 하지만 이 환자는 화를 내면서 화장실 문을 잠그면 안 된다고 큰소리로 단호하게 주장했고, 그 말에 나는 문을 잠그지 않겠노라 약속했다. 처음에는 좀 의심을 하는 것 같더니 이 환자는 내 말을 믿었고, 이렇게 처음으로 나에게 믿음이 생겨서 그랬는지 치료에 도움이 되는 약물을 복용하기까지 했다.

그날 밤 늦게, 병원 관례가 지켜지지 않았다는 사실을 알아챈 직원 한 명이 내가 내린 조치와 상관없이 이 환자 방의 화장실 문을 잠가버렸다. 아무도 내게 이에 대해 연락을 주지 않았다. 그다음에 어떻게 되었을까?

다음 날 아침, 누군가 내가 내린 조치를 바꾸었다는 상황을 전혀 모른 채 나는 회진하면서 그 환자를 찾았다. 처음 내 눈에 띈 환자는 믿을 수 없을 정도로 화가 난 모양새였다. 그다음 내가 본 것은 이 환자가 흠뻑 젖어서 줄줄 새는, 뭔가 축축한 것으로 가득 차 보이는 식료품 봉지를 주워드는 모습이었다. 그녀는 토사물로 가득한 봉지를 빙글빙글 돌리더니 그 봉지로 나를 한 대 후려쳤다. 자신이 한 일에 놀랐는지 이 환자는 높은 괴성을 지르며 방을 뛰쳐나갔고, 나 역시 비명을 지르며 환자의 화장실에서(마침 직원 한 명이 문을 열어주었다) 가운을 벗고 토사물을 씻어냈다.

토사물 봉지로 한 대 맞는 게 우스울 수도 있지만, 사실은 이 사건 전체가 나와 이 환자에게 트라우마를 안겼다. 나는 수술복을 입은 채로 다시 일하며 그날 내내 기억을 떨쳐버리려 애를 썼고, 이 환자는 다시는 나를 신뢰하지 않았다. 그 역시 주치의가 다른 사람으로 바뀌었고 보안 조치가 강화되었으며 심지어 의사에 대한 공격으로 간주되는 행위를 한 데 대한 조치로 더욱 행동에 제한을 받게 되었다.

이 사례는 일반적인 관례가 항상 우리가 바라는 대로 상황을 개선시키지 않음을 지적할 뿐만 아니라, 때때로 더할 나위 없이 좋은 의도로 한 행위가 어떤 사람에게는 트라우마를 줄 수도 있다는 교훈을 준다. 우선 도움을 필요로 하는 사람들이 누구인지, 그들의

> 특정한 상황이 어떠한지 이해하고 우리의 도움이 해를 끼치기보다는 좋은 영향을 줄 가능성이 더 큰지 판단해야 한다. 특히 우리의 도움이 뜻하지 않게 공포를 초래할 수도 있다면 더욱 이 사항을 유념해야 한다. 이런 행위로 인해 오히려 사람들이 이성을 잃고 공격적으로 화를 표출할 수 있기 때문이다. 트라우마가 더 많은 공포를 초래하듯이, 공포는 이런 식으로 더 많은 트라우마를 초래한다.

누군가를 도와주려고 했지만 결국 그 과정에서 뜻하지 않게 상대에게 고통을 주었던 때를 떠올려보라. 이런 경험에서 어떤 교훈을 얻었는가? 여러분이나 상대방에게 도움이 되지 않았던 지침은 어떤 것이었는가? 다시 한번 도울 기회가 주어진다면 이번에는 어떻게 하겠는가?

트라우마는 물론 정신 건강 영역에 속하지만, 정신 건강 서비스는 거대한 의료 서비스 산업 내에 속하는 세부 시스템에 불과하므로 이런 의료 산업 전반에서 일어나는 문제에 더할 나위 없이 취약하다. 예컨대 정신 건강 서비스는 환자를 카테고리 안에 넣어 분류하는 것을 지나치리만치 중요시한다. 그러다 보니 시간이 달리는 의료진은 환자의 증상을 쭉 나열한 다음 해당 환자가 어느 범주에 속하는지 파악하고 진료를 마치는 경우가 너무 많다. 이런 의료 행위는 마치 빵 만드는 재료를 훑어본 다음 최종적으로 어떤 결과물이 나오고 어떤 맛이 나올지 결정하는 것과 같다. '밀가루, 설탕, 오일, 물…… 분명 케이크가 만들어지겠군! 케이크라면, 위에 프로스팅을 얹어야겠어. 만일 케이크가 자기는 와플이라고 주장한다면 그건 케이크 문제야, 어쨌든 위에 프로스팅을 얹어야지.'

다시 한번 밝혀두지만 내 말은 불완전한 (때때로 해로운) 시스템 안에서 그저 최선을 다하는 의사들을 비난하는 것이 아니다. 대부분의 의사, 간호사, 치료사를 포함한 의료진들은 환자를 빵 만드는 재료보다 더 정성 들여 대해야 한다는 것을 잘 알고 있다. 이들은 몇 가지 겉핥기식의 대처 전략은 트라우마 치료에 전혀 효과가 없으며, 환자들에게 처방하도록 권장되는 아주 거창한 신약 역시 예전 약물과 그리 다를 바가 없다는 것도, 그래서 이런 약에 가격표를 새로 붙일 가치가 없다는 사실을 속속들이 다 알고 있다. 내가 비판하는 대상은 의료 시스템이다. 미국의 의료 시스템은 임시방편 처방으로는 어림도 없는 문제에 대해서도 그 산하에 있는 의료진들에게 보험이 되는 임시방편 약물을 처방하라고 강요한다. 이 시스템은 실질적으로 환자를 돕기보다는 두꺼운 진단 매뉴얼을 더 중시한다.

이로 인한 해악은 또 있다. 보험과 의료 서비스 업계가 이런 식으로 굴러가다 보니 의료진들은 환자를 두려워한다. 의료진들은 환자의 요구가 두렵고, 이들의 고통도 두려우며, 환자가 필요한 도움을 받지 못할까 두렵고, 그 모든 화살이 자신에게 돌아올까 두렵다. 의료 분업 라인에서 문제가 생기면 나타나는 현상으로, 이렇게 되면 모든 사람이 지치고 불만족스럽다. 의료진들에게는 겨우 환자의 기본적 요구 사항을 파악할 시간밖에 없는데 이미 다음 환자가 대기하고 있다. 게다가 번거로운 서류 작업은 계속 쌓인다. 특히 의사들에게는 환자를 제대로 파악할 시간이 충분하지 않지만, 우리는 환자를 제대로 알면 실제로 그들을 치료하는 데 크게 도움이 될 거라고 생각한다. 그리고 어떤 의사가 환자를 제대로 파악할 시간도 없는데 또다른 한 명의 고통을 느끼고 싶겠는가? 어차피 주어진 15분이 다 지나가는데 차라리 환자 앞에서 진료 기록지를 작성하는 게 나을지도 모른다.

애당초 환자 치료를 목적으로 만들어지지 않은 미봉책에 의존해 봤자 도움이 되지 않는다.

이런 상황에도 불구하고 의료 업계는 환자 만족도 조사에 의존하겠다고 고집을 부린다. 환자들이 도대체 어떻게 만족감을 느끼겠는가? 마치 의료 업계 전체가 의료진들이 먼저 나서서 해내려

고 하는 것에는 눈을 감고 있는 형국이다. 한번은 병원 행정 직원이 매우 심각한 일이라며 연락한 적이 있다. 나에게 두 건의 환자 불평 신고가 접수되었다는 내용이었다. 한 건은 약물 과다 복용으로 거의 사망 직전에 갔던 환자가 제기한 것이었다. 그는 병원에서 퇴원한 직후 약을 돌려받기를 원했는데 내가 전부 폐기하라고 말하자(하지만 이건 정상적인 진료 행위다) 화를 냈다. 다른 한 건은 심각한 편집증을 겪는 환자가 제기했는데, 이 환자는 나에게 여러 개의 몸이 있고 이들 몸이 내가 사는 집 뒷마당에 묻혀 있다고 했다. 말도 안 되는 소리인 것이 나는 아파트에 살고 있던 터라 집에 뒷마당이 없었다. 또 내가 일하는 부서가 점수를 낮게 받은 적도 있었는데 그 이유가 면회 시간의 편의성 때문이었다. 우리 부서의 면회 시간은 일주일 7일 하루 24시간이었다.

그렇다고 내가 여기에서 불편 신고 기능을 없애자는 얘기를 하는 건 아니다. 이는 특히 의료 서비스 분야에서는 분명 필요한 제도다. 내가 지적하는 것은 애당초 환자 치료를 목적으로 만들어지지 않은 미봉책에 의존해봤자 도움이 되지 않는다는 얘기다. 그리고 위에서 언급한 종류의 불편 사항은 의료진 평가 점수에 영향을 주고, 불필요한 상황을 야기하며, 때로는 의료진들에게 심각한 위험을 끼친다. 의료 위원회는 징벌 기관으로 알려져 있고, 종종 아무런 책임을 지지 않고 정당한 절차를 무시하며 권력을 휘두르기도 한다. 물론 내가 제시한 사례가 근거 없는, 사소한 불평불만 제기로 인해 빚어지는 일반적 결과는 아닐 테지만, 터무니없는 민원과 이로 인한 과다 지출이 꽤 흔하게 일어나며 너무 많은 의료진들이 아무런 정당한 이유 없이 오래도록 직장에서 불이익을 당했다.

정신 건강 의료진들은 담당하는 문제가 워낙 사적이고 은밀하며 때로 예기치 못한 일을 많이 마주하기 때문에 이런 측면에서 더욱 취약하다. 하지만 이 점이 두려워 몸을 더욱 사린다면, 괄목할 만한 치료 성과를 내는 데 필수적인 신뢰 관계 구축이 전혀 이루어지지 않는다. 환자가 의료진과 함께 내면의 생각과 감정을 세세히 나눌 때 인간 대 인간이라는 요소는 그 어느 곳에서보다 더욱 중요하다. 우리의 정신 건강을 탐구하고 증진시키려면 우리 스스로 취약한 존재임을 절대적으로 인정해야 하기 때문이다. 안타깝게도 정신 건강 서비스 제공을 담당하는 시스템은 경비 최소화, 시간 절감, 되도록 많은 환자 "진료"를 제1순위에 둔다. 그러니 많은 의사가 과중한 업무량에 부담을 느끼고 피곤에 절어 있는 것도 당연한 일이다. 그리고 얼마나 많은 의사가 환자의 트라우마 치료를 위해 실질적인 지원을 받지 못해서 환자를 돕는 본연의 의무를 포기하고 있을까?

심리 치료: 이런 테라피스트에게 갈 것

사회의 수많은 문제와 마찬가지로 정신 건강 서비스 역시 복잡한 문제에 대해 단순한 해법을 찾는 것이 요즘 트렌드이다. 안타깝게도 이런 해법은 기껏해야 수박 겉핥기식의 효과밖에 없는데도 사람들은 종종 여기에 희망을 건다. 심리 요법은 치료 효과가 크고 환자에게서 만족스러운 변화를 이끌어낼 수 있지만, 이는 치료가 제대로 신중하게 이루어질 경우에 그렇다. 최고의 심리 요법은 친밀도, 신뢰와 시간과 관계가 있으며, 인기를 끄는 단기적인 해법은 골치 아픈 문제를 환자가 나중에 처리하도록 미룬 채 땜질만 하고 지나가는 또 하나의 임시방편에 지나지 않는다. 이런 치료 방법이 효과가 있을 리 없다. 따라서 트라우마 치료를 위해 심리 요법을 담당하는 사이코테라피스트 psychotherapist (상담 요법으로 환자의 정서적, 정신적 질환을 치료하는 전문가. 정신과 전문의, 심리학자, 상담사 또는 사회복지사가 해당된다-옮긴이)를 찾을 때 나는 다음의 지침을 따를 것을 권장한다. 최소한(다른 건 몰라도) 이런 전문가들은 환자에게 치료에 대한 합리적인 수준의 기대감을 제시하여 환자 스스로 본인의 문제에 보다 적극적으로 나설 수 있도록 이끌어줄 것이다.

- 눈 맞춤 이게 뭐 별거냐고 할지 모르지만 놀라지 마시라. 그

어떤 요소보다 테라피스트로부터 받는 눈 맞춤을 통해 이 사람이 당신에게 관심이 있는지, 또 당신과 진정한 관계를 맺고 싶어 하는지 알 수 있다.

• 환자에 대한 관심 표현 테라피스트가 보내는 눈 맞춤을 통해 이 사람이 당신과 당신이 겪는 고통에 정말 관심이 있는지 알 수 있지만, 테라피스트가 하는 몸짓과 말투에도 환자에 대한 관심도가 드러난다.

• 공감 사실 테라피스트가 환자의 트라우마를 환자만큼 느껴야 한다는 의무는 없기 때문에 공감이라는 요소는 이들에게서 찾아내기 까다로울 수 있다. 테라피스트가 당신에게 공감하는지 살피되, 공감하지 않는 기미도 동시에 찾아보라. 테라피스트가 당신의 얘기를 들을 때 남의 일처럼 듣고 있는가? 속내를 드러내지 않는 사람인가, 아니면 적극적으로 반응하는가?

• 환자의 문제를 해결하기 위한 지속적인 노력 테라피스트가 당신이 지난번에 한 얘기를 기억하는가? 그가 당신의 문제에 계속 관심을 가지고 있는가? 그가 뭘 좀 더 조사하겠다고 하거나

치료에 적합한 것을 좀 알아보겠다고 말하고 실제로 그렇게 하는가? 이런 관심은 테라피스트가 환자를 실제 삶을 살아가는 진짜 인간으로 보는지, 아니면 지정된 치료 시간에 내원하는 단지 하나의 개체로 보는지를 판단하는 또 하나의 방법이다.

- 실질적인 문제 이해 테라피스트가 당신의 실질적인 생활 양상에 관심을 가지는가? 그가 당신의 상황을 실질적으로 이해하는가? 예컨대 한 직장을 그만두고 다른 직장에 들어가는 게 어떤 의미인지, 또는 삐걱거리는 관계를 끝낸다는 것이 어떤 의미인지 알고 있는가? 진단받은 증상과 실제 일어난 사건 및 같이 살아가는 사람들로 인해 나타나는 증상이 다르다는 것을 구분하는가?

- 트라우마 영향에 대한 인식과 고려 트라우마를 제대로 알지 못하는 테라피스트가 어디 있겠냐고 할지 모르겠지만, 이게 생소한 일은 아니다. 사람들은 과거에 일어난 트라우마는 그저 극복하면 된다는 생각을 의외로 아주 쉽게 하는데, 내 생각에 유명한 몇몇 인지 행동 치료cognitive-behavioral therapy, CBT에서 활용하는 기법 역시 이런 생각을 바탕으로 만들어진 것 같다. 트라우

> 마의 근원을 다루지 않으면서 심리적 고통을 다스려준다는 치료 도구는 일단 의심해봐야 한다. 단기적 치료 성과에 집착하는 테라피스트는 보험사에서 인정하는 치료 방식에 사로잡혀 있는 사람일 수 있다.

한번은 한 환자가 화가 나서 내게 이런 말을 했다. 환자의 애기에 어느 한 부분이라도 공감하지 않은 채 환자를 치료하겠다고 나서는 의사는 지옥 불에 떨어질 거라고. 이 말에 공감하는 사람들이 많을 것이라 생각한다. 환자의 트라우마를 그저 하나의 현상으로, 진료실만 몇 번 왔다 갔다 하면 해결되는 그저 또 하나의 문제로 보는 것은 트라우마 치료에 전혀 도움이 되지 않는다. 우리에게 필요한 의사는 환자를 동족의 피를 나눈 인간으로 보는 사람, 우리와 실제로 호흡하는 사람이다. 사람을 치료하는 일을 업으로 삼은 사람이 도와주어야 할 환자를 피해 다니며 환자를 진료할 리는 없을 것이다. 문제는 우리 대부분이 인간으로서의 고통이 누그러지기를 염원한다 해도, 정신 건강 의료 서비스를 비롯한 의료 시스템이 이런 염원을 따라가고 지지하지 못한다는 것이다.

"의사 선생, 나는 죽은 사람이에요. 당신은 바쁜 사람이잖아요"

병원에서 수련 중일 때, 자신이 죽었다고 믿는 한 남성 환자를 맡게 되었다. 죽었다는 말이 은유적인 표현이거나 아니면 농담이거나 아니면 절망을 표현하는 것이 아니었다. 이 환자는 자신이 죽었고 단지 자신의 육체가 죽음을 따라잡지 못한 거라고 100퍼센트 확신했다.

그는 죽었다는 사람치고는 유달리 남을 배려했다. 내가 가면 마치 죽은 사람을 진찰해서 아무런 이상이 없는 것을 확인하는 거냐면서, 상대방이 우스운 짓을 하는 것을 아는 사람 마냥 나의 진료 행위를 부드럽게 나무라며 견뎌주었다. 아마 나한테 미안해서 하는 소리였을 테고, 더불어 '당신이 나에 대해 뭘 알겠어' 하는 의미였을 것이다. 이 환자는 "그 힘든 의대 과정을 마치고 겨우 죽은 사람을 진찰하려고 오셨수?", "내가 이미 저세상 사람이라는 것을 언제나 가야 아실까?" "사람들이 정신 차리고 나를 영안실에 갖다 놨는데, 의사 양반은 아직도 내 심장 소리를 들으려고 여기에 오는 거요?" 하는 식으로 내가 올 때마다 한마디씩 했다. 우스갯소리긴 했지만 그는 실제로 자신이 죽었다고 여겼다.

우리는 서로 많이 좋아했다. 나는 그와 잘 지냈고, 사실 치료 효과는 전혀 없었지만 그를 도와주려고 애썼다. 코타르 증후군 Cotard's syndrome(자신의 신체 일부가 사라졌거나 자신이 죽었다고 믿는 망상의 한 종류-옮긴이)(실제로 이 증상은 공식 진단명이 있다)의 경우 약물과 심리 요법을 쓰는 것은 종이 뭉치로 탱크에 맞서는 것과 같다. 이 증후군의 증상은 여러 가지로 다르게 발현될 수 있는데, 자신이 죽었다고 믿는 증상은 정신과 전문의들이 의대 재학 시절 교과서에서 배우는 내용이기는 하지만 실제로는 아주 드물게 발현된다.

그 환자는 내 시간을 뺏는 것에 대해 죄책감을 느꼈다. 한번은 정말 답답하다는 듯, 그럼에도 아주 친절하고 단호하게 말했다. "의사 선생, 나는 죽은 사람이에요. 당신은 바쁜 사람이잖아요!" 대부분의 경우 그는 치료를 거부하면 단지 담당의인 내가 곤란을 겪을 게 두려워 진찰을 허용하고 있었다. 항상 유쾌해 보였지만 이 사람은 친구도 가족도 없었고, 혼자 고립되어 살면서 쥐꼬리만 한 연금에 의존하고 있었다. 그는 성격상 사람들을 웃기며 농담하는 걸 즐겼고, 항상 좋은 사람이었지만, 이런 사람이 갈 만한 데는 아무 데도 없었다. 그리고 내가 아무리 노력해도 그는 여전히 자신이 죽었다고 확신했고, 병원에서 퇴원한 그는 자신이 집에서 아무도 없이 혼자 죽었다고 믿게 되었다.

이 환자가 어떻게 살아왔는지, 그에게 실제 트라우마가 존재하는지 나는 전혀 확인할 수 없었다. 그러나 외로움은 그 자체로 트

> 라우마를 일으키며, 이 세상에서 아무런 존재감이나 의미 없이 오래 살다 보면 우리도 어쩌면 자신이 이미 죽은 사람이라고 믿게 될지 모를 일이다.

지독한 외로움이나 우울증으로 인해 여러분이 아무에게도 필요 없다고 느낀 적이 있었는가? 그렇게 느꼈을 때 여러분을 지탱해준 힘은 무엇이었는가? 여러분의 삶이 중요하지 않다고 느낀 적이 있다면, 그런 마음을 돌리려고 다른 사람들은 어떤 도움을 주었는가?

의료 서비스 시스템은 병원 밖에서 환자에게 벌어지는 일에 대해서는 별 관심이 없는 듯하고, 환자가 병원에 있을 때도 그리 대단한 일은 하지 않는다. 의사 수련 당시 오직 약물 처방만 하는 정신과 전문병원에서 근무한 적이 있는데, 그곳의 철학은 의사들의 처방 능력을 최대화하고 다른 치료는 의사보다 임금이 적은 의료진에게 맡기자는 것이었다. 이런 정신과 전문병원은 수익의 극대화를 위해 설립되기 때문에 대기 시간이 길고 의사들 사이의 의견 교환도 형식적인 수준에 지나지 않는다. 여기에서 일하던 당시, 공황 장애(종종 약물 처방이 꽤 잘 듣는다)를 겪는 젊은 여성을 진료한 적이 있는데, 이 환자는 기대한 만큼 약물에 반응하지 않았고 사실상 점점 악화되고 있었다. 하지만 처방받은 약을 잘 먹고 있다고 힘주어 말하는 이 환자를 보고 나는 비로소 '뭔가 다른 일이 있구나' 하는 생각이 들기 시작했다. 그래서 병원의 지침을 깨고 다음 진료 시간에는 이 환자와 얘기만 나누었고, 드디어 환자는 입을 열고 매일 밤 집에서 벌어지는 신체 폭력에 대해 고백했다. 이 환자는 끊임없는 공포 속에서 살고 있었기 때문에 공황 장애를 겪었던 것이고, 해결책은 공황 장애 약을 먹는 것이 아니라 그런 상황에서 벗어나는 것이었다(나는 이 환자를 도와 집에서 나올 수 있도록 해주었다).

　수익의 극대화를 위해 설립된 전문병원에서는 이런 도움을 주지 않는다. 큰 그림을 봐야지 그저 증상 완화에만 초점을 맞추면 안 된다는 것이 우리 대부분에게는 상식이지만, 의료 시스템에서는 꼭 그렇지만은 않다. 특히 의료 서비스의 경우, 무엇보다 트라우마를 일으키는 환경이 문제가 되는 상황인데도 여기에 대한 개입은 거의 이루어지지 않은 채 환자는 병원만 왔다 갔다 한다. 증상이 상당이 깊어진 상황에서 자신의 트라우마를 제대로 파악할 줄 아는 사람은 거의 없다.

병원 문을 제집 드나들 듯하는 환자

언젠가 종합병원 정신과에서 일하면서 단골 환자, 즉 똑같은 이유로 정기적으로 정신과를 들락날락하는 젊은 여성 환자를 담당한 적이 있다. 어린 시절 성폭력을 당했고 10대에 노숙자가 되면서 약물 남용은 물론 성폭력에 더 취약해진 사람이었다. 이 환자는 두 명의 자녀도 두었지만, 이들의 행방은 환자는 물론 우리도 알 수 없었다. 이런 상황에 처한 사람에게 마약은 납득할 만한 선택이다.

마약은 그 파장이 엄청나지만, 적어도 잠시나마 안도감을 주며, 종종 스스로 자신을 벌하는 형태로 또는, 직접적 자살 행위와는 아주 유사하지는 않지만 삶을 벗어나는 수단으로 이용된다. 마약은 또한 쉽게 구할 수 있으며 믿을 만한 쉼터, 안전, 영양가 있는 식사보다 훨씬 쉽게 손에 넣을 수 있다. 이 여성은 스스로 위안을 주고 동시에 스스로 벌하려고 마약을 했기 때문에 나는 그 행위를 나무라지는 않았다. 파티를 즐기기 위해서가 아니라 너무나 절박해서 마약에 손을 댔기 때문이다.

미국의 의료 서비스 시스템은 이런 사람에게 해줄 게 거의 없다. 응급실 진료와 입원에 엄청난 돈을 쏟아붓지만 실제로 돈이 필요한 부분에는 쏟아부을 자원이 없다. 병원에서 퇴원할 때 이 여성이 받은 것은 모텔에서 며칠 묵을 수 있는 쿠폰이 전부였다. 마약 소굴이자 포식자에게는 등대 역할을 하는 그 똑같은 모델 말이다. 정신과 부문의 사회복지사가 제 일을 하지 않는다는 것이 아니라, 이런 문제는 시스템을 통해 해결해야 한다는 애기를 하는 것이다. 변함없이 이 여성은 우리를 다시 찾아왔다가, 다시 거리의 마약으로 되돌아가서 복용하던 병원 약을 끊고, 그 결과 불안해하고 동요한다. 이 환자는 약간 나아진 상태로 병원에서 퇴원할지 몰라도, 병원은 이런 사람에게 안전한 장소를 제공하거나, 이런 사람을 다시 학교로 보내거나, 일거리를 제공해주지 못한다.

결국 다시 거리로 돌아간 후 망상을 막아주는 약물 복용을 중단한 이 여성은 어떤 사람을 칼로 공격하고 말았다. 상대방은 다치지는 않았지만 하마터면 큰일이 났을 뻔했다. 지역 뉴스는 이 사건을 보도했고, 소식을 전할 때마다 이 여성이 아주 형편없는 모습일 때의 사진을 내보냈다. 머리는 헝클어지고 고통에 찬, 거의 인간의 모습이 아닌 사진을 말이다.

언론은 지속적으로 이런 이야기를 우리에게 전달한다. 이 젊은 여성은 가장 최악의 관점으로 묘사되어 사악하고 타락한 여성으로 비춰졌고, 어린 시절 겪은 트라우마의 횡포로 인해 밤낮없이 고통을 당하는 사람이 아닌, 나쁜 범죄자로 보도되었다. 그저 우리에게 문제가 생겼을 때 우리 선량한 시민들이 그 원인으로 지목하는 비

인간적 인간들의 또 다른 얼굴로 말이다.

이 여성에게 아무 책임이 없다는 말은 아니다. 내 말은 이 여성 환자 같은 사람 때문에 사회적 병폐가 생긴다고 탓하면 이런 폭력과 고통의 사이클이 분명 계속 되리라는 뜻이다. 이런 사이클을 무시하는 것은 위험을 각오하는 행위다. 어린 시절 겪은 트라우마는 노숙자와 질병을 낳고, 노숙자와 질병은 더 심한 트라우마를 초래한다.

이런 사이클은 또한 마약 남용을 부추기는데, 이는 이미 위험한 불에 기름을 붓는 격이고, 무고한 사람이 칼로 공격당한 것처럼 때로는 무고한 행인이 화상을 입기도 한다. 이번 사례에 등장한 환자 같은 사람에게서 불꽃이 맹렬하게 일어나면, 사회는 치료라는 환영을 제공하지만 그가 받을 의료 서비스는 애초에 큰 변화를 주려고 고안된 것이 아니다. 우리 스스로는 이런 서비스가 도움이 될 리 없다는 사실을 아는데, 혼잡한 응급실이나 정신과 병동에서 시간을 보내본 사람은 누구나 이런 장소들이 얼마나 우스운 곳인지 알 것이다. 그리고 도움을 가장 절실히 필요로 하는 사람들이 모습을 드러내는 곳도 이런 장소이다.

부분적으로 위의 이야기는 시스템이 파괴되면 도움을 주어야 하는 바로 그 사람들을 도와주지 못한다는 교훈과 함께, 사람의 진짜 삶을 담고 있다. 위에 나온 환자는 어린 시절 겪은 고통으로 인해 건강치 못한 삶을 살 수밖에 없었고, 자신의 행위로 인해 그저 또 다른 사회적 희생양이 되었을 뿐이다. 이런 사람들을 위해 우리가 할 수 있는 일은 무엇일까? 이런 일을 방지하려면 한 국가 안에서 우리가 어떤 변화를 이끌어내야 할까? 어떻게 해야 우리의 귀중한 자원을 잘 배분할 수 있을까?

사회가 의료 서비스 시스템을 제대로 고치지 않는 한, 이 시스템은 사회를 절대로 고쳐줄 수 없다. 또 거세지는 트라우마의 물결도 막아낼 재간도 없다. 우리는 트라우마에 대해 적어도 환경 파괴나 대기 오염, 또 다른 심각한 공중보건 문제(예컨대 팬데믹 상황에서 백신 공급 경쟁)와 마찬가지로 잘 알고 있어야 한다. 시력 및 청각 검사를 하는 것처럼 트라우마 검사를 한다면? 척추 측만증과 치아 부식 검사를 하는 것처럼 트라우마 검사를 한다면? 우리 사회가 트라우마에 관해 실제로 뭔가 조치를 취하게 하려면 얼마나 경종을 크게 울려야 할까?

7

트라우마 이후의 뇌:
다린 라이허터와의 대화

트라우마가 개개인의 뇌에 끼치는 피해를 이해하고 이런 영향이 사회적으로 대대손손 이어진다는 양상을 설명하려면 광범위한 경험과 연구가 필요하다. 이를 위해서는 의학 및 법학, 사회 과학을 망라하는 전문 지식을 갖춘 인재가 필요한데, 내 친구 다린 라이허터Daryn Reicherter가 바로 그런 사람이다. 다린 박사는 스탠퍼드대학 정신의학과 임상 교수이자, 스탠퍼드대학교 트라우마 정신 건강 인권 연구소Human Rights in Trauma Mental Health Laboratory at Stanford University의 소장이다. 그는 또한 다문화 트라우마 정신의학 분야의 전문가로, 10년 넘게 트라우마로 인한 정신 건강 분야에서 국내적으로 또 세계적으로 행정 및 임상 서비스를 함께 제공하는 데 헌신했다. 다음

특별 대담을 통해 다린 박사가 개발한 새로운 방식을 접하게 될 텐데, 이 방식은 인권 유린이 정신 건강에 끼친 영향에 대한 연구 결과를 활용하여 생존자들을 옹호하고 이들을 위한 정책 변화와 처우 개선을 모색하는 것이다. 다린 박사는 샌프란시스코 지역에 난민을 위한 정신 건강 클리닉을 설립하는 문제에 오랫동안 깊이 관여했다.

무엇보다 나는 다린 박사에게 우리 뇌가 트라우마 이후 어떻게 변하는지, 후생유전학은 무엇인지, 또 개인적인 트라우마가 더 큰 사회적 맥락에서 어떻게 발현되는지에 관해 얘기를 나눠보자고 제안했다.

폴   다린, 괜찮으시면 시작하기 전에 자기소개를 해주시고 요즘 하는 일을 말씀해주실 수 있을까요?

다린(이하 다)   네, 알겠습니다. 저는 스탠퍼드대학 정신과 임상 교수이고, 이곳에서 주로 트라우마에 관해 연구하고 있습니다. 저는 법률 및 트라우마를 실질적으로 연구하는 연구소 소장인데, 이곳에서 우리는 트라우마를 겪은 사람들에게 나타나는 심리적인 양상을 조사하고 이 정보를 이용해 정책 변화를 꾀하도록 노력하죠. 한 가지 예를 들면 법원 재판 시 연구 결과를 활용해 극심한 트라우마에서 살아남은 사람들을 변호하는 데 일조하고 있습니다. 저는 또한 고문 생존자 센터 Center for Survivors of Torture 의 의학 소장이기도 합니다. 대부분 글을 쓰면서 트라우마 생존자를 옹호하는 일을 함과 동시에, 실제로 환자들, 즉 대부분 말로 표현할 수 없는 트라우마에서 살아남은 난민을 치료하고 있습니다.

폴 스탠퍼드 인권 센터 Stanford Center for Human Rights 에서도 일하고 계시죠?

다 바로 그곳에 제가 일하는 연구소가 있습니다. 스탠퍼드 인권 센터는 여러 가지 다른 직무를 수행하는데, 제가 일하는 연구소가 이 프로그램에서 큰 역할을 담당합니다. "학제 간"이란 말은 요즘 사람들이 즐겨 쓰는 용어가 되었는데요, 그 학제 간 연구가 제가 일하는 연구소의 모든 것이라고 할 수 있습니다. 교직원의 절반은 변호사이고 절반은 정신과 전문의나 심리학자예요. 그리고 이밖에 인권에 관심이 있는 다양한 분야의 학생들과 기타 인력들이 연구소에 있습니다. 예를 들어 우리 협력 회원 중 한 사람은 인권에 대한 기사를 쓰는 언론인이죠. 따라서 저희 연구소는 인권 센터, 로스쿨, 학부, 의학 대학원 등에서 진정한 학제 간 자원이 투입되고 있습니다. 예전에는 연구소의 중점 분야가 너무 협소했거든요. 이제 그때와는 달라졌기 때문에 연구가 꽤 흥미로워졌습니다.

폴 당신이 일하는 연구소는 활용할 수 있는 엄청난 자원을 가지고 있다는 거네요. 예를 들어 난민 문제에 관해 소아과 내분비 전문가와 상담할 필요가 있거나 난민에 관한 법률 정책을 평가해야 할 때 말이죠. 연구소가 이용할 수 있는 자원의 종류는 정말 이례적입니다.

다 맞습니다. 아이티에서 일할 때 성폭행을 당한 여성들을 진료한 적이 있습니다. 우리는 이들에게 외상 후 스트레스 장애 같은 정신과 진단을 내려서 인도주의적 도움을 주려고 했지만, 그게 통하지 않더라고요. 이 건을 해결하는 데 정말 오랜 시간이 걸렸습니다. 그래도 우리 협력 회원인 산부인과 전문의에게 이 여성들의 의료 기록 검토를 의뢰해서 결국 문제를 해결할 수 있었죠. 만약 다른 방법을 택했다면 해결은 어림도 없었을 겁니다. 우리 연구진이 이 여성들이 병원 치료가 필요하고 현재 있는 곳에서는 치료를 받을 수 없다는 증거를 제시할 수 있었기 때문에, 그 후 도움을 받을 수 있는 장소로 바로 옮겨갈 수 있었어요. 이건 서로 다른 분야의 전문가가 모두 관여할 수 있을 때 가능한 일이죠.

폴 말하자면 6단계 분리 법칙(서로 모르는 두 사람이라도 6단계의 연결고리만 거치면 연결된다는 사회적 네트워크에 관한 개념 – 옮긴이) 같은 거죠.

다 단계는 더 적어도 가능합니다. 인권과 트라우마의 세계에서는, 때때로 2단계나 3단계 분리 법칙만으로도 해결이 가능합니다. 이런 연결 고리를 가지면 모든 게 달라지죠. 우리 연구소가 이라크 문제에 관여하게 된 것도 연구소 동료 직원 중 한 명이 유엔안전보장이사회 특별 고문을 알기 때문이었고, 그래서 이라크 책임 프로젝트 Accountability Project for Iraq 와 함께 협력하며 일해야겠다고 생각했던 거예요. 그렇게 해서 벌써 이 프로젝트를 맡은 지 1년하고도 6개월이 지났네요.

폴 보통 일을 처리하는 데 번거로운 관행이 정말 많지만, 당신은 영영 끝나지 않을 것 같은 일을 신속하게 처리하시잖아요. 트라우마를 다룰 때도 역시 개인적인 차원이든 집단적인 차원이든 일이 첩첩이 많습니다.

| 다 | 다행히 트라우마는 예전처럼 눈에 보이지 않는 사건이 아닙니다. 요즈음은 저녁 뉴스를 도배하잖아요. 예를 들어 난민들이 시리아를 탈출하는 장면을 보지 않은 사람이 어디 있겠어요? 정말 분명한 사실은, 우리가 다루는 트라우마 피해자들이 점점 는다는 건데요, 만약 트라우마라는 존재의 타당성과 그 영향에 대해 회의적인 태도를 보이는 소위 전문가를 찾으려면 타임머신을 타고 옛날로 돌아가야 할 겁니다. 과학적 자료는 넘쳐나고요, 트라우마가 뇌에 해로운 영향을 끼친다는 사실은 여러 다른 문화권에서도 요즈음엔 일반 지식으로 받아들여지고 있죠. |

> "이제 우리는 집단 트라우마의 영향을
> 그저 심리학적인 용어로 애기하는 것이 아니라,
> 생물학 지식으로 정량화할 수 있게 되었어요"

| 폴 | 당신은 트라우마의 직접적인 영향을 잘 아시죠. 사회·경제적, 문화적, 지역적으로 아주 다른 인구층에 걸쳐 트라우마가 끼치는 파괴 행위를 목격하셨으니까요. 트라우마는 사람마다 다르게 발현될지는 모르지만, 우리의 두뇌에는 거의 한결같은 피해를 줍니다. |
| 다 | 특히 포유류의 두뇌는 트라우마에 대해 예측 반응을 합니 |

다. 가령 심리적인 렌즈를 통해 보면서 학대당한 개가 트라우마를 겪지 않은 개와 비교하여 매우 다른 행동을 할 것이라고 예측한다는 거죠. 하지만 트라우마의 부정적인 영향은 어떻게 보더라도 드러납니다. 우리 포유류는 환경 적응을 위한 신경 가소성을 충분히 갖추고 있지만, 폭력과 트라우마로 얼룩진 환경에서 살아야 한다면, 대부분의 경우 상당히 부정적인 영향을 받게 되죠.

폴 우리 인간은 특히 적절한 도움을 받을 경우 회복할 수 있습니다. 그래서 이런 적절한 도움을 구체적으로 파악해서 트라우마 생존자들이 필요한 조치나 수단을 반드시 접할 수 있도록 해야 합니다. 이와 동시에 제가 보기에는 애초에 트라우마가 생기지 않도록 하는 문제에 대해 사람들이 충분한 관심을 기울이지 않는 것 같습니다. 특히 트라우마가 과도한 경계심, 내적 불안감 증가, 회피 행위 등 뇌에 안 좋은 방향으로 영향을 끼치는데도 말이죠.

다 외상 후 회복력 post-traumatic resilience 과 외상 후 성장 post-traumatic growth 은 얘기해볼 만한 좋은 주제이지만, 트라우마로 괴로워하는 사람이 과거에 일어난 트라우마를 기쁘게 생각하지는 않을 거예요. 나중에 트라우마에 어떻게 대처

하든, 사람들은 트라우마를 힘들게 지고 가는 겁니다.

폴 과거에 안 좋은 일 속에서도 뭔가를 성취했다고 그 안 좋은 일이 기억에서 없어지는 것은 아니죠.

다 맞습니다. 미국에 와서 영어를 배우고 심지어 심리학 석사 학위까지 딴 후 많은 사람을 도우며 사는 난민들을 아는데요. 동시에 이런 사람들은 여전히 과거에 겪은 일로 공황 장애를 겪고 악몽을 꿉니다. 트라우마를 겪기 전과 비교해 딴 사람으로 변한 거죠. 이들이 성장해서 살아남고 어떤 경우에는 심지어 성공하는 모습이 대단하게 보이지만, 그렇다고 해서 트라우마가 근본적으로 인간 심리에 나쁜 영향을 끼친다는 사실은 바뀌지 않습니다.

폴 트라우마 환경에서 적응하며 살아가는 사람들에게서도 이런 현상이 나타납니다. 예를 들어 캄보디아 대학살을 생각해봅시다. 생존한 많은 이들은 그 끔찍한 트라우마 환경에서도 가장 잘 적응한 사람들이었는데, 이후 끊임없이 과도한 불안감에 시달렸습니다. 이런 트라우마 상황은 끔찍하고 장기간 지속될 수 있지만, 그렇다고 영원히 계속되지는 않죠. 심지어 2차 세계대전과 유대인 대학살도 끝이 났으니까요. 하지만 이런 환경에서 아주 뛰어난 회복력을 가진 사람들도 트라우마를 계속 안고 살아갑니다.

다 캄보디아 대학살에서 살아남은 생존자 그룹을 30년 후 조사했는데요, 이들 표본 그룹은 현재 미국 매사추세츠주에 살고 있습니다. 조사 결과 이들 중 50~70퍼센트는 외상 후 스트레스 장애를 겪고 있는 것으로 나타났습니다. 너무나 놀라운 수치죠. 만약 조사 표본을 늘리면 어떤 결과가 나올까요? 20퍼센트만 넘어도 미국 정신과 전문의들은 말도 안 된다고 생각하겠죠. 이제까지 우리가 봤던 것과는 다르니까요.

폴 이런 데이터를 들으니 어안이 벙벙합니다.

다 그래서 후생유전학을 다루는 거예요. 후생유전학은 환경이 인류 유전자의 기능과 그 유전자가 대대로 유전되는 데 영향을 미친다는 것이고, 이는 곧 다른 많은 유전자가 개인적으로, 또 범위를 넓혀 문화적인 수준으로 활성화되기도 하고 비활성화되기도 한다는 뜻입니다. 가족 제도 내에서 어떤 유전적 특성은 트라우마가 낳은 결과로 상당히 변하고 있습니다. 유대인 대학살 생존자의 자녀들은 폴과 제가 다루는 우울증, 불안, 이 밖에 다른 종류의 정신건강 문제를 앓는 비율이 아주 아주 높습니다. 전혀 놀랄 일이 아닌 것이, 이게 우리가 현재 이해하는 과학의 기본 틀이잖아요. 과거 연구진들은 이런 증상들이 단지 양육과 관계가 있다고 생각했지만, 지금은 생물학적인 메커니즘과도 관련이 있다는 것이 밝혀졌죠.

폴 지금 우리가 얘기하는 대상은 유대인 대학살을 겪지 않은 코호트cohort(특정 기간에 태어난 집단 같이 통계상 인자를 공유하는 집단 - 옮긴이) 집단이잖아요. 그런데 이들의 두뇌가 유대인 대학살로 인해 계속해서 변한다는 얘기고요. 모든 사람이 한결같이 영향을 받는 건 아니겠지만, 표본 집단을 키웠을 때 충분한 수의 사람들이 일정한 패턴을 보인다는 거죠.

다 그리고 오늘날은 시리아와 콩고 공화국, 그 외 다른 지역에서 벌어지는 비극으로 인해 이와 동일한 현상이 나타나고 있습니다. 이제 우리는 집단 트라우마의 영향을 그저 심리학적인 용어로 얘기하는 것이 아니라, 생물학 지식으로 정량화할 수 있게 되었어요. 이 모든 것들은 모두 밀접하게 연관되어 있지만, 자연과학이 좀 더 설득력이 있습니다. 지난 25년간 우리는 생물학적이고 생리학적인 양상을 그 어느 때보다도 잘 파악했지만, 이 시점에 그것이 팩트인지 아닌지, 실질적인 토론이나 토의가 전혀 이루어지지 않았죠.

폴   우리 코앞에서 목격하는 현상을 정당화해야 한다는 것이 부끄럽지만, 세상이 원래 그렇게 돌아가죠. 사람들은 확실한 데이터를 필요로 하니까요. 특정 유전자의 스위치를 끄는 것을 남과 다르게 행동하는 아이에게 적용한다는 얘기는 사람들에게 트라우마를 심각하게 여기라고 설득하는 증거가 됩니다. 트라우마를 외면하기가 더욱 힘들어지는 거죠.

다   그래서 저희 연구소가 법원과 함께 하는 일이 많은 겁니다. 지금 얘기하는 것처럼 우리는 두뇌 변화를 정량화할 수 있을 뿐 아니라, 인간의 고통도 정량화할 수 있습니다. 유엔과 대화를 나누고 인권 침해에 관해 조사할 때 이 점이 큰 역할을 합니다. 2차 세계대전 이후 열린 뉘른베르크 법정은 군사 재판소였는데, 전적으로 나치가 저지른 범죄만 다뤘어요. 이 때문에 관심은 나치가 저지른 살인 행위로만 쏠렸고, 살해되지 않았거나 가까스로 유대인 대학살에서 살아남아 엄청난 고통을 겪는 사람들 수백만 명의 심리적인 고통에는 관심이 없었죠.

폴 유대인 대학살에서 살아남은 사람들의 삶은 물론 그들 자손들의 삶까지도 완전히 바뀐 거죠. 이런 폭력은 다른 시대에는 다시는 일어나지 않을 비극이지만, 이 폭력의 유산은 추적하기 거의 불가능할 정도로 먼 미래까지 이어질 겁니다.

다 뉘른베르크 재판은 75년 전 일어난 일이지만, 1990년대 보스니아 내전 이후 강간 생존자들에 대해서도 똑같은 재판이 또 열렸습니다. 이건 그리 오래전 일이 아니네요. 법정은 강간범들을 기소하려고 피해자들에게서 모든 증거를 수집했는데요, 이 법정은 흉악 범죄에만 관심이 있었지 피해자들의 고통에 대해서는 관심이 없었습니다. "우리는 피해자 여러분들이 겪은 모든 고통에 대해서도 유감스럽게 생각합니다. 이 자들은 여러분들에게 저지른 중죄뿐 아니라 지금 여러분들이 겪는 심리적 고통에 대해서도 책임을 져야 합니다. 그리고 보상 차원에서 트라우마 치료를 받게 해드리겠습니다." 법정은 이렇게 얘기해야 했지만 하지 않았어요. 하지만 현재 나타나는 변화를 보면 이런 심리적 고통이 차츰 고려되고 있습니다. 폴과 제가 현재 관심을 가지고 있는 트라우마의 영향, 즉 단지 범죄뿐 아니라 범죄에서 비롯되는 심리적 고통에 대해 국제 재판소가 초점을 맞추기 시작한 겁니다. 이게 본질이죠. 강간 생존자들은 악몽을 꾸고 끊임없이 불안에 시달리는 것은 물론, 이혼을 당하고 집안에서 쫓겨났을 뿐 아니라, 에이즈 바이러스에 감염되고 원치 않는 임신을 겪어야 하는 등 말할 수 없는 고초를 겪었어요.

"일부 범죄는 사람들 마음속에 어느 정도 트라우마를 일으킬 목적으로 자행됩니다"

폴   범죄는 이야기의 시작에 불과합니다. 시리아나 보스니아 내전, 2차 세계대전 등에서 일어난 일을 보자면 분명 그렇습니다. 그런데 범죄 수준에는 훨씬 미치지 못하지만 트라우마를 일으키는 환경 역시 고려해야 하는 것도 사실입니다. 예컨대 현재 팬데믹 상황에서 벌어지는 일을 볼 때, 이로 인한 피해는 우리에게 곧 닥칠 겁니다.

다   이제 병원에서, 또 굳이 도움을 찾지 않는 사람들에게서 코로나19의 여파를 보게 되는 건 시간문제입니다. 저는 이미 제가 관여하는 몇몇 지역 정신과 전문병원에서 그 여파를 목격했어요. 코로나로 인한 락다운 동안 가정 폭력 발생 빈도가 계속 증가세에 있지만, 이런 건 뉴스에서 다루지 않아요. 하지만 여성들은 병원에 수시로 전화를 걸어 '맞고 있다', '폭력을 휘두르는 남편과 집에 갇혀 있다', '악몽을 꾼다'뿐 아니라 이보다 더한 하소연도 합니다. 언론이 더 큰 그림을 놓치는 셈인데, 그저 범죄 자체에만 집중하는 것은 무엇보다 무책임한 보도 행위예요. 이런 사건은 저 아래 강 하류에서 일어나는 일이며, 지금이 바로 이 여성들에게 필요한 도움을 줄 수 있는 실제 조치를 취할 때입니다.

폴 그리고 아이들을 빼놓을 수 없는데요. 또 앞으로 몇 년 안에 태어날 아이들도 있죠. 아직 태어나지 않은 아이들도 이 문제에서 벗어날 수 없는 것이, 이런 문제가 이 아이들의 부모 안에 내재되어 있기 때문이에요.

다 참 믿기 힘든 일 아닙니까? 하지만 이게 현재 과학적으로 증명이 되었어요. 단지 이론에서 그치지 않는단 말이죠. 그리고 유엔 법정에서 바로 이렇게 널리 만연한 피해의 수준을 조사하고 있습니다. 일부 범죄는 사람들 마음속에 어느 정도 트라우마를 일으킬 목적으로 자행됩니다. 이때 범죄의 동기는 사실상 어떤 집단의 심리를 바꾸는 것이죠. 지나치게 세세하게 얘기하고 싶지는 않지만, 한 군대가 이라크의 한 마을을 공격하면서 이 마을의 여성들을 집단 강간하는 경우, 이는 성적인 만족을 위해 저지르는 게 아니라 이 마을의 심리를 파괴하려고 저지르는 범죄입니다. 전쟁 범죄에 관한 한, 그 의도는 별 관심의 대상이 아니죠. 그런데 그 결과 나타나는 트라우마를 보면, 쓰나미에서 살아남는 것과 자신을 겨냥해서 벌어진 인간의 범죄에서 살아남는 것과는 상당한 차이가 있습니다.

폴 인간이 인간에게 저지르는 범죄. 그 의도가 시간의 경과에 따른 심리적 변화라는 말씀이죠.

다 맞습니다. 바로 정권이 무기로 사용하는 거죠. 제 할아버지는 나치 점령 당시 네덜란드에 사셨는데, 누군가 노동수용소 탈출을 시도할 때마다 벌어진 일을 생생하게 들려주셨어요. 나치는 탈출을 시도한 사람의 몸을 여러 도막으로 절단해서 나무에 걸어놨답니다. 이런 범죄 행위의 의도는 무엇일까요? 분명 탈출을 시도한 사람을 처벌하기 위한 것만은 아닙니다. 남아 있는 다른 사람들을 복종시키기 위한 거죠. 권력을 쥔 자들이 이런 짓을 하는 것을 테러리즘과는 반대로 탄압 전술 oppressive tactic 이라고 하는데, 이런 전술을 통해 소외된 계층은 아예 밀려납니다. 비행기를 납치해서 건물로 돌진하는 것은 테러리즘 행위이지만, 테러리스트들은 이 밖에 세계 곳곳에서 탄압 전술을 사용했습니다. 제가 여기서 얘기하는 목적은 실제로 일어난 끔찍한 일을 폭로하는 것이 아니고요, 동기의 중요성을 강조하려는 것입니다. 이런 행위를 저지르는 범죄자들은 피해자의 심리가 타격을 받으리라는 것을 잘 알고 있고, 이것이 바로 진정 이들이 원하는 결과입니다.

폴   우리가 사회 구성원으로 겪는 수많은 트라우마는 실제로 그 안에 심리적인 의도가 있다는 거죠.

다   바로 그겁니다. 제도화된 경찰의 만행은 단지 하나의 사례에 지나지 않죠. 바로 이 때문에 당신과 내가(우리 둘 다 백인 남자죠) 운전을 하다 경찰에게 걸려서 도로 한쪽에 차를 세우면 우리는 교통 위반 딱지를 끊지 않을까 걱정하지만, 같은 상황에서 유색 인종 두 명은 경찰에게 죽는 건 아닐까 두려워하는 겁니다. 우리 백인들이 하는 것과 똑같이 경찰과 대화를 주고받아도 이들은 죽을 수 있는 겁니다. 이들의 공포는 다 그럴만한 이유가 있고, 또 권력을 가진 사람이 실제 저지른 만행의 유산 때문에 생긴 거죠. 우리 문화에 존재하는 성폭력과 여성 혐오도 다 같은 맥락이에요. 강간같이 확실하고 끔찍한 트라우마가 있는 한

편, 미묘한 차별과 미묘한 트라우마가 우리 주변에서 항상 생겨납니다. 이런 상황에서 억압하는 사람들이 용인되고 오히려 억압당하는 사람들이 피해를 보는 식의 문화가 형성되죠.

폴 　우리 사회의 정해진 운명 같은 거네요. 어떤 부류의 사람들은 다른 부류의 사람들보다 가진 권리가 거의 없고, 또 어떤 사람들은 위험에 더 많이 노출되는데, 우리는 "세상은 다 그런 거야"라고 넘어가잖아요. 보통은 이에 의문을 제기하지 않고, 타성에 너무 많이 젖어 있기 때문에 여기에 반기를 들기도 어렵죠. 하지만 사회 계층화를 완화하거나 적어도 이를 영속시키지 않으려면 이런 믿음과 이런 믿음을 바탕으로 세워진 체제에 의문을 가질 필요가 있습니다. 당신이 지적했듯이 억압적인 체제를 유지하는 힘의 일부는 사람들의 심리를 바꾸는 데 들어갑니다. 그 이유는 트라우마를 겪으면 자신이 속한 곳에 대한 인식은 물론 세계관도 바뀌기 때문이죠.

다 　유대인 대학살 생존자들에 대해 쓴 빅터 프랭클Victor Frankl(오스트리아의 신경학자이자 정신과 의사, 39권의 책을 출간한 작가. 유대인 대학살 생존자로,《죽음의 수용소에서》라는 자전적 수기를 남졌다)의 책에 이 점이 잘 나타나 있습니다. 단순히 PTSD가 아니라, 사람들이 상상할 수 없는 트라우마로 인해 신에 대한 믿음을 잃어버린다는 거예요. 이건 진단명이 아닙니다. DSM^{Diagnostic and Statistical Manual of Mental Disorders}(정신 장애 진단 및 통계 편람, 미국 정신의학회에서 공식적으로 사용하는 정신 장애 진단 분류 체계 - 옮긴이)에는 없는 병이라는 거죠. 그러나 신앙을 잃어버리면 인생을 살아가는 데 엄청난 변화가 생겨납니다.

폴 　인간의 수많은 인식과 믿음 그리고 행동이 종교의 가르침을 따릅니다. 그런 기둥 역할을 하는 종교가 갑자기 사라진다면 어떻게 될지 상상해보세요. 무슨 일이 일어날까요?

다 　트라우마를 겪기 전에는 전혀 자살을 생각해본 적이 없던 사람을 예로 들어볼게요. 국경없는의사회와 국제적십자사는 시리아 출신의 신실한 난민 어머니들이 아이들만을 남겨놓은 채 바다에서 자살했다고 보고했죠. 이 어머니들의 세계관이 확 바뀐 겁니다. 그들의 문화와 종교라는 틀 안에서라면 이 여성들은 이런 행위를 결코 하지 않았을 거예요. 그러나 트라우마의 피해가 너무 큰 나머지 모든 것이 바뀐 겁니다. 이건 극단적인 사례지만, 트라우마를 일으킨 사건이 이 사례처럼 심하지 않더라도 동일한 일이 발생합니다. 단 몇 대만 맞아도 어떤 사람의 현실 궤도는 충분히 바뀔 수 있죠.

폴 맞습니다. 세계관과 스스로에 대한 생각을 바꾸게 하는 데 굳이 강간이나 그 밖에 다른 형태의 공격까지 필요할까요? 절대 그렇지 않습니다. 저도 인생에서 세계관이나 스스로에 대한 생각이 바뀐 적이 있었습니다. 종종 제가 겪은 트라우마가 그다지 대단찮은 것으로 느껴질 때가 있지요. 저는 때때로 제 주변을 의식해보는데요, 가령 동생과 어머니가 세상을 뜨기 전에는 제가 미처 몰랐던 사물과 사람을 새롭게 바라보는 거죠. 저 스스로 의식하지도 못한 사이에 얼마나 많이 이런 일이 일어났을까요? 그리고 이런 사물과 사람들이 제게 개인적으로 상처를 남긴 것도 아니었어요. 당신이 얘기했듯이 사람이 사람에게 고의로 상처를 주면 얘기가 상당히 달라지지만요.

다 물론입니다. 2004년 인도양 쓰나미 생존자들 일부는 신에게 분노를 표출했고, 또 일부는 그러지 않았습니다. 이 모든 것이 쓰나미라는 사건을 어떻게 해석하느냐에 달려있고, 쓰나미를 얼마나 개인적으로 받아들이냐에 달려 있었죠. 캄보디아의 경우도 마찬가지예요. 인과응보를 당연시 하는 세계관을 갖고 있으면 강간당하고 고문당한 사건에 완전히 다른 의미를 부여할 수 있는 거죠. 이런 모든 것들이 회복력과 기능 장애에 영향을 주는 요소입니다. 예를 들어 쓰나미에 부모를 잃은 아이들은 당연히 고통스러웠겠죠. 자신들에게 중요한 모든 것을 잃었고 고아가 되었으니까요. 저는 이런 트라우마로 생긴 정신의학적 충격을 폄하하고 싶지는 않은데요. 그러나 이 아이들이 가질 세계관은 상당히 중요합니다. 세계관은 쓰나미를 경험하고 이 일이 발생한 후 어떤 식으로 인생을 살아갈지 결정하는 요소 중 하나니까요.

> "PTSD가 분명 전부는 아닙니다.
> 양질의 리트머스 검사도 아니에요"

폴 개인적으로 당한 트라우마로 고통받는 사람들을 다시 생각해보게 되네요. 이런 트라우마는 소외감을 느끼게 하고 개인적으로 공격당한 느낌을 남기죠. 이에 대한 피해가 얼마나 심각하느냐면 바로 세상을 보는 방식에 영향을 준다는 거예요. 저는 정신의학계가 이 문제에 대해서는 중요한 지점을 놓쳤다고 생각해요. 말하자면 PTSD 체크 상자에 표시가 되어 있지 않으면 문제 삼지 않는 거죠. 사실상 트라우마가 아니라고 해석해요. 이 때문에 사람들이 엄청난 피해를 본 것 같습니다. 사람이 트라우마를 겪으면 온갖 증상이 발생할 수 있고, 그중 하나가 PTSD이지만 다른 증상도 얼마든지 있습니다. 다린이 지적했듯이 DSM에는 전혀 나와 있지 않지만 신앙심을 잃는 증상도 있습니다.

다 PTSD 진단은 지금 우리가 얘기하는 전 세계적인 대형급 트라우마가 발생했을 경우 피해를 입은 사람들에게 필요한 도움을 제공하는 데 종종 유용하게 쓰입니다. 우리 뇌는 트라우마를 겪은 후 예상할 수 있는 방향으로 변하는데, DSM은 트라우마 이후 생각과 행동이 어떻게 변하는지 잡아낸 거죠. 그러나 PTSD가 분명 전부는 아닙니다. 양질의 리트머스 검사도 아니에요. 당신이 짚어주었지만 난민 사건 중에는 생존자들이 PTSD 체크 상자에 표시하지 않는 경우도 있고, 그렇게 되면 해당 사건이 재심 대상이 되면서 그릇된 억측이 이루어집니다. 망명 신청자가 PTSD를 보이지 않으면 이들이 겪은 트라우마는 중요하지 않다고 판단하는 거죠. 이는 트라우마를 완전히 거꾸로 생각하는 과정이자 방식입니다.

폴　PTSD는 트라우마를 겪은 후 문제가 생겼음을 알려주는 훌륭한 지표지만 정말 심각한 트라우마를 겪어도 PTSD가 나타나지 않을 수 있습니다. PTSD는 진단명으로 적절하고 유용하지만, 그저 트라우마의 부분 집합을 보는 방식입니다. "진짜 트라우마"가 PTSD로만 발현된다는 생각은 정말 문제가 있어요. 전쟁 지역 주민들에게 발생하는 끔찍한 일과 동일한 수준은 아니겠지만 어쨌든 살면서 트라우마를 겪는 환자들이 있습니다. 그들이 이런 경우를 맞닥뜨리는 것을 저는 여러 번 목격했는데요. 이 환자들이 PTSD 체크 상자에 표시를 안 하기 때문에 이들의 고통은 고려 대상이 아니에요. 더구나 이런 환자들은 때로 꾀병을 부린다는 말까지 듣죠.

다　이건 마치 "PTSD가 없으니 당신의 병은 진짜가 아닙니다" 또는 "트라우마 경험이 그렇게 심각하진 않았어요"라고 진단하는 것과 같아요.

폴　바로 그겁니다.

다　그래서 끔찍한 거죠.

폴　트라우마가 있는 사람들은 항상 그 증상을 인정받지 못합니다. 분명 트라우마의 결과로 뚜렷하고 지속적인 문제가 있는데도 PTSD 진단 기준에 맞지 않는다는 이유로 이런 증상이 무시되거나 묵살됩니다.

다   저희가 국제 재판소에 제출하는 보고서에서 바로 이 점을 지적하고 있습니다. PTSD 역시 여전히 중요하지만, 국제 재판소에 트라우마의 다른 증상, 즉 기능 장애를 불러올 수 있는 뚜렷한 증상도 알리고 있는 겁니다. 국제 검사와 피고 측 변호사, 판사가 관여하는 복잡한 상황에서는 바로 이런 점이 중요합니다. 대체로 이들 판사들은 상당히 지적이며 상대방 말을 수용하고, 참고할 수 있는 팩트가 있다는 사실을 감사히 여기죠.

폴   이 책의 목적 중 하나는 트라우마와 PTSD가 반드시 일치하지 않는다는 점을 보여주는 것입니다. 당신이 국제적인 규모로 이와 비슷한 일을 한다는 사실을 알리는 것도 타당하고요. 분명 트라우마는 강간을 당하거나 전투에 참여했을 때 발생하지만, 이런 상황으로 인해 발생할 수 있는 결과는 PTSD 이상으로 다양합니다. 또한 트라우마는 강간이나 전투 이외의 훨씬 많은 다른 상황에서도 발생합니다. 이 점이 제가 여기서 전하려고 하는 요점입니다. 트라우마가 얼마나 널리 퍼져 있는지 그리고 얼마나 오해받고 있는지 그리고 얼마나 중요한지 진정 목소리를 내고 싶은 거예요.

다 이제는 다들 트라우마에 대해서는 상식처럼 알고 있다고 생각할 거예요. 셰익스피어도 트라우마에 관해 작품을 남겼고, 지금까지 발표된 트라우마에 관한 연구도 셀 수 없이 많죠……. 심지어 최근에 리메이크된 디즈니 영화 〈미녀와 야수〉에서도 야수가 어린 시절 트라우마로 인해 그런 모습으로 변했다고 나오죠.

우리는 최근 기본권 수호 활동 센터Center for Constitutional Rights(기본권 수호 활동가를 지원하고 사회 정의 실현을 모색하는 미국 뉴욕에 있는 비영리 기구 – 옮긴이)와 한 사건에 같이 관여하고 있는데요. 기본권 수호 활동 센터에서는 독방 감금을 미국 수정 헌법 제8조 위반으로 보고 조사하고 있습니다. 잔혹하고 이상한 처벌이라는 거죠. 이 사건은 장기적 독방 감금은 10년 이상이라는 정의를 따르고 있습니다. 열흘이 아닌 10년으로요. 그리고 그렇게 오랫동안 작은 감방에서 홀로 감금된 사람에게서 정신의학적인 변화가 나타나는지 조사해달라는 의뢰를 받았죠. 우리는 10대 시절 저지른 범죄로 25년 동안 홀로 감금되었던 한 남성을 인터뷰했습니다. 25년 동안 독방 생활을 해본 적이 없는 사람과 이 남성의 상태가 같을 거라고 생각하는 사람이 과연 있을까요? 이 문제를 조사하기 위해 정신과 교수가 왜 필요합니까? 상식적으로 생각해도 답이 나오는데요. 트라우마에 대한 증거는 오랫동안 쭉 우리 곁에 있었어요. 우리는 과학적으로 방대한 증거가 쌓여가는 현 상황에서 그저 이 주제에 주의를 기울이기만 하면 됩니다.

8

트라우마에 감염된 사회:
고립, 분노, 분열

1990년대 초반 철의 장막이 드디어 무너졌을 때, 불과 수개월 전이라면 꿈도 꾸지 못했을 장소에 한번 가보기로 했다. 나는 헝가리 국경을 도보로 넘었고 이후 구 체코슬로바키아에서 시간을 보내기도 했다. 이 두 나라 사람들은 미국인을 만났다며 흥분했고, 나 역시 이들을 만나니 흥분이 되었다. 이들과 함께했던 시간은 희망의 기운으로 가득했고, 내가 마치 미국의 원칙인 진리, 인권, 공정함 그리고 더 나은 삶을 위해 분투하는 모든 이들에게 주어지는 평등한 기회의 홍보 대사가 된 것 같은 느낌이 들었다.

그게 벌써 30년 전의 일이다. 어쩌다 미국이 정상 궤도를 한참 벗어나게 되었을까?

이 질문에 대한 답은 단순하지 않고, 누구에게 질문을 하느냐에 따라 그 답도 달라진다. 지금 당장은 왈가왈부할 때가 아니리라. 트라우마로 갈기갈기 찢어져 있는 지금, 우리는 배의 방향을 바로잡으려 서로 힘을 모으는 일에 더욱더 집중해야 한다.

냉전 동안 내가 살았던 미국은 국민 대부분이 자기들 나라가 선으로 똘똘 뭉쳤다고 확신하는 곳이었다. 우리는 완벽하기는커녕 완벽과는 거리가 멀었지만, 그래도 전반적으로 각자 스스로 자유를 누리고 서로 간의 예절을 지키려 노력했다. 물론 최선을 다하려고 옥신각신했을 수도 있었겠지만, 설령 그랬다 한들 오늘날만큼 사람들이 독하고 남에게 모욕을 주었을까 싶다. 우리는 서로 공통점이 많다고 느꼈고, 양당의 정치인들은 대체로 도리에 맞게 행동했으며, 다들 그게 당연하다 여겼다. 어쨌든 우리는 미국인이었고 공동의 적을 위해 에너지와 자원을 아껴야 했다.

내가 다니던 중학교는 학칙이 꽤나 엄격한 곳이었다. 아무리 그렇다 해도 아이들은 아이들인지라, 하루는 식당에서 음식을 가지고 대대적으로 싸움을 벌이기로 했으니, 그 결과 식당은 그야말로 쓰레기처리장이 되어버렸다. 학칙에 따라 벌로 음식물을 다 치운 후 복도를 왔다 갔다 행진하면서 얼마나 바보 같은 짓을 했는지 후회했던 기억이 난다. 우리는 그저 같은 동네 출신의 아이들이었고, 항상 점심때가 되면 배가 고팠다. 그런데도 음식을 먹지 않고 서로에게 던져버렸다니. 그 벌로 하루 종일 군인처럼 발을 쿵쿵 굴리며 행진해야 했다.

현재 미국의 상황은 음식 싸움보다 훨씬 더 심각하지만, 어쨌든 그때의 교훈은 지금도 살아 있다. 우리 모두는 그저 같은 나라 국민이고 모두들 그 뭔가에 굶주려 있다. 안전감과 정상으로의 복귀, 믿을 만한 영양 공급(문자 그대로 또 비유적으로)에 굶주려 있는 것이다. 게다가 서로에게 공격을 퍼붓고 상처를 주기 때문에 이렇게 저지른 행동의 결과는 상당히 심각하다. 우리는 서로에게 공동의 (그리고 최악의) 적이 되고 말았다.

방독면을 쓴 소년

1990년 나는 소련을 방문했다. 여행자들에게 개방되지 않았던 지역도 가이드의 통제하에 관광할 수 있도록 규정이 막 바뀌었던 때였다. 하지만 지역 주민에게 이런 규정이 항상 명확하게 전달되지는 않았을 것이다. 나는 단체 관광 그룹의 일원으로 2차 대전 종전 이후 외부인들이 얼씬도 못 했던 한 마을의 초등학교를 둘러보게 되었고, 그곳 러시아 아이들은 우리가 도착하기 직전에야 미국인 단체 관광객들이 온다는 소식을 들었다.

나는 배정된 그룹에서 제일 먼저 교실 안으로 들어갔는데, 처음

2부 트라우마의 사회학

내 눈에 들어온 장면은 공포에 질린 한 어린 소년의 모습이었다. 열 살쯤 되어 보이는 이 소년은 50년 정도 묵은 방독면을 쓰고 있었다.

이 소년은 내가 교실에 들어왔을 때 달아나거나 선생님 뒤에 숨거나 또 싸우려고 주먹을 치켜들지는 않았다. 반 친구들과 함께 '미국인들이 온다'는 공포스러운 소식을 접한 후 어수선한 분위기 속에서 이 소년은 그저 방독면을 쓰고 앞으로 어떤 끔찍한 일이 벌어질까 기다리고 있었던 것이다. 반 아이들 모두에게 지급되었던 것은 구닥다리 방독면이었고, 마을의 다리와 건물은 2차 세계대전 이후 한 번도 보수가 되지 않았다.

나는 많은 질문을 했는데, 우리를 감독하는 가이드 한 명이 통상적인 규칙을 벗어나 서로 진정한 대화를 나눌 수 있게 해주었다. 가이드 자신이 한때 이런 아이였기 때문이다. 아이들은 한결같이 전쟁이 코앞에 있고, 앞으로 쳐들어올 사람은 바로 미국인일 거라고 배웠다.

외부인으로부터 폭력을 당하지 않을까 끊임없이 두려워할 수밖에 없는 이런 환경에서 자라는 게 과연 어떨지 생각해보라. 이 소년은 세계정세를 이해하지 못했고 또 세상이 어떻게 변하고 있는지도 몰랐다. 그저 자신을 파괴하려는 위협이 도사리고 있다고만

> 생각했던 것이다. 이 소년이 어떻게 안전감이나 안정감을 느낄 수 있었을까? 이런 상황에서 어떤 아이가 안전감이나 안정감을 느낄 수 있었을까?

미국에서 냉전 중 자랐다면, 이런 경험을 한 적이 있는가? 그 시절에 자라면서 얼마나 안전하고 안정된 나라에서 살고 있다고 느꼈는가? 냉전이라는 큰 범위의 사회적 트라우마가 오늘날 성인에게는 어떻게 작용할 수 있을까?

차별과 편견이 만들어내는 위기

현재 미국이 직면하고 있는 다양한 문제 중에서, 나는 트라우마와 관련해서 미국인들에게 지속적으로 영향을 주리라 보는 세 가지 문제, 코로나19 팬데믹, 구조적 인종차별과 인종 간 불평등 그리고 사회·경제적 기반의 부식을 강조하고 싶다. 이 책을 읽는 사람에게 첫 번째 문제의 영향에 대해 구구절절 많이 얘기할 필요는 없을 것이다. 지금까지 수십만 명의 미국인들이 코로나바이러스로 사망했다. 그뿐일까? 사랑하는 사람을 떠나보내고 슬퍼하는 사람들은 말할 것도 없고, 모든 이들에게 영향을 주는 공공 생활의 거의 모든 단면이 그야말로 큰 타격을 입었다. 인종차별은 미국인들이 각자 상당히 다양한 답변을 내놓기 때문에 좀 다른 문제다. 그렇다 해도 인종차별과 이에 대한 담론이 미국에 닥친 문제 중 가장 앞에 있다는 사실은 의심의 여지가 없다.

다른 문제와 맞물려, 코로나바이러스와 인종 간 불평등 문제는 국가 신뢰도에 대한 우리의 믿음과 사회·경제적 기반에 대한 약속을 파괴했다. 이런 기반은 나라의 초석으로, 희망과 존엄성의 가치를 떠받쳐주는 구실을 한다. 말이 나왔으니 말인데, 농업과 서비스 산업 같은 전반적인 필수 산업은 지난 수십 년간 겨우 자리를 지켰고, 한평생 직장에 몸담아 성공하겠다는 꿈은 거의 몽상이나 다를 바 없게 되었다. 산더미같이 쌓이는 부채, 불안정한 직장, 기본적으로 살 집을 잃어버린 수백만 미국인들이 이 나라를 위험한 지경으로 몰고 갔다. 그리고 국민들 전체가 단지 생존을 위해 몸부림치는 나라는 연민과 공동체 정신 그리고 인간애에 전념할 수 없다.

폭력과 죽음을 야기하는 편견만큼 이 점이 분명하게 드러나는 곳은 없다. 설상가상으로 편견으로 고립된 우리들은 우리 동족이 입은 트라우마의 상처를 이 편견과 연관시키지 못한다. 너무 많은 사람이 끊임없는 공포와 불안으로 살아가는데도 말이다. 그렇다면 우리가 할 일은 언제, 어디서나 인종차별과 편견을 마주칠 때마다 외면하지 않고 피해자를 도우며 이들을 위해 목소리를 내고 할 수 있는 일을 하는 것이다. 인종차별주의에 찌든 시스템을 바꾸자고 요구하면서, 인종차별주의로 인해 생겨난 폭력과 사라진 기회를 비난하면서 그리고 우리 모두가 동일한 권리를 공유하고 있으며 다른 사람들의 존중을 받는 이런 권리에 의지할 수 있어야 한다는 점을 그저 받아들이면서 이 일을 해낼 수 있다.

환자가 필요로 했던 도움

이 책에서 이미 언급했듯이 의료 분야는 사람들의 요구보다 내부 규정과 지침을 앞세우는 데 있어 둘째가라면 서러워할 최악의 범죄 집단이다. 의료 분야에 몸담은 초기, 병원 치료를 오랫동안 받았지만 차도가 거의 없던 중증의 정신 질환 환자들을 맡은 적이 있다.

한 환자는 체구가 큰 중년 남성으로 항상 두꺼운 트렌치코트를 입고 있었다. 험상궂고 무서운 인상이어서 수납계 직원들 빼고는 모두 이 남성을 무서워했다. 수납계 직원들은 이 남성에 익숙한데다 그에게 폭력 전과가 전혀 없다는 것을 이미 알고 있었기 때문에 그를 두려워하지 않았다. 이 남성은 사회봉사 명령에 따라 정신과 진료를 받아야 했지만, 세상 사람들이 모두 자기에게 해코지를 하려 한다고 의심했기 때문에 실제로 진료실에 들어오는 경우는 결코 없었다. 사람들이 자기 뒤에서 걸어오는 것조차도 허용하지 않는 사람이었다.

이 남성의 두려움 때문에 의사는 대기실에서 그를 만나야 했으며, 치료에 협조하지 않겠다고 딱 잘라 말하는 그와 몇 마디를 나눌 수 있을 뿐이었다. 하지만 시간이 흐르면서 나는 대기실 구석에서 기다리고 있는 이 남성을 만나 친분을 쌓았고, 마침내 그는 나를 믿고 진료실 앞까지 걸어오게 되었는데(진료실 안으로 들어오지는 않았다), 물론 나는 이 환자 앞에서 걸어야 했다. 드디어 우리는 진료실 문 앞에서 짧은 대화를 나눴고, 나는 그의 삶에 대해 진료 기록지에 적힌 내용보다 더 많이 알게 되었다.

이 남성은 그동안 인종차별을 숱하게 겪었다. 이 점에 대해 서로 직접적으로 얘기하면서 차차 그는 나를 조금 더 신뢰하게 되었다. 나 또한 그가 도움을 절실하게 원한다는 것을 눈치챘다. 그는 하루 종일 환청을 들었고, 시간 약속을 기억하지 못했으며, 배고프거나 피곤한 상태를 인지하는 데도 애를 먹었고, 가족은 극심한 가난에 찌들어 있었다. 그가 제시간에 내 진료실에 올 수 있었던 것은 그의 아내가 그를 매주 병원에 오는 버스를 시간에 맞춰 태워주었기 때문이다. 아마도 그가 감당하기 가장 어려운 일은 열 살 된 아들에게 좋은 아빠가 될 수 없다는 현실이었을 것이다. 아버지와 아들은 서로를 끔찍이 아꼈지만 이 환자는 상태가 너무 나빴다. 무엇보다 그는 아들이 참가하는 야구 경기장에 가서 아들을 응원하고 아들에게 자랑스러운 아버지의 모습을 보여주고 싶어 했다.

우리가 신뢰감을 쌓아갈수록, 그는 약물 복용의 필요성에 대해 마음을 더욱 열게 되었고, 실제로 진료실에 더 자주 오게 되었다. 약물이 효과를 발휘하기 시작하자 그의 편집증은 잦아들었고, 환청이 그를 더 이상 심하게 괴롭히지 않았으며, 머릿속은 그전보다 많이 정돈되었다. 덕분에 아들과 시간을 더 많이 보낼 수 있었고, 심지어 아들의 야구 경기장에 가보겠다는 소망을 이룰 수 있었다. 어느 날 그의 아내가 나에게 울면서 전화를 했을 때 나는 인생에서 가장 큰 보람을 느꼈다. 그의 아내는 예전에 병원 시스템 때문에 얼마나 화가 났는지, 또 자기 남편이 실제로 필요한 도움을 전에는 단 한 번도 받은 적이 없다고 하소연하면서, 지금은 약을 잘 먹고 아들에게 아버지 노릇을 하니 너무 감사하다고 말했다.

이후 나는 업무 규정을 위반했다는 경고 통지를 받았다. 대기실에서 잠깐 이 남성을 만나고 진료실 문 앞에서 보냈던 시간을 모두 기록했는데 그게 절대 하면 안 되는 일이었던 것이다. 환자가 진료실에 오고 싶어 하지 않으면 그냥 가라고 했어야 했다. 이 밖에 그가 항상 내 뒤에 걸어오도록 해서 그의 편집증을 악화시켰다는 비난을 받기도 했다. 내 환자가 필요로 했던 도움은 병원 시스템 요건과 맞지 않았고, 그는 당연히 시스템을 불신할 수밖에 없었다. 인종과 가난으로 인해 그와 그의 아내는 어떠한 도움도 기대하지 못했고, 애초에 병원 시스템은 이들에게 많은 관심을 기울이도록 설계되지 않았다.

우리 사회 시스템은 본래 모든 사람에게 혜택이 돌아가야 한다. 하지만 안타깝게도 현실은 종종 그렇지 못하다. 이런 무심한 시스템의 규정과 요건으로 인해 이 남성과 가족들이 불필요하게 겪었던 트라우마가 이 밖에 또 어떤 것이 있었을까? 여러분이나 사랑하는 사람이 도움을 받아야 할 기관이나 조직에서 무시당하고 멸시받거나 면전에서 거부당한 때가 있었는가? 그때 기분이 어떠했는가? 위의 남성의 경험과 비교하면 어떠한가?

우리를 분열시키는 힘과 단결시키는 힘

우리 앞에 보이는 문제와 이에 대한 해결책은 어떤 렌즈로 세상을 보느냐에 따라 달라진다. 나뿐만 아니라 누구나 다 해당되는 사실인데, 이 책에서 자주 반복했다시피 트라우마는 세상을 보는 우리의 렌즈를 은밀하게 바꿔놓는다. 이상적으로는, 우리가 이런 렌즈, 또 자신의 경험과 믿음 그리고 다른 사람의 생각이 우리의 세계를 어떻게 채색하는지에 더 관심을 갖게 될 수 있다.

돌이켜보면, 내 삶에 심각한 트라우마가 일어나기 전과 그 이후, 이렇게 두 부분이 존재한다는 느낌이 강하게 든다. 트라우마가 생기기 전에는 세상일이 이해가 되었고 또 세상을 이해할 수 있다는 자신감이 있었다. 적어도 시시때때로 스스로가 나약한 존재라는 느낌은 들지 않았다. 인생의 두 번째 부분에서 내 경험은 상당히 달라진다. 툭하면 세상에서 벌어지는 일에 불안해하고, 내가 가는 길 앞에 놓인 것을 탐색하는 데 스스로의 이해력이나 능력에 예전만큼 자신감이 없다. 부분적으로 세상을 보는 렌즈가 변한 건 개인적인 트라우마와 관계가 있지만, 반드시 그렇지만은 않다. 우리 모두의 세계관을 바꾸는 거대한 트렌드가 나타나고 있기 때문이다.

사회의 일원으로서 트라우마를 전적으로 제거하는 것은 우리 능력 밖의 일이다. 사람은 죽고, 차 사고는 발생하며 질병을 얻는 것은 생물학적인 팩트다. 아무리 그렇다고 해도 불필요한 트라우마가 우리를 죽이지 못하도록, 우리의 삶을 주도하지 못하도록 지금보다 훨씬 더 자신의 몫을 잘 해나갈 수 있다. 심하게 분열된 사회 환경은 트라우마 예방의 강적이다. 우리가 현재 처해 있는 정치

풍토는 정상적 행위는 아닐지언정 인신공격과 모욕을 여하튼 받아들일 수 있는 수준으로 허용하고 말았다. 너무나 많은 사람이 자기와 다른 사람들에게 알레르기 반응을 일으키며, 자기와 닮지 않은 사람들이 겪는 심한 고통에는 아랑곳하지 않고 오히려 *그것을* 기피하는 경향을 보인다. 연민, 공동체 정신, 인간애가 사회적으로 부식되면서 이 나라의 바로 그 기반을 약하게 하는 트라우마가 더욱 활개치게 되었다. 너무나 많은 사람들이 겉치레로 나라를 위한답시고 다른 이들을 무시하면서 트라우마의 피해는 눈덩이처럼 불어난다.

트라우마는 삶에서 물러나라고 또 서로 멀어지라고 우리를 부추긴다.

우리를 분열시키는 힘이 강력하긴 하지만, 나는 단결시키는 힘이 훨씬 더 강력하다고 믿는다. 응급실, 양로원, 도심 빈민 지역의 병원, 지역 진료소 등 다양한 기관에서 일하며 20년 이상 의료계에 몸담은 사람으로서, 또 노숙자부터 엄청난 부호까지 온갖 인종과 각기 다른 종교를 믿는 수많은 이들을 진료한 의사로서, 나는 이 사실을 자신 있게 말할 수 있다. 트라우마가 우리 모두에게 영향을 미친다는 건 팩트다. 분명 어떤 이들은 다른 이들보다 타격을 더 받지만, 트라우마는 누구든지 상관없이 사람들에게 유달리 비슷한

(또 예상 가능한) 피해를 준다. 트라우마는 이상한 방식으로 우리를 분열시키지만, 또 우리 모두를 단결시키기도 한다.

트라우마 그 자체처럼, 사회 갈등 역시 대부분 피하기 어렵다. 하지만 우리가 갈등을 정당한 방법으로 푸는 것보다 갈등을 만들고 전파하는 데 더 관심을 둔다면, 이런 사회 갈등은 특히 이미 위험에 노출되어 있는 사람들에게 더 많은 피해와 위험을 야기하는 기폭제 역할을 하며, 심지어 더한 트라우마를 만들어낸다. 마치 나날이 더 위험해지는 악순환의 고리가 생성되는 것과 같다. 가정의 역학, 직장에서 그리고 친구 사이에서 만들어지는 이런 자체 전파 고리에는 이미 익숙하겠지만, 전 사회적 차원에서 만들어지는 트라우마 사이클은 우리 모두의 모든 것을 더욱 악화시킨다.

트라우마와 수치심 그리고 사회의 무관심은 질병과 사회적 부적응을 심화시키고 폭력을 더욱 부추기며, 또한 우리가 나누는 대화를 하나의 사회 현상으로 치부하고, 우리가 이러한 요소들로 인해 생겨난 심각한 문제를 해결하지 못하도록 방해한다. 트라우마는 삶에서 물러나라고 또 서로 멀어지라고 우리를 부추기며, 두려움과 나약함 쪽으로 우리를 밀어붙이고, 잘못된 이정표를 만들어 우리를 저 깊고 어두컴컴한 고립과 고통의 세계로 안내한다. 우리가 조심하고 단결하지 않는다면, 자칫하면 수치심의 미로에서 길을 잃고, 건강치 못한 선택을 반복하고, 자기 자신의 행복을 깨트

리며, 다른 사람, 즉 바로 우리 자신처럼 트라우마를 겪는 사람들에게 해를 입힐 수 있다.

우리가 시민으로서의 대화를 포기하고 민주주의의 근본 가치를 저버리자고 작정하지 않았다 해도, 트라우마와 수치심 그리고 사회의 무관심은 끈질기게 우리를 공격한다. 삶 속에 소셜 미디어가 파고들면서, 우리는 홀로 집에 남아 다른 사람들과 좀처럼 교류하지 않고, 반면 가장 강하고 가장 극악무도하며 종종 가장 공격적인 의견이 어마어마한 족적을 남기는 소셜 미디어에서 사실상 누구나 생각하는 별것 아닌 관점에 대해 정당성을 찾는다. 그리고 흥분하면 할수록 다른 이들의 관점, 특히 자신과 외모가 다르거나 똑같이 생각하지 않거나 동일한 뉴스 사이트와 대화방에 접속하지 않는 사람들의 관점에는 호기심을 느끼지 않게 된다. 다양성이 풍부함과 동일시되기는커녕, 갈수록 의심과 악의적인 감정으로만 받아들이게 된다.

왜 이토록 많은 사람이 이리도 화가 난 채로 흥분하고 좌절하면서, 마치 김 나갈 구멍이 없는 펄펄 끓는 주전자처럼 위협적으로 불만을 표출하고 폭발할 거라고 으름장을 놓는 것일까? 지금 내 주위를 둘러보면서 (그리고 거울을 보며) 트라우마와 수치심 그리고 다른 모든 공범이 어떻게 우리에게 힘을 휘두르는지 상상해본다. 트라우마를 겪으면 우리는 스스로에게서 고립되며, 스스로에게 화를 내고 분노를 표출하면서 자기 자신과 함께 살아갈 능력을 상실하게 된다. 자기 자신과 살아갈 수가 없는데, 어떻게 다른 사람들과 살아갈 수 있겠는가? 트라우마는 거울을 뿌옇게 흐려지게 하고 창을 왜곡시킨다. 그래서 자기 자신을 온전히 볼 수 없고 다른 사람의 차이점을 '해로운' 것으로만 받아들이는 것이다. 이건 바뀌어야 한다.

9

사회적 해법:
트라우마 대처를 위한 디딤돌

문제가 커지면 해결책도 크고 포괄적이어야 한다. 비록 이 책은 대부분 개인적으로 경험하는 트라우마와 트라우마의 예방 및 트라우마 증상을 개인 차원에서 다스리는 방법을 집중적으로 다루지만, 이 책 2부에서 다루는 사회적 요인에는 분명 도움이 되는 조언이 필요하다. 내가 여기서 내놓는 조언은 모두에게 해당되는 내용은 아니지만, 사회적으로 만들어지고 (사회적으로 겪는) 트라우마에 대처하는 데 있어 의지할 디딤돌을 찾고자 한다면 이번 장에서 도움을 찾기를 바란다.

✓ 해법 **겸손의 미덕 기르기**

누가 봐도 잘못하는 리더가 실수까지 해놓고 시정하지도 않을뿐더러 그 책임을 어떻게 해서라도 회피하는 것을 보면 나는 놀랍고도 두렵다. 이런 행동을 하는 사람들이 늘어나면서 자기 이익을 제일 먼저 앞세우고, 도의를 지키기보다는 다른 사람 괴롭히기를 즐기는 환경이 조성된다. 이 세상에서 겸손이 점점 사라지면 어떻게 될까?

겸손이라는 덕목 덕분에 우리는 사람들과의 관계에서 서로 배울 수 있고 타협할 줄 알게 되며, 자기와 외모가 다른 사람들이나 낯설고 이질적인 종교를 믿는 사람들에게도 인간애를 느낄 수 있다. 또한 겸손의 미덕을 갖추고 있으면 돌이킬 수 없는 무모한 일로 인해 우리 모두가 다칠 수 있다는 사실을 떠올릴 수 있다. 이 모든 것을 고려했을 때, 리더라면 우리 사회 구성원을 위해 겸손의 미덕을 갖추는 일부터 잘해야 할 것 같다.

사회의 리더가 겸손하지 않은 이유는 겸손과 수치를 혼동하기 때문이다. 그리고 이런 중대한 실수는 결국 트라우마로 남는다. 트라우마에 감염되어 있기 때문에 우리는 수치심뿐만 아니라 종종 분노까지 느끼는 것이다. 상황상 소통하고 타고난 겸손을 발휘해야 하는데도, 그런 상황을 분노나 수치의 렌즈를 통해 들여다본다. 분노의 렌즈로 본다면 타인을 오만하고 공격적이라고 판단하게 되고, 수치의 렌즈로 본다면 타인을 피하게 된다. 때때로 이런 회피 행위는 마치 사람이 물에 빠져 허둥거리는데 그 끔찍한 장면을 보지 않으려 미친듯이 몸부림치는 것에 더 가깝다. 하지만 이 미친 듯한 몸부림은 공격적인 행위와 구분이 안 되며, 두 가지 모두 근처에 우연히 있던 사람들에게 상처를 준다.

이런 식으로 우리의 고통은 어떤 형태를 띠든 무기화된다. 고통이 무기화되면 다른 사람에게 상처를 주게 되고, 그 상처는 종종 수치심을 주는 형태를 띤다. 때로 이런 무기는 아이들을 부모와 떨어뜨려 수용소에 가둬놓는 등 더욱 잔인한 형태를 띤다. 무기가 어떤 형태이든, 결국은 트라우마가 승리를 거둔다. 세상에 고통이 더 늘어날수록 수치와 분노도 더 늘어나고, 이런 전체 사이클이 계속 끊임없이 돌아가면서 속도가 붙는다.

우리의 근본적인 문제는 이를 직시하고 스스로와 타인에게 책임을 묻기 전까지는 해결되지 않는다. 맞다고 우기는 대신 타협하는 쪽으로 좀 더 방향을 틀면 어떨까? 정부, 업계, 종교계 등의 리더에게 트라우마 사이클에 대처하고 겸손과 도의를 우선시하라고 어떻게 요구하면 될까? 방금 언급한 해결 방안은 우리 손 닿는 가까이에 있지만, 살면서 바꾸고자 하는 대부분의 일이 그렇듯, 일단 우리 자신부터 바뀌어야 한다.

✓ 해법 **인간의 핵심 가치 기억하기**

수천 년 동안 동고동락한 한 민족 집단을 상상해보자. 몇 세대 전 이 집단이 두 개의 부족으로 갈라져 지금은 서로를 공통점이 전혀 없는 적으로 본다. 이들이 현재는 다른 곳에 살기 때문에 한 부족은 강의 신을 숭배하고 다른 부족은 해의 신을 숭배한다. 가뭄이 날 때마다 강의 신을 숭배하는 부족은 해의 신을 숭배하는 부족민들을 납치해서 물에 빠뜨린다. 또 홍수가 나면 해의 신을 숭배하는 사람들이 강의 신을 숭배하는 사람들을 납치해 화형대에서 불태운다. 이렇게 희생 제물을 바치는데도 가뭄과 홍수는 계속 일어난다. 실은 더 악화되는 것도 같다. 이유는 박해의 신은 존재하지 않기 때문이다. 강의 신도 해의 신도 박해의 신은 아니다. 박해에는 어떠한 가치도 해결책도 없다. 고통만 있을 뿐. 그리고 고통은 더한 고통을 낳는다.

이 이야기는 종교를 비판하는 것이 아니다. 내 생각에

세계 종교의 핵심 가치 대부분은 따를 만한 덕목을 가르치고 있고, 특히 연민과 공동체 정신, 인간애를 강조하는 종교의 경우 더욱 그렇다. 종교적 가치 자체는 문제가 되지 않는다. 문제는 이런 종교적 가치를 인식할 수 없을 정도로 비틀어버릴 때 생긴다. 트라우마가 생기면 우리는 이런 가치를 비틀어버리게 되는데, 트라우마가 우리의 가치를 왜곡하고 이런 왜곡된 가치를 다른 사람들, 특히 우리와 다르고 연약한 사람들을 대할 때 무기로 쓰기 때문이다.

박해는 연민과 공동체 정신, 인간애와는 정반대이며, 그래서 우리는 박해가 (노골적이고도 은밀하게) 드러내는 모든 방식을 속속들이 알고 있어야 한다. 근무 시간을 시간 외근무 수당을 받을 수 있는 바로 직전까지만 유지한다든지, 공무원으로서 권력을 남용한다든지, 또는 황폐화된 고국을 떠나 미국에 난민 자격을 신청하는 사람들을 처벌하는 행위든지, 사회적 박해 행위는 우리 세계가 지지해야 할 연민과 공동체 정신, 인간애를 파괴한다. 오직 트라우마와 그 공범 그리고 이것들이 야기하는 고통만이 우리의 생득권이자 민주주의 국가의 기반인 진실과 존엄의 가치를 분간할 수 없게 비틀어버릴 수 있다. 우리는 이보다는 낫다. 이보다는 더 잘할 수 있다.

　암과 자동차 사고 그리고 지진과 바이러스로 인해 주위에 트라우마가 양산되어 돌아다닌다. 트라우마를 계속 만들어낸다면 이제 우리는 종말을 맞이할지도 모른다. 다행히 우리에게는 여전히 이 문제에 대한 선택권이 있다. 그저 우리는 "더 이상은 안돼!"하고 단호하게 말하고, 같은 지구 시민으로서 핵심 가치를 기억하면 충분하다. 내가 내놓은 처방은 일반적인 해법이니 각자 상황에 맞게 바꾸기 바란다. 만약 연민, 공동체 정신, 인간애에 대한 믿음이 있다면, 우리 모두를 위해 이런 가치를 삶의 최전방에 가져다놓을 방안을 부디 찾아봤으면 한다.

사람을 죽인 공격과 사람을 살린 공격

25년 전 태국과 미얀마 사이의 국경을 따라 여행하던 중에 다양한 숙박객이 묵고 있는 게스트하우스에서 시간을 보내게 되었다. 세계 각지의 여행객들, 예컨대 중국과 라오스의 난민들, 보물을 찾아 나서는 모험가들, 마약 운반책 그리고 소수의 선교사들이 이곳을 거쳐 갔다. 그곳에 묵던 어느 날 밤, 장기 투숙객 한 명이 양 국가를 가르는 강 위에 우뚝 솟은 절벽 아래로 또 다른 장기 투숙객을 밀어버린 일이 일어났다. 나중에 알고 보니 절벽 아래로 밀어버린 사람의 방에서 돈을 훔치려고 저지른 사건이었다.

 게스트하우스의 주인은 이 사실을 알아내자 이 피해자를 찾으려고 뛰쳐나갔다. 주인은 절벽에서 떨어지면 목숨을 건질 수는 있지만, 강 물살 때문에 하류로 휩쓸려갈 수 있어 도움이 필요하다고 했다. 나는 어느새 주인의 오토바이 뒤에 타서 도울 일이 있는지 알아보려고 하류 쪽으로 쏜살같이 가고 있었다.

 목적지에 도착해 오토바이에서 내린 후 강둑을 뒤진 지 겨우 몇 분 지났을까. 게스트하우스 주인이 갑자기 내 복부를 세게 치는 바람에 나는 속수무책으로 자빠지고 말았다. 진흙탕에 누워 숨을 고르려 애쓰다 주위를 둘러보는데, 바로 내 옆에 주인도 같이 누워 있는 것이었다. 주인은 내게 조용히 꼼짝 말고 누워 있으라는 몸짓을 한 다음, 귓속말로 출발하기 전에 미리 알았어야 할 정보를 알려주었다. 내가 반대편 강둑에 손전등을 비추었는데, 과거 그 정도의 불빛이라면 미얀마 보초병이 총으로 쏘고도 남았다는 거였다. 그래서 주인은 내 생명을 구하려고 나를 넘어뜨렸던 것이다.

 우리는 피해자를 찾지는 못했다. 미국에 돌아온 후, 그의 시신이 멀리 강 하류에서 발견되었다는 소식을 들었다. 잔인무도함 때문에 그는 죽었지만, 그날 밤 내가 살 수 있었던 이유는 아마도 주인이 위험을 무릅쓰고 나를 구해주었기 때문이다. 살인자에 관해서는 더 이상 소식을 알아내지 못했지만, 아마 그의 트라우마 이력은 구구절절 길 것이라 예상한다. 살인 행위 뒤에 이어진 트라우마 역시 봇물처럼 터져 나왔다. 절벽에서 살인자에 의해 밀려 떨어진 피해자의 육체적, 정신적 고통과 그의 약혼녀에게 따라온 상실감(피해자는 난민인 그녀를 부양하고 있었다), 피해자 가족의 슬픔과 혼란 등, 트라우마는 트라우마에서 오고 트라우마는 트라우마를 낳는다.

누군가 여러분의 목숨을 구하려고 위험을 무릅쓴 적이 있는가? 다른 사람을 보호하려고 여러분이 위험을 무릅쓴 적이 있는가? 다시 한 번 더 그럴 용의가 있는가? 누구를 위해 자신의 희생을 불사할 것인가? 또 누구를 위해서는 희생하지 않을 것인가?

✓ 해법 **타인에게 마음의 문 활짝 열기**

사람이 취약한 상태일수록, 트라우마에서 회복하기는 더욱 어려워질 수 있다. 편견이 넘치고 만족할 만한 지원이 부족한 세상에서 사회에서 인권을 박탈당했거나 차별당하는 사람은 도움을 요청하거나 받을 때 더한 난관에 부딪친다. 이런 상황에서 기본권을 보장받는 우리들은 권리를 보장받지 못하는 사람들, 특히 인종차별로 고통받는 사람들을 도울 수 있다. 이를 실천하는 방법 한 가지는 고통받는 사람들이 살아온 인생이 우리와 본질적으로 다름을 이해하고, 그들 내면 깊숙한 곳에 있는 취약성을 받아들이며, 이를 마치 자기 것인 양 느끼려 최선을 다하는 것이다.

최근 뉴스에서 한 흑인 남성이 아들의 안전에 대해 절망과 끔찍한 공포감을 토로하는 장면을 보았다. 그는 아들이 단순히 피부색 때문에 총에 맞지 않을까 걱정이 끊이지 않는 탓에 잠을 이룰 수 없다고 하소연했다. 텔레비전 화면을 통해 다른 사람의 고통을 볼 때 우리는 특히나 이를 외면하기 쉽고, 그 사람과 동질감을 느낄 수 없을 때는 더욱더 그 고통에서 등을 돌리게 된다. 나는 백인이고, 아들도 없으며, 내 아이가 인종차별 때문에 총에 맞을까 걱정하지도 않는다. 어떤 면에서 나는 저 남성과는 전혀 다른 사람이다. 그러나 그런 내가 우리 모두에게 있는 인간애를 끄집어내서 내 마음을 활짝 열어 저 남성의 삶을 받아들이려고 최선을 다한다면, 이런 노력이야말로 이 세상을 연민, 공동체 정신, 인간애로 가득 채우고 트라우마의 횡포를 줄이는 방향으로 한 발짝 나아가는 방법이다.

✓ 해법   **공포 다스리기**

세상이 나쁜 뉴스로 뒤덮인 것처럼 보일 때, 끊임없는 공포에서 벗어나 이런 현상을 받아들이는 자세가 중요하다. 이게 개인적인 문제만은 아닌 것이 우리의 신경계가 다른 사람의 신경계에도 영향을 미치기 때문이다. 특히 우리 아이들, 배우자, 부모님, 친구, 이웃에 관해서는 이 점을 염두에 두면 도움이 된다. 걱정을 이겨내는 데는 한계가 있어서, 일정한 정도를 넘어선 지나친 걱정은 해로운 영향을 미칠 수 있다. 이 책을 쓰는 지금, 세상은 코로나19 팬데믹으로 여전히 몸부림치고 있다. 수백만 명이 바이러스에 감염되었고, 미국에서만 수십만 명의 사람들(전 세계 사망자의 거의 4분의 1이 미국에서 발생했다)이 코로나바이러스로 사망했다. 바이러스로 인해 생겨난 불안은 질병 자체보다 훨씬 빨리 퍼졌고, 공포로 인해 생겨난 여러 다른 문제는 트라우마로 이미 타격을 입은 사회에 훨씬 더 부담을 가중시킨다. 아래에 이런 공포의 열기를 가능한 한 식히고 다스리는 몇 가지 방안을 제시한다.

- **건강한 일상 유지 또는 새로운 일상 계획하기**

잠을 충분히 자고, 운동을 열심히 하며 건강한 식습관을 유지해서 자기 돌봄을 실천해야 한다.

- **노출 줄이기**

공포라는 불에 부채질하기는 쉽지만, 불길이 거셀 때 불을 끄기란 훨씬 어렵다. 미디어 노출과 스트레스를 주는 대화, 부정적인 사고방식에 대한 자신의 허용 한계가 어디까지인지 알아두어야 한다.

- **중요한 것에 집중하기**

자신에게 무엇이 가장 중요한지 곰곰 생각해보고, 그 외 다른 것들은 버린다. 자신의 가치를 잘 살피고, 어떤 행동이 이런 가치에 부합하는지 생각해본다. 하루 날을 정해 자신에게 가장 중요한 일에 되도록 많은 시간을 쓸 수 있도록 계획한다.

- **도움 요청하기**

그 누구도 혼자서 모든 일을 다 해낼 수는 없다. 연민, 공동체 정신, 인간애 역시 다른 사람들에게 손을 내밀어 도움을 요청하는 것이다. 공포로 인해 피해를 입기 시작한다면, 반드시 가족 구성원과 친구, 또 정신 건강 서비스 또는 공동체 안에서 신뢰하는 다른 기관에 연락하여 도움을 청한다.

✓ 해법　**빠른 해결책 피하기**

우리 대부분은 손끝에서 바로 나오는 답에 익숙하다. 즉 문제가 생겼을 때 직접적이고 간단한 해결책을 기대한다는 것이다. 6장에서 의료 분야의 이런 경향이 빚어낸 악영향에 대해 언급했지만, 사실은 우리 대부분 역시 복합적인 문제가 생겼을 때 단기적 해결책에 쉽사리 의존하는 경향이 너무 많다. 결국 그런 해결책은 효과가 없고, 우리에게는 처음보다 더 어려워진 문제만 남는다.

우리는 배고프면 가장 가까이에 있고 가격도 싼 정크푸드를 먹는다. 배고픔은 조금 해소될지 몰라도 이런 습관이 계속되면 비만, 심장 질환, 당뇨병 등이 찾아온다. 미디어에서 아이들이 학교 친구들을 살해하는 소식을 전달할 때는 공포에 질려 화면을 보면서, 미래 우리 아이들의 안전을 보장하는 데는 무용지물인 총기 소지 권리에 관해서는 끝장 토론을 한다. 실제로 돈을 손에 쥐기 전에 돈을 써버리니 끝없는 부채의 나락으로 빠지고, 결국 빚을 다 갚는 날은 오지 않는다. 삶에 대한 관점과 접근 방식이 다른 사람들을 만날 때, 이들을 관심과 호기심으로 대하는 대신 따돌리거나 모욕하거나 비하하며, 어떤 경우에는 이들의 기본권을 부정하기도 한다. 그러면서 정작 우리는 미끼용 링크에 잘 걸려들고 살 생각이 없었던 물건을 구입하기도 하며, 괴로운 내용의 뉴스 기사를 형식만 달리해서 반복적으로 본다.

때로는 이런 우리의 행동을 잘 관찰하고 고치는 것이 살아가는 데 도움이 된다. 현재 겪고 있는 스트레스의 원인이 무엇이든, 고려하고 있는 선택지로 실제로 닥친 문제를 풀 수 있을지 최선을 다해 분석해봐야 한다. 세상은 물론 우리 자신과 타인을 돌보려면 때때로 우리의 행동과 믿음을 재고할 필요가 있다. 그래야 우리가 함께 겪는 트라우마를 누그러뜨릴 수 있고, 미래에 트라우마가 발생하는 것도 방지할 수 있다.

3부

우리 뇌 사용설명서

십억 개의 별이 밤새 하늘을 돌며 저 높이 머리 위로 반짝인다.
그러나 당신 안에는 이 모든 별이 사라지는
그 미래의 모습이 있다.

라이너 마리아 릴케 Rainer Maria Rilke, 〈영광의 붓다Buddha In Glory〉

10

트라우마가 생각에 저지르는 행각

나는 30대 중반에 이미 두 개국, 네 개 기관에서 5년간의 대학 과정을 마쳤고, 의학 대학원까지 졸업한 후 병원에서 정신과와 신경과 수련을 끝마쳤다. 이 모든 과정과 경험을 끝마친 후에야 나는 비로소 그동안 배운 교훈은 고작 중학교 때 다 배웠어야 할 내용임을 깨달았다.

내가 배운 교훈을 얘기하면 이 책의 내용과 상당히 비슷해질 듯하다. 기분, 감정, 정서(더 자세한 내용은 11장에서 설명하겠다)의 중요성은 물론, 이 세 가지가 논리를 억누르고 우리의 기억을 변화시키며, 심지어 기억이 의미하는 바를 바꾼다는 사실을 알려줄 것이고, 또한 여기에 더불어 트라우마가 얼마나 전염력이 강한지 설명하고, 불행이라는 대규모 오케스트라의 보이지 않는 지휘자 역할을 하는 트라우마를 얘기할 것이다. 이뿐 아니라 수치심과 그 공범들이 우리 뇌를 어떻게 장악하는지 그리고 트라우마가 얼마나 쉽게 우울증, 중독, 공포로 인한 고립을 불러오는지, 또 가정에서 지역 사회, 나라, 세계로 그 범위가 커지는 폭력의 사이클이 얼마나 잘 생기는지 밝힐 것이다. 이런 몇 가지는 어린 학생들이 학교에서 (물론 그들의 눈높이에 맞춰서) 일찍부터 배워야 할 내용에 지나지 않는다. 일단 나는 이 내용을 "우리 뇌 사용설명서"라고 부르겠다.

논리, 정서 그리고 기억

스스로를 대체로 논리적 동물이라 생각하고 싶겠지만, 사실 우리 뇌는 논리와 정서를 각각 사용하는 것에 있어 복잡한 시스템을 가지고 있다. 이 두 시스템에 입력된 정보는 우리가 결정을 내리도록 뇌에서 통합되어야 하는데, 만약 두 시스템이 같은 명령을 내린다면 결정하기가 상당히 쉽다. 마치 두 명이 같이 먹을 아이스크림 맛을 딱 한 가지만 선택해야 하는 상황과 비슷한데, 둘 다 같은 맛을 원한다면 문제될 게 전혀 없다. 그런데 두 명이 다른 맛을 원한다면? 여기서부터 상황은 재미있어진다.

궁극적으로 정서는 논리보다 뇌의 더 깊숙한 곳에 자리하고 있는데, 그 이유는 우리의 정서적인 측면이 진화적 측면에서 더 오래되었기 때문이다. 이 말은 곧, 중요한 문제에서 우리 뇌가 두 장의 표를 집계할 경우(한 표는 논리가, 한 표는 감성이 행사), 우리 뇌는 기본적으로 정서에 투표하는 쪽으로 기운다는 뜻이다. 예를 들어 사랑하는 사람이 불이 난 건물에 갇힌 경우, 논리는 건물 안에 들어가면 안 된다고 말하지만 정서는 건물 안으로 뛰어들라고 부추긴다. 살아남을 확률이 희박한데도 타인을 살리려고 위험을 불사했다는 미담이 들려오는 것도 다 이 때문이다.

물론 뇌는 단순히 모 아니면 도라는 의사 결정 방식보다 좀 더 미묘하고 복잡하게 움직인다. 가능하다면 논리와 정서를 모두 통합하는 방향으로 일을 진행한다. 방금 언급한 아이스크림 시나리오를 다시 보자면, 논리가 초콜릿 맛을 원하고 정서가 바닐라 맛을 원할 경우, 이 사람은 각각 한 스쿱씩(또는 감성이 한 수 위에 있으니 초콜릿 맛은 작은 스쿱, 바닐라 맛은 큰 스쿱으로)뜬 아이스크림을 들고 아이스크림 가게를 나설 것이다. 만약 타협이 확실하게 이루어지지 않을 경우, 우리 뇌는 논리더러 실제 결정을 내릴 때까지 혼자 생각해보도록 허락하지만, 정서는 논리가 생각하는 동안 은밀하게 파고들어 발언권을 갖는다. 가령, 논리는 초콜릿을 원하고 정서는 바닐라를 원할 때 논리는 이런 주장을 펼친다. '우린 초콜릿 아이스크림을 한동안 못 먹었잖아. 그리고 다들 이 집 초콜릿 아이스크림이 우리 동네에서 최고라고 한다고.' 반면 정서는 뒤에서 초콜릿 아이스크림이 열량이 더 높고 종종 잠을 잘 무렵 구역질을 일으킨다고 속삭인다. 이게 사실이 아닌데도 말이다. 논리의 주장이 충분히 설득력이 있기 때문에 뇌는 이미 논리 쪽으로 마음이 기울었다. 그런데 아이스크림 가게로 가는 길에 뇌는 딴 생각을 하기 시작한다. 그리고 카운터 앞으로 가서는 생각할 틈도 없이 바닐라 맛 두 스쿱을 주문한다.

트라우마는 우리의 정서를 바꾸고, 바뀐 정서는 우리의 결정을 지배한다.

이게 어찌된 일일까? 사실을 말하면, 정서가 내내 뒤에서 속삭이며 바닐라 아이스크림을 먹고 싶은 욕구가 생기도록 온갖 술수를 썼고, 우리 뇌는 실제로 정서가 얘기하는 것을 의식 표면 바로 아래에서 듣고 있었다. 정서는 이런 식으로 자기 목적을 달성하는데, 우리는 종종 정서가 하는 말이 얼마나 그럴싸한지, 또 그 힘을 어떻게 자기한테 유리한 쪽으로 행사하는지 알아차리지 못한다.

수치심과 트라우마의 다른 공범들도 바로 이런 식으로 우리가 알아차리지 못하는 사이에 목적을 달성하는데, 이들이 성공하는 이유는 우리의 정서와 의사 결정 과정에서의 정서적인 측면에 직접적으로 영향을 미치기 때문이다. 우리가 논리에 기반을 두고 결정을 내리는 것 같지만, 실제로는 트라우마에 물든 정서가 우리의 결정을 통제한다. 어쩌면 실패가 두려워 그 좋은 직장에 지원하지 않았고, 자신감이 땅에 떨어졌기 때문에 (시간도 낼 수 있고 본인에게 관심도 있는) 사람에게 데이트 신청을 못 한다. 또 어쩌면 세상에서 건강하고 행복하게 살 자격이 없다고 믿기 때문에 자기 자신을 돌보는 일(바른 식생활, 운동, 충분한 수면 등)을 그만둔다. 트라우마는 우리 정서를 바꾸고, 바뀐 정서는 우리의 결정을 지배한다.

상당히 똑똑하고 매력적인 젊은 여성을 진료한 적이 있다. 이 환자는 남자 친구와 함께 있으려고 대학에서 주는 장학금을 마다했다. 그런데 남자 친구는 술을 지나치게 많이 마셨고, 이 여성에게 상처 주는 말을 했으며, 가끔은 때리기까지 하며 그게 다 네 잘못이라고 뒤집어씌웠다. 왜 다른 기회가 있었음에도 남자 친구와 함께 있기로 했는지 물었는데, 이 환자는 상당히 침착하고 논리적으로 답변했다. 트라우마와 수치심이 이 여성의 뇌를 가로채서 '너는 그 남자보다 괜찮은 남자를 결코 만나지 못할 거고, 지금보다 행복하게 살 자격이 없다'고 구슬렸던 것이다. 그녀가 대학 장학금을 마다하고 살던 곳에 남아 사실상 앞으로 더 나은 관계와 미래에 대한 희망을 모두 저버렸던 것은 어찌 보면 아주 당연한 일이었다.

안타깝게도 이야기는 여기서 끝나지 않는다. 나는 사실 이 환자를 오랫동안 알았다. 어릴 때 이 여성은 자신의 잠재력과 앞으로 살면서 끊임없이 이루게 될 모든 성취에 대해 기대가 컸으며, 건강한 자아상을 가지고 있었다. 자신에게는 모든 사람이 좋아하는 훌륭한 자질이 있다고 여겼고 스스로를 사랑했다. 또한 똑똑하고 재미있었으며 다정했다. 그런데 10대 중반, 부모님과의 관계가 삐끗해지면서 급기야는 가정에서 방치되었고, 그때부터 그녀는 자신에게 부모님의 시간과 관심을 차지할 가치가 없다는 메시지를 주입하기 시작했다. 그녀의 부모님은 딸의 거처와 활동에 더 이상 관여하지 않았고, 그녀 역시 자신의 거처와 활동에 대해 별로 신경을 쓰지 않고 막 나가기 시작했다. 예전이라면 생각해보지도 않았을 위험천만한 일을 저질렀고, 학교에서는 호시탐탐 그녀를 노렸던 몇 명에게 성폭행을 당했다. 이런 일을 몇 차례 겪고 난 후, 이 여성은 자신을 망가졌다고 생각했고, 설상가상으로 모든 것을 다 스스로의 잘못으로 돌렸다.

이 여성은 예전에 스스로에 대해 느꼈던 감정을 다 잊어버렸다. 희망찬 미래를 꿈꾸던 소녀는 이제 그렇지 않다고 설득하는 생각과 정서 때문에 고통받았다. 단순히 이 환자가 스스로 잘 살 가치가 없다고 생각하는 것은 아니었다. 새롭게 등장한 생각과 정서가 자신은 상처받지 않고 살아갈 자격이 없다는 인식을 주입시키는 것이었다. 내가 10대에 처음 알았던 이 젊은 여성은 지금은 저 세상 사람이 되었다. 자살을 한 것은 아니었지만, 정확히 자살이 아니라고 할 수도 없다. 그녀는 스스로를 돌보지 않고 마약을 했으며 이로 인해 "우발적으로" 사망할 가능성이 극적으로 높아졌다.

이 여성이 그전과는 다른 사람이 되었다거나 또는 자기 돌봄을 포기했다고 해서 그녀에게 책임을 물을 일은 아니다. 대신 희생자의 고통에 대해 되려 희생자를 탓하는 등 예상 가능한 패턴으로 작전을 펼치면서 모르는 척하는 트라우마와 사회에 책임을 물어야 한다고 본다. 우리는 '사는 게 다 그래. 어떤 사람들은 이런 식으로 죽을 운명을 타고난 거야'라는 몰인정한 생각을 당연하게 받아들이지만, 나는 그렇지 않다. 이 여성의 죽음은 전적으로 막을 수 있었다. 그 죽음을 되돌릴 수는 없지만, 나는 이 여성을 비롯해 비슷한 운명으로 고통을 당한 다른 이들을 위해 정의를 바로 세우고 싶다. 그 일은 트라우마를 직시하고 이런 끔찍한 광기를 멈추게 하는 것으로부터 시작된다.

인지 가림막: 트라우마가 세워놓은 거대한 벽

트라우마로 생기는 가장 끔찍한 여파 중 '가림막'이라는 것이 있다. 이 가림막은 트라우마가 도둑질을 하려고 우리 뇌 속에 은밀히 설치하는 것이다. 도둑이 어떤 집 앞에 거대한 벽을 세운 다음 딱 집 앞부분처럼 보이려고 벽에 페인트칠을 했다고 상상해보자. 지나가는 사람들은 벽을 보고 똑같은 집이고 모든 것이 괜찮다고 생각하지만, 도둑은 실제 집 안에 들어가 물건을 훔치려고 벽 뒤에서 은밀히 작전을 수행한다. 트라우마는 도둑이고 가림막은 도둑이 훔치려는 대상 앞에 세우는 벽과 같다.

가림막이라고 하면 보통 시각적인 이미지를 떠올리지만, 여기에서 가림막은 특정 지식이 뇌 속에서 차단된 상태를 설명하려고 비유적으로 쓴 표현이고, 차단이 너무 잘 된 나머지 지식이 애당초 그 자리에 있었던 것조차 기억하지 못하는 상태를 가리킨다. 그리고 사람은 보통 존재조차 기억 못 하는 것을 찾아 나서지는 않는다. 이런 식으로 우리는 자신이 좋은 사람이고 행복을 누릴 가치가 있으며 친절하게 대접받아야 하고 어떤 식으로의 학대와 폭력도 용납하면 안 되는 사람이라는 인식을 잃어버린다. 스스로는 전에 알았던 모든 것을 그대로 다 알고 있고, 계속 배움을 축적해 나간다고 믿겠지만 트라우마가 침범하면 얘기가 달라진다.

트라우마를 끊임없이 겪는 사람들에게는 어떤 형태이든 인지 가림막이 자리하고 있다.

5장에서 언급한 인생의 지도를 기억하는가? 자신이 현재 보는 지도가 예전에 사용하던 지도와 같다고 생각하겠지만, 중요한 정보가 지워졌다 해도 이를 전혀 알아채지 못한다. 사실 그 지도는 우리를 용이 있는 곳으로 유인하려고 위조되었지만, 정작 우리는 이런 일이 일어났다는 것을 꿈에도 생각하지 못한다. 가장 정확하고 쓸모 있는 지도를 가지고 있어도 인생을 항해하기란 여간 어려운 일이 아니다. 그런데 인생이라는 복합체에 인지 차단막이 더해지면 우리가 살아남을 확률은 곤두박질친다. 주된 이유는 우리 안전과 행복을 저해하는 가장 심각한 위협이 보통 눈에 보이지 않는 것들이기 때문이다.

최근 아이들과 기차 박물관에 가서 한 전시물을 관람했다. 이 전시물이 강조하는 내용은 반드시 철길을 건널 때 양쪽을 보고, 모든 기차가 지나가는 소리를 들어야 한다는 것이었다. 즉 신경을 더욱 기울여 왼쪽 오른쪽을 잘 살피고 라디오 볼륨을 줄여서 주위 소리를 잘 들어야 한다는 안전 수칙이었다. 무엇보다 중요한 사항은 반드시 기차가 맹렬하게 돌진해오지 않는지 확실하게 살핀 다음 철길을 건너라는 것이었다. 이런 수칙을 지키지 않았을 때의 결과는 정말 참담하다.

트라우마를 끊임없이 겪는 사람들에게는 어떤 형태이든 인지 가림막이 자리하고 있다. 이 가림막이 있으면 기차 정도의 크기든,

아니면 다른 것이든 인생의 위험을 피하기가 더욱 어려워진다. 따라서 트라우마가 뇌를 변화시키고, (특정 기억을 포함)세상의 중요한 양상을 우리가 보지 못하도록 숨긴다는 사실을 스스로 알고 있어야 한다. 사색(이 책에서 제공되는 사색과 같은 종류), 타인(예컨대 믿을 만한 친구)과 경험과 인식을 나누기, 필요할 때 전문가의 도움을 구하기 등이 여기에 도움이 된다.

세상을 항해할 때는 자신에 대한 정확한 인식은 물론 주변 세상에 대한 명확하고 폭넓은 시각이 절대적으로 필요하다. 트라우마가 우리에게서 훔쳐 간 보물처럼 보이도록 감쪽같이 채색한 벽에서 빠져나올 필요가 있는 것이다. 우리에게는 이 보물이 필요하다. 그리고 트라우마가 스스로 세운 장벽 뒤에서 휘두르는 위협, 예컨대 너는 별로 좋은 사람이 아니다, 사람들이 너를 좋아하지 않는다, 너는 당해도 싸다, 그거 기를 쓰고 해도 안 된다,라고 속삭이는 위협에서 우리는 벗어나야 한다.

인지 가림막은 수많은 방법을 동원해 인생이란 원래 우리가 한때 바랐던 대로 흘러가지 않는다고 설득한다. 트라우마는 우리를 망각하게 하고 틀린 정보를 기억하게 하며 예전이라면 애당초 절대 가지도 않았을 길로 인도한다. 트라우마의 활동을 저지하는 열쇠는 새로 설치된 가림막이 뿌리를 내리지 않도록 하는 그리고 우리 안에 이미 설치된 가림막을 철거할 수 있는 방법을 배우는 것이다.

"누가 나를 선로 위에 눕혀놓았나요?"

하루는 누가 자기를 선로 위에 눕혀놓았는지 아느냐는 전화를 받았다. 나는 뭐라고 답할지 몰라 어리둥절했지만, 긴급 상황이긴 했다.

무슨 영문인지 알아보려고 서둘러 몇 가지를 질문했다. 전화를 건 사람은 내가 담당하는 환자였고, 기차선로 사이에 누워 있는 채로 발견되었다고 했다. 머리 부상 흔적은 전혀 없었지만, 그녀는 발견 당시 의식이 없었다. 근처 산책길에서 달리던 남성이 그녀를 발견하고는 혹시 사망했나 싶어 손을 대보았다고 한다. 여기에 놀란 그녀가 벌떡 일어나 앉아 도와달라고 소리쳤다. 그 남성은 경찰에 전화를 걸었고 그녀를 진정시키려 갖은 노력을 다했지만, 경찰조차도 출동했을 때 어쩌할 바를 몰랐다. 다행히 구급차가 도착하길 기다리는 동안 행인 중 한 명이 그녀에게 전화기를 건넸고, 그래서 내게 전화를 했던 것이다.

"누가 나를 선로 위에 눕혀놓았나요?" 그녀는 이렇게 물었다.

아까도 말했지만 나는 뭐라고 할지 몰라 어리둥절했다. 내가 그 답을 몰라서가 아니라 그녀 역시 답을 알리라 확신했기 때문이다. 범인은 그녀 자신이었다. 바로 그녀 스스로 선로 위에 몸을 눕힌 것이다.

이 환자는 수줍음이 많고 다정한 할머니였다. 어디를 가든 툭하면 뒤로 숨는 분이었는데, 이게 우연히 일어난 일은 아니었다. 대낮에 숨는 것을 포함한 '숨기'는 할머니의 두 번째 천성이었다. 할머니는 살면서 트라우마를 숱하게 겪었고, 그 시련은 일찍부터 시작되었다. '숨기'는 태어난 후 쭉, 필수적인 대처 전략으로 할머니에게 각인되었다. 할머니는 스스로를 위해 평화로운 존재로 살아왔지만, 그 평화로운 삶은 공포와 도피 반응으로 인해, 때로는 아무런 경고 없이, 가끔은 대단히 위험하게 종지부를 찍었다. 기차선로 위에서 무의식 상태로 발견된 것도 다 이런 이유에서였다.

"누가 나를 기차선로 위에 눕혀놓았나요?" 할머니는 또 물었다.

사실대로 말해봤자 아무 소용이 없는 일이었다. 우리 둘 다 이제까지의 상황을 알고 있었지만, 할머니가 내 답변에 수긍할 리가 없었다. 이따금 할머니가 자아 분열증을 심하게 느끼더라도 하나의 마음을 가진 하나의 개체임을 깨닫게 하려고 나는 계속 노력했고, 어느 정도 진전을 보이던 참이었다. 할머니는 심리 치료에 열심히 임했고, 종종 대단한 용기를 내어 스스로가 너무 나약한 존재임을 인정하기도 했다. 그러나 자극을 받으면 이야기는 완전히 달라졌고, 게다가 어떤 극단적인 행동의 계기가 되는 이런 자극은 (잇따르는 공포와 도피 행위는 물론) 전혀 예측할 길이 없었다. 때때로 이런 자극은 누군가 폭행을 당했다는 뉴스 기사를 읽는 것같이 그럴만

하다고 납득이 되는 사건에서 생겨난다. 하지만 때로는 서글퍼 보이는 아이를 보는 것같이 전혀 납득이 안 되는 사건 때문에 자극을 받기도 한다. 이런 일이 일어날 때마다 할머니의 자아감은 여러 개체로 찢어지게 된다.

할머니에게는 여러 명으로 보이는 자아가 있었고, 이 모두는 할머니 자아를 일부분씩 나누어 가졌다. 자아 중 하나는 심한 두려움에 떨며 옷장 속, 침대 아래에 숨어서 무슨 일이 있어도 집을 떠나지 않는다. 또 다른 자아는 집 안에 있는 모든 음식을 먹어치운다. 할머니는 이 두 자아에 대해서는 별다르게 걱정하지 않았지만, 다른 나머지 자아는 어떤 노력을 기울여도 같이 합칠 수 없었다. 이들 중 하나는 화가 나 있고 복수심에 차 있었다. 이 자아는 할머니에게 살 가치가 없다는 등 끔찍스러운 이야기를 속삭였다. 또 다른 자아는 지극히 할머니를 보호해주는 모습으로 나타났다. 이 자아는 할머니에게 저세상으로 가면 지금보다 훨씬 안전할 거라고 말하면서 구슬렸다.

할머니가 내게 그런 질문을 한 것은 다 이 때문이었다. 자기 안에 있는 어떤 자아가 자신을 선로 위에 눕혀놓았는지 알고 싶었던 것이다. 필사적으로 알고 싶었고, 바로 그때, 그 자리에서 내 답을 듣고 싶어 했다.

나는 당장은 할머니를 위로하고, 일어난 정황에 대해서는 나중에 얘기를 나누고 싶었다. 서로 같이 얘기하면 그런 행동을 촉발한 자극적인 사건을 알아낼 수 있고, 그렇게 해서 알아낸 사실은 나중에 할머니에게 도움이 될 것 같았다. 나는 할머니가 그 어떤 자아도 탓하지 않았으면 했다. 왜냐하면 그건 자신의 일부를 꺼내어 없애는 의미였기 때문이다.

"힘드시죠." 나는 이렇게 말문을 연 다음, 정말 진심을 담아 이 말을 여러 번 반복했다. 할머니는 내가 자기 질문에 답하지 않는다고 항의했고, 나는 계속 위로의 말을 했다. 그게 바른 대처였는지 모르겠지만, 어쨌거나 안됐다는 말을 계속했다. 시간이 좀 지난 후 할머니는 말을 멈추더니 조용히 울기 시작했다. 그때 처음으로 이 환자와 진정으로 통했다는 느낌이 들었다.

우리의 마음은 놀라울 정도로 복잡하다. 우리 안에는 스스로를 인식하고 주변 세계를 이해하는 상당히 여러 종류의 방식이 있다. 우리가 건강할 때는 이런 여러 방식을 같이 엮어서 자아의 일치감을 만들어낼 수 있고, 일치된 자아는 이 세상을 항해하는 일관된 행동 양식에 접근할 수 있게 된다. 쉽지는 않지만, 대개는 해낼 수 있는 일이다.

하지만 이 그림에 트라우마가 들어가면 이야기가 완전히 달라진다. 집중하기가 전보다 힘들어지고, 아무리 기를 써서 집중한다 해도 그 집중력은 부정적인 기분, 감정, 정서의 렌즈에서 여과되어 사라진다. 할머니의 경우처럼 이른 나이에 트라우마를 겪으면 이 렌즈에 금이 가면서 인간임을 의미하는 일치된 존재감이 산산이 흩어질 수 있다.

우리 모두에게는 다양한 측면이 있다. 이런 다양한 측면이 각기 다른 자아로 발현되지 않을 수는 있지만, 종종 해결하기 어려운 상충되는 문제를 두고 대립을 벌일 때도 있다. 여러분의 다양한 측면은 무엇인가? 자기 자신 속에서 만나는 성격이나 목소리 중 때때로 어떤 것들 때문에 원하는 방식대로 살아가기가 힘들어지는가? 트라우마는 자아의 여러 다양한 측면이 여러분에게 속삭이는 방식에 어떤 영향을 끼쳤을까?

"난 당해도 싸": 자기 안의 학대자

안타깝게도 요즈음은 너무 많은 사람이 피해자 대열에 속한다. 타인에 의해 공격을 당하거나 이외 다른 방법으로 피해를 입은 경우와 같이 법률적인 의미의 피해를 얘기하는 것인데, 이 경우 이런 사람들은 피해자로 분류되어 자신에게 가해진 범죄뿐 아니라 잇따르는 트라우마에 대해 법률에 호소할 수 있어야 한다. 때때로 피해자가 되는 것은 단순히 불편함의 문제이지만(누군가 내 차의 창문을 부숴서 내가 좋아하는 모차르트 시디를 훔쳐 갔을 때처럼), 때로는 이보다 훨씬 더 심각한 문제(1장에서 언급한 환자처럼 파티에서 나오면서 강간을 당하는 경우)이다. 이런 피해자 유형이나 가해는 지금 이 장에서 언급할 내용이 아님을 분명히 밝힌다.

부정적인 자기와의 대화에 끊임없이 시달리는 사람이 얼마나 많을까?

대신, 나는 사람들이 어떻게 심리학적인 의미의 피해자가 되느냐 하는 문제를 다루고 싶다. 이들은 세상이 자기들을 잡아먹으려고 작정하고 달려든다고 단정하기 때문이다. 물론 이런 생각은 때때로 인지 가림막이 의도한 대로 트라우마가 원인이 되어 나타날 수 있다. 우리는 세상이 원래 위험하다고 보는데, 우리의 가림막은 이런 생각이 맞을 경우에만 우리에게 세상을 보여준다. 바로 선택적 추상화 selective abstraction 가 여기에서 활약한다.

하루의 모든 것이 순조롭게 잘 끝났다고 상상해보자. 아이들은 정말 말을 잘 들었고 모두 일터에서 자기 몫을 해냈으며 집으로 오는 길도 막히지 않았고 집 문을 열고 들어가니 배우자가 당신을 기다리며 당신이 좋아하는 음식으로 저녁상을 차려주었다. 무슨 일이든 기분 좋게 잘 되었다. 자 그런데, 저녁 식사를 하면서 가령 좋아하는 유리잔이나 접시를 깨뜨린 것처럼 일이 틀어졌다. 이때 선택적 추상화는 불행을 물고 늘어지면서 당신과 방금 일어난 일에 대해 새로운 이야기를 짜내기 시작한다. 오늘은 결국 그다지 좋은 날이 아니었고, 당신은 항상 일을 망치는 바보 같은 인간이며, 제대로 되는 일이 하나도 없다고 주장하며 이를 납득시킨다. 이게 바로 내가 말하는 피해자 근성 victim mindset 이다.

 이런 근성의 가장 악의적인 측면은 있지도 않은 증거를 만들어내는 것이다. 예컨대 포상을 받고 승리의 기쁨을 누렸던 그 많은 순간은 무시하면서 자기가 일에서 소외되었던 모든 순간만 선택적으로 나열하고, 스스로에게 너는 네 일에서 실패할 운명이라고 단정 짓는다. 한마디로 자신에 대해 새로운 신화를 쓰고 있고, 이 신화에는 항상 감당이 안 되는 괴물과 불가사의한 힘이 등장한다. 이것이 바로 트라우마의 훌륭한 기술로, 우리에게 (신의 분노나 운명의 장난으로, 또는 잔인하게도 신뢰하는 사람으로부터) 트라우마를 숱하게 겪게 될 운명이라는 믿음을 심어준다.

 이런 유형의 피해자 근성을 가지고 있는 사람들이 생활에 전혀 전념하지 못한다면 그것도 큰일이지만, 보통 피해는 이보다 훨씬 크다. 내재화된 피해자는 내재화된 학대자를 필요로 하는데,

자기에 대한 부정적 편견을 확인하고 자기 파괴 행위에 돌입하는 것이 트라우마를 겪는 마음의 학대적인 측면이다. 자기 안에서 학대자와 동거하는 사람들이 얼마나 많을까? 부정적인 자기와의 대화self-talk에 끊임없이 시달리는 사람들이 얼마나 많을까? 막을 수 있는 문제도 마치 이미 일어나기로 정해진 문제로 받아들이는 사람들이 얼마나 많을까? 고통스러운 일이 일어날 때마다 "난 당해도 싸"하고 체념하는 사람들이 얼마나 많을까? 고통받는 게 좋아서 이러는 건 아닐 것이다. 트라우마가 우리를 속여 세상과 그 속에서 사는 우리 자신에 대한 허위 사실을 받아들이도록 유도하기 때문이다.

막상 가림막이 많고 안전을 보장해주는 경계선이 거의 없는 상태로 살기 시작하면 건강과 행복을 위협하는 요소가 곳곳에 도사리게 된다. 이런 위협은 이야기 속에서 우리를 잡아먹으려고 기다리고 있는 괴물 같은 형태가 아니라, 일반적으로 담배와 술, 기회 상실, 무모한 운전, 정기 건강검진 소홀, 병원 진료 불참 등의 형태로 나타난다. 이런 위협은 대부분 피할 수 있지만, 트라우마는 어쩔 수 없이 그런 선택을 해야 한다고 꼬드긴다.

신화와 맞짱을 뜨기란 쉽지 않겠지만, 트라우마로 인해 이런 유형의 가림막이 세워진다는 것을 이해하면 쉽사리 악몽으로 빠져들지 않게 된다. 삶이 더 이상 나아지지 않을 거라고 스스로 인정하지 않아도 삶은 그 자체로 힘들다. 거짓 진실이 트라우마 바이러스를 사방에 퍼뜨리려고 기회를 노릴 때 이를 알아내는 법을 배웠으니, 이제 알맞게 대처하는 해법을 소개하겠다.

✓ 해법 **채널 바꾸기**

천방지축인 뇌를 가지고 씨름하지 않아도 삶은 스트레스로 가득하다. 때로 아주 골치 아픈 문제에 마주치면 우리 뇌는 이 문제를 놓지 않겠다고 고집을 부리는데, 이는 트라우마에 점령된 뇌에서 분명 흔히 일어나는 일이다. 이렇게 되면 마치 같은 생각을 계속 반복하는 것이 문제를 푸는 데 도움이 되기라도 하듯, ("나는 직장을 잃을 거야…… 도대체 무슨 일을 이따위로 한 걸까?") 같은 말을 되뇌며 끝없는 인지 회로에 갇혀버린다. 이런 상황에서는 뇌의 불안 중추가 뇌 전체를 점령해 내면의 대화를 통제하고 부정적인 기분, 감정, 정서를 잔뜩 쏟아내기 시작한다. 다행히 실용적인 기법을 적용하면 이 채널을 바꾸는 데 도움이 된다.

- 한 가지 방법은 벽에 걸린 시계에서 가능한 많은 디테일을 잡아낸다거나, 푹 빠져 볼 수 있는 다큐멘터리를 시청한다거나, 사춘기 때 본 좋아하는 영화를 다시 보는 것 등 단조롭거

나 재미있거나 우스꽝스러운 것으로 주의를 돌리는 것이다. 이런 활동을 하면 자칫 생산적인 생각과 필요한 수면까지 차단할지 모르는 생각의 화물 열차를 멈출 수 있다. 일단 여세가 바뀌면 전보다 쉽게 자기 생각을 조절할 수 있는 경우가 많다.

- 이 방법이 통하지 않으면 불쾌하거나 해로운 것에 주의를 기울여본다. 즐겁지는 않지만, 현재의 생각을 멈추게 하는 데 상당히 효과적이다. 한 가지 예를 들자면 끔찍하게 싫어하는 음악으로만 재생 목록을 짜보는 것이다. 괴롭지만 이렇게 하면 다른 것에 신경을 쓰는 게 거의 불가능하기 때문에 이 방법은 생각을 리셋하기에 아주 효과적이다.

- 좀 더 과격한 방법이 필요하다면, 머리를 차가운 물에 담가보자. 거의 효과를 볼 수 있다. 이 방법은 '포유동물 잠수 반사'라는 기능을 자극하는데, 생각을 멈추게 할 뿐 아니라 평정심을 고취하는 데도 효과가 있는 것으로 알려져 있다.

우리 뇌가 천방지축 행동하면서 한 채널에 필요 이상으로 훨씬 오래 머무는 현상은 불가피한 일이지만, 실은 여기에 대해서도 뭔가 조치를 취할 수 있다.

트라우마는 부정적인 기억만 부각시킨다

동생의 자살 이후 나를 덮친 충격과 슬픔은 모든 것을 싸그리 태워버렸다. 나는 스스로에게 화가 났고, 자신감은 저격당했다. 나는 다른 사람들을 또 잃게 될까 두려워하며 끊임없이 전전긍긍했다. 불안을 느꼈고, 온갖 형태의 근심과 좌절로 고생했다. 다시 말해 동생을 잃은 트라우마는 내 생각을 완전히 바꾸어놓았다.

트라우마 때문에 인간의 내면은 쉽게 황폐화되고, 우리가 사는 곳과 바깥세상을 의심하게 되며, 부정적인 기억만 부각되고 긍정적인 기억은 희미해진다. 나는 이 모든 일을 직접 겪었다. 트라우마는 마치 시소 반대편에 앉은 거인 같아서, 우리를 곤경에 빠뜨려 오도 가도 못하게 하면서 지면에 발도 닿지 못하게 할 수 있다.

그렇긴 하지만 외부의 도움과 자기 돌봄의 힘으로 우리는 시소를 다시 땅 쪽으로 기울일 수 있다. 나의 경우, 내면에 간직한 선에 대한 믿음과 남을 돕는데 헌신하는 것이 명예롭고 가치가 있으며 훌륭하다는 믿음으로 시소를 반대 방향으로 기울였다. 바로 이런 노력으로 내 삶의 방향이 바뀌었고 나는 결국 의과 대학원에 진학하게 되었다.

11

변연계: 울고 웃고 기억하는 모든 것

우리 몸은 여러 다른 시스템으로 구성되어 생활에 필요한 다양한 기능을 수행한다. 움직임과 관련된 시스템 덕분에 우리는 걷고, 물 잔을 집어 올리고, 숨을 쉬며 빛을 더 받아들일 수 있도록 동공 크기를 조정할 수 있다. 내분비계는 우리 몸에서 수백만 개의 메시지를 전달하는 혈류 내 호르몬을 조절한다.

이번 장에서 언급하려는 시스템은 뇌에서 중요한 일을 담당하는 여러 영역으로, 대부분 정서와 관련된 부분이다. 논리적인 부분, 예컨대 계산하고 여행 중 이동할 때 길을 찾는 능력은 인간에게 중요하지만, 우리의 인생 경험은 변연계를 통해 정의된다. 논리는 우리 삶의 일부분을 차지할 수 있지만, 삶의 핵심은 변연계, 즉 기쁨,

자랑, 슬픔, 수치 등의 감정에 뿌리내리고 있다.

당연히 기억을 형성하고 저장하는 데 변연계가 중요한 구실을 한다. 사실 기억을 결정하는 뇌의 일부는 실제 변연계의 일부이다. 이 사실을 통해 우리가 어떻게 지금 이 모습을 한 인간이 되었나를 분명히 알 수 있다. 변연계는 삶에서 무엇이 중요한지, 다시 말해 무엇을 기억하고 그것을 어떻게 기억할지 결정한다. 즉 미소 짓거나 찡그리거나 울거나 웃었던 기억을 이어가면서 삶을 돌아볼 때마다 우리의 변연계가 활발하게 활동하는 것이다. 정서는 기억을 만들고, 기억은 정서를 깨운다.

존 F. 케네디 대통령이 댈러스에서 암살당했던 시기를 겪은 미국 국민이라면 그 뉴스를 들었을 때 본인들이 있던 장소를 여지없이 기억한다. 9·11 테러사건 때도 마찬가지다. 우리 뇌는 모든 종류의 기억을 부호화하지만, 우리에게 부정적인 영향을 끼친 사건일수록 그 기억은 훨씬 오랫동안 생생하게 남아 있다. 이 점은 진화론에서 말하는 적자생존의 관점으로 생각한다면 이해가 잘 된다. 9·11 테러사건이 일어났을 때 어디에 있었느냐는(나의 경우 오래된 원룸 아파트) 자신의 미래 생존에 도움이 안 될지 몰라도, 강도를 당했던 주변 환경을 기억하는 것은 앞으로 그런 피해를 당하지 않기 위해서라도 필요하다.

하지만 고맙게도 나쁜 사건만이 그런 강렬한 기억을 남기는 것은 아니다. 나의 친할머니는 어린 시절 1차 세계대전이 끝났을 때 부모님이 깨워서 밖으로 나가 냄비와 팬을 두드렸다는 이야기를 해주시곤 했다. 한밤중에 소음을 내며 이웃 전체가 즐겁게 동참했던 것이 할머니에게는 너무나 특별한 기억으로 남아 있었던지 70여 년이 지난 후에도 그날 밤을 경이롭게 떠올리셨다. 우리 모두는 아이가 태어난 날, 사랑하는 이가 전쟁터에서 돌아온 날, 항암치료가 잘 듣고 있다는 소식 등 긍정적인 일도 선명하게 기억하고 있다.

변연계는 정서의 힘에 상당히 많이 좌우된다. 이런 정서는 기억의 강도를 결정하지만, 편견이 없지는 않다. 물론, 살면서 경험하는 아주 가치 있는 일이 중요하긴 하지만, 나쁜 일을 기억해야 우리가 계속 살아남을 수 있다. 우리 인간과 인간의 직계 조상들은 수십만 년 동안 수렵 채집인으로 살았다. 새로운 계곡이나 숲에 들어갈 때마다 어떤 열매와 뿌리, 버섯이 가장 맛있고 허기를 달래주는지 기억하는 것도 좋겠지만, 이보다는 어떤 것을 먹으면 설사나 구토를 하는지 기억하는 것이 절대적으로 중요하다.

그렇다면 왜 트라우마가 우리 기억에 그토록 깊숙이 파고드는지 이해가 갈 것이다. 우리의 변연계는 우리를 지키려 애를 쓰지만, 그런 보호는 공포와 수치에 물들 수 있다. 논리계가 관여하지 않으면, 우리 기억은 잘못된 믿음에 의해 뒤틀릴 수 있는 것이다.

이런 경향은 우리를 최대한 지키려는 것이긴 하지만, 자칫하면 건강을 해치고 불행을 야기한다.

기분, 감정, 정서는 어떻게 다른가

이 세 개의 단어는 종종 서로 혼용되기도 하지만, 여기에서는 트라우마가 변연계에 어떤 작용을 하는지 설명을 해야 하므로 셋을 구분 짓고 싶다. 먼저 기분부터 시작해보자. 기분이란 우리의 의식적 선택 없이 만들어진 내적 경험을 말한다. 기분은 무의식적으로 생겨 우리 뇌와 몸을 통제할 수 있다. 모퉁이를 돌아 아주 좋아하는 사람을 만났을 때와 같은 긍정적인 경험에서도 분명 우리는 기분을 느낄 수 있다. 갑자기 행복감이 몰려들면서 뜻밖의 즐거움이 생긴다. 예컨대 장 볼 물건을 생각한다거나 하는 뇌 속에서 그전까지 진행되던 일이 갑자기 사라지고 대신 그 자리가 행복감으로 가득 차 머리부터 발끝까지 변화가 생긴다. 이런 변화는 단 몇 분 안에 사라지지만, 때로는 며칠 동안 기운을 북돋아주기도 한다.

> 주변 세상이 빠르게 움직이기 때문에 우리 뇌는 빠르게 회전하도록 만들어졌다.

기분이 좋아지는 것은 멋진 경험이지만, 반대로 기분이 나빠진다면 얘기는 달라진다. 다른 신체적인 변화와 더불어 공포와 수치심 같은 부정적인 기분은 뇌의 기억 메커니즘을 동원하여 그날의 사건을 기록하지만, 그 기록은 우리의 안전과 생존을 위해 편집된다. 중학교나 고등학교 때 공개적으로 망신을 당해봤던 사람이라면 좀 더 쉽게 이해할 수 있을 것이다. 전체 학급이 보는 앞에서 수학 문제를 풀고 있다고 상상해보자. 칠판에 문제를 풀고 있는데, 실수로 분필을 떨어뜨렸다. 그런데 이걸 줍는다고 쭈그리고 앉았다가 바지가 찢어지고 말았다. 모두 당신을 가리키며 웃는다. 우리는 이런 망신당한 경험을 훨씬 선명하게 기억할 뿐 아니라, 망신당할 때 함께 있던 친구들을 특히 피하고 싶고 심지어 사람들 앞에 나서는 일도 피할 가능성이 커진다. 우스꽝스러운 예일지 몰라도 특히 어린아이라면 처음에 물밀듯이 밀려드는 기분(수치심)과 그 기억이 얼마나 감당이 안 될지 상상해보자. 앞에 나가 수학 문제를 잘 풀고, 선생님이 잘했다고 고개를 끄덕여주셨던 일 등을 기억하는 대신, 발표에 대한 두려움만 생겨버렸다.

다음으로, 감정은 어떤 기분이 들고 난 후 순식간에 생겨난다. 여기에서 감정은 기분을 자기 자신에 대입하는 것이다. 위에서 든 예에서 본다면 "사람들이 항상 나를 놀려" 또는 "아무도 나를 좋아하지 않아" 같은 것이다. 정서는 감정이 생겨난 후 순식간에 찾아오고 해당 경험의 범위를 넓혀 다른 사람을 포함시킨다. 만약 교실 앞줄에 앉아 웃던 아이가 전에는 착해서 잘 지냈던 친구지만, 그가 자기와 민족성이나 성별 또는 소득 계층이 다르다고 해보자. 이 경우 정서가 나서서 이 친구가 수치심과 스스로에 대해 느끼는 이후의 감정에 직접 연관이 있는 주범이라고 주장한다. 이런 식으로 부정적인 정서가 편견(또는 편견 강화), 비난("엄마는 하필 왜 이런 바지를 입혔을까") 또는 다른 일반화("신에게 벌을 받고 있구나")로 이어질 수 있다.

> 기분은 감정을 이끌고, 감정은 정서를 이끈다. 이런 순차적 전개는 우리의 생존율을 높이려고 진화된 결과지만, 이러한 전개는 미래 우리에게 득이 되지 않는 왜곡된 메시지를 가져올 수 있다. 바로 이것이 실제 변연계가 작동하는 모습이다. 무슨 수를 써서라도 안전과 생존을 지키겠다는 것은 다시 말해 논리와 명확한 관점 그리고 정확하고 포괄적인 기억이 너무 자주 뒷자리로 밀려난다는 것을 의미한다.

주변 세상이 빠르게 움직이기 때문에 우리 뇌는 빠르게 회전하도록 만들어졌다. 우리 환경에서 벌어지는 사소한 일에 대해 매

번 멈춰서 생각할 필요가 없는 것이다. 우리 뇌는 지름길을 택한다. 항상 자동적으로 도약을 한다는 말이다. 이런 현상은 양치질같이 우리가 신경을 많이 기울이지 않는 일상의 활동에서도 일어난다. 만약 칫솔을 찾아 집어 들고 치약을 알맞게 짜고 입을 벌리는 등 양치하는 과정에서 일어나는 모든 사소한 절차를 일일이 되새겨야 한다면 너무 성가시기 때문에 양치질을 지금보다 훨씬 덜 해서 더 많은 충치를 달고 살게 될 것이다. 하지만 우리 대부분은 종종 그 모든 절차를 일일이 의식하지 않은 채 양치질을 끝낸다. 사실 어쩌면 그 양치하는 시간에 십여 가지 다른 일을 생각할지도 모른다. 그 짧은 몇 분이라는 시간 동안(치아 건강에 얼마나 철저한 사람이냐에 따라 달라지겠지만) 우리 뇌는 수백 가지 결정을 내리지만, 그 어떤 것도 의식적으로 신경 쓸 필요는 없다.

불행한 일이지만, 트라우마는 우리 삶에서 변연계와 기분-감정-정서의 계단식 전달 방식이 작동하는 양상에 상당히 많이 관여한다. 우리가 가는 곳, 얘기하는 사람, 피하는 사람, 감행하는 모험, 피하는 기회, 머릿속으로 자기 자신에 대해 반복적으로 생각하는 것, 몸을 관리하는 방식, 잠시 멈추어 진지하게 생각한다면 믿지 않을 정보를 자동적으로 믿는 성향 등 말이다. 여기까지 나열한 트라우마의 영향은 빙산의 일각에 불과하다.

> 트라우마를 겪으면 그 영향력과 싸울 자원이 우리에게 거의 남지 않게 된다.

트라우마는 망나니처럼 이리 뛰고 저리 뛰는 아이들의 태엽 장난감과 비슷하다. 일단 작동하기 시작하면 어디로 가서 멈출지 예측이 안 된다. 그냥 다른 물건에 걸리면 멈추겠지 할 뿐이다. 이런 상황을 트라우마에 대입해본다면, 우리는 이 장난감에 탄 승객이고, 종종 가겠다고 하지도 않은 장소에 도착해보면 원치 않는 위험이 도사리고 있다. 트라우마에는 "도자기 가게에 들어간 황소"라는 비유를 쓰고 싶지만, 이 표현이 딱 들어맞지는 않는다. 황소가 날뛰면 엄청난 피해를 끼칠 수 있지만, 그 피해는 그냥 지나치기 어렵고 피해의 원인도 꽤 명확하기 때문이다.

현실적으로 트라우마는 거대한 황소나 미친 듯이 날뛰는 태엽 장난감보다 훨씬 비밀스럽게 움직인다. 우리가 눈치채지 못하게 우리의 변연계를 습격하여 기억을 왜곡하고 두뇌를 바꾸어놓는다. 그 결과 우리는 이전과 전혀 다르게 느끼고 생각하고 결정하며 행동한다. 즉 딴 사람이 되는 것인데, 본인이 그 차이를 느끼지 못하는 경우도 종종 있다. 이는 궁극적인 사보타주 sabotage 행위다.

트라우마는 더한 트라우마를 낳는다. 트라우마를 겪으면 그 영향력과 싸울 자원이 우리에게 거의 남지 않게 된다. 이런 자원은 내적인 것과 외적인 것이 다 해당되는데, 행복감이 사그라들고, 에너지를 과도한 불안을 다스리는 데 쏟아야 하며, 서로 지지해줄 수 있는 관계를 피하거나 발전시키지 않고, 실패가 두려워 꿈의 직장을 놓치고, 우리에게 항상 나쁜 일이 생긴다고 꼬드기는 부정적인 자기와의 대화 때문에 의기소침해지며, 안전을 보장받을 가치가 없다고 믿기 때문에 스스로 위험한 상황에 빠져들면서 파장이 인다.

문제는 변연계가 아니라 트라우마다. 트라우마는 갈수록 강력해지지만 정복할 수 없는 적은 아니며, 변연계 또한 우리에게 이로운 치유의 기능을 가진 강력한 동맹군이 될 수 있다. 자기 자신과 타인에게 연민을 표하고 다른 사람들에게 품는 연민이 우리 자신 안에서 뿌리내리도록 한다면, 우리는 트라우마의 피해에서 치유될 수 있고 삶을 더 좋은 방향으로 변화시킬 수 있다.

✓ 해법 **도움이 되는 환경 찾기**

우리 모두는 다른 사람의 친절과 관용을 경험할 필요가 있다. 특히 트라우마로 상처 입은 우리는 더욱더 그렇다. 사랑하는 사람들과 함께 지원 단체, 여러 친구들, 종교 단체 등 개방적인 돌봄의 환경에서 자양분을 얻도록 하자. 같이 힘을 합치면 트라우마가 만들어내는 악순환과 싸워 함께 이겨낼 수 있고, 건강과 행복을 증진시키는 선순환을 만들어낼 수 있다.

트라우마가 변연계를 가로채는 방식

변연계는 시간순으로 움직이지는 않는다. 변연계가 관여하는 한, 과거에 일어난 일은 어떤 일이든 지금 당장 일어나는 것처럼 느껴질 수 있다. 바로 과거에 느낀 기분, 감정, 정서가 현재도 강하기 때문에 그런 느낌이 드는 것이다. 그러고 보면 우리가 결정을 내리는 것도 짚고 넘어갈 부분이 많다. 뇌는 자동적인 도약을 하도록 설계되었다는 것을 기억하는가. 뇌는 도약을 할 때마다 착지를 하고 정확한 위치와 상황을 파악해야 한다. 다시 말해 어느 곳에 착지했는지, 또 이곳에서 이용할 수 있는 정보는 모두 어떤 것인지 찬찬히 조사해야 한다.

트라우마는 변연계를 가로채서 큰 피해를 입힌다.

고속도로를 달리고 있다고 상상해보자. 밖에는 비가 내리고, 다음 출구에서 나가기로 한다. 고속도로를 벗어나니 저 머리 위로

100년은 되어 보이는 신호등이 보이고, 이내 불빛이 노란색으로 바뀐다. 많이 생각할 것도 없이 우리 뇌와 몸은 그저 자연스럽게 차의 속도를 줄이려고 협응하고, 이내 우리는 빨간 불에서 신호가 바뀌기를 기다리며 앉아 있다. 신호를 기다리는 동안 라디오 주파수를 만지작거리거나 차량 운전과는 전혀 상관없는 차 밖의 풍경이 들어올 것이다. 예를 들어 근처 나뭇가지의 개똥지빠귀가 보이거나 내리는 비와 젖은 풀 냄새가 난다. 이 모든 것이 지금은 꽤 순조롭게 흘러가지만, 만약 우리가 트라우마를 겪었다면 상황이 어떻게 달라질지 알아보자.

바로 두어 달 전 빗속에서 운전하다 차 사고를 당했거나, 신호등이 초록빛으로 바뀌기를 기다리는 동안 부주의한 운전자가 차 뒤를 받았다고 상상해보자. 현재 우리 뇌가 관여하는 모든 도약과 착지는 바로 몇 달 전의 충격적인 기억과 강한 기분, 감정, 정서에 물들어 있다. 고속도로 출구에서 나가자마자 신호등이 노란색으로 바뀌면, 빨간 불에서 멈추고 기다려야 하기 때문에 우리는 벌써 불안감을 느낀다. '출구+비+신호등의 빨간 불=사고'라는 공식을 겪었기 때문에 우리 기억이 경종을 울리는 것이다. 두려움이 발동하면서 과거 트라우마의 경험이 지금 이 순간 작동하기 시작한다. 몸이 긴장되면서 손과 눈, 발이 관여하는 모든 자동 운전 모드는 더 이상 자동으로 움직이지 않고, 지나친 경계심(운전대를 단단히 움켜잡거나, 후면 거울을 과하게 보는 행위)은 오히려 또 다른 사고를 불러올 가능성이 있다. 나무 위의 개똥지빠귀는 눈에 들어오지도 않고, 현재의 비 냄새는 사고가 있었던 과거와 현재는 분명 다르다고 인지하려 애쓰는 뇌에 혼란을 준다.

이렇게 스트레스를 심하게 받을 때 변연계는 이미 현재의 상황이 처음 트라우마를 일으킨 과거의 사고와 다를 바 없을 거라고 판단한다. 변연계는 안전과 생존을 먼저 생각하기 때문에, 논리와 새로운 정보를 취합할 능력과 더불어 시간 인식도 창밖으로 던져버린다. 이렇게 해서 트라우마는 우리 변연계를 잠식해 큰 피해를 입힌다.

기억은 하나의 데이터에 불과하다

기억 자체에는 의미가 없다. 대신 뇌의 **연합 피질**association cortexes 이 지식과 경험을 통합해서 의미를 만들어낸다. 일을 마치고 집에 돌아와 오븐에서 구워지는 맛있는 쿠키 냄새를 맡았다고 해보자. 기분이 바로 좋아지는 데 왜일까? 이 경험은 여러 가지 조각들로 구성된다. 첫 번째는 쿠키 굽는 냄새다. 또 다른 부분은 아내와 딸(이 시나리오에서는 제빵사일 가능성이 높음)이 맛있는 쿠키를 하나 줄 거라는 기대감이다. 웃으며 기분 좋게 부탁하면 쿠키 두 개를 손에 넣을지도 모른다. 얼마나 쿠키가 맛이 있을까 기대하고 입에는 침이 고이기 시작한다. 심지어 이 쿠키에 차가운 우유 한 잔 마시면 얼마나 좋을까 하고 상상하기 시작한다.

연합 피질 영역은 이 모든 조각을 한데 합친다. 이런 경험의 흐름이 단순하고 끊김이 없이 느껴지지만, 이는 오로지 연합 피질 영역이 이를 가능하게 했기 때문이다. 그 비결의 일부는 연합 피질 영역이 기억과 이 기억이 변연계에 저장된 의미, 즉 그 기억과 관련된 기분, 감정, 정서를 통합해서 단순하고 이음매 없는 경험을 완성하는 것이다.

기억에 작은 깃발이 달렸다고 상상해보자. 이 깃발은 연합 피질 영역에게 밖으로 나가 깃발에 적합한 기분, 감정, 정서를 잡아오라고 신호를 보낸다. 그러면 연합 피질은 기억과 변연계에 저장된 의미를 서로 합치고, 이에 따라 기억은 우리 삶 속에 스며든다. 이런 작용이 일어나기 전, 기억은 하나의 데이터에 불과했지만 이제는 의미를 담게 되었다. 뇌는 다음번 도약을 할 때 바로 이 점을 고려한다.

우리 기억에 부착된 변연계 깃발은 표지판 역할을 하면서 헤아릴 수 없을 정도로 중요한 역할을 한다. 변연계 깃발은 미래를 막막하게 항해하지 말라고 설계되었지만, 자칫하면 잘못 안내하여 길을 잃게 할 수 있다. 깃발에 부정적인 기분, 감정, 정서 수준이 너무 높게 충전되어 있으면 길가의 표지판보다는 폭탄 역할을 할 가능성이 크지만, 이건 이야기의 일부에 지나지 않는다. 이 깃발은 지도를 다시 만들어 우리가 전에 알고 있던 길을 잊게 할 수 있는데, 이렇게 되면 결국 효율적으로 길을 탐색하는 일이 훨씬 어려워진다. 논리적인 변연계 과정이 일련의 통제된 도약으로 통합되는 대신, 우리 안에서 일어나는 일은 마치 고통으로부터 미친 듯이 도망치는 것 같은, 공포에 질린 돌진처럼 보일 수 있다. 게다가 과거의 고통은 미래의 더한 고통을 향해 우리를 미친 듯이 튀어오르게 한다.

이런 이유 때문에 우리 뇌가 평정심을 찾아 논리에 집중하고, 예전 지식을 사용하며, 순차적 시간의 흐름을 인지할 수 있는 방법을 익히는 것이 아주 중요하다. 또한 우리 뇌가 변연계 깃발을 자신에게 가장 이롭게 사용하도록 도와주어야 한다. 만약 이 깃발이 길을 잘못 안내하는 표지판이나, 폭발 직전에 있는 폭탄이나, 아니면 더한 트라우마 반응을 촉발하는 패닉 버튼과 같다면, 그 깃발은 우리를 불행하고 때로 위험한 결과로 내몰 것이다.

건강한 생각을 반복하면 내 것이 된다

오늘날 "같이 발화하는 뉴런은 서로 같이 연결된다"는 말은 모든 사람이 다 아는 격언이나 마찬가지다. 뉴런은 정보를 내보내는 신경계 안의 세포로, 우리 뇌에는 자그마치 800억 개 이상의 뉴런이 있다. 신경 통로가 활성화될 때마다, 이 통로의 모든 뉴런이 발화하고 신경 줄기의 처음에서 끝까지 정보를 송출한다. 어떤 분자는 뉴런 간의 정보를 전달하는데, 뉴런에도 신호가 통과할 수 있도록 신호를 받는 수용체가 있다. 신경 줄기에서 정보가 교환될 때마다, 신경 통로 안의 모든 뉴런 간의 연결은 더 강해진다.

오리너구리를 예로 들어보자. 특이한 생물을 보자는 것이 아니라 단어 자체를 보자는 것이다. 만약 오리너구리를 한 200번 정도 반복해서 말한다면, 이 단어를 나중에, 심지어 내일이라도 생각해 낼 확률은 천정부지로 높아진다. 오리너구리를 일부러 자주 말하는 사람이 아닌 이상, 이 단어와 관련된 신경 통로는 그다지 많이 쓰이지 않는다. 따라서 오리너구리라는 단어가 머릿속에 한동안 박히게 하고 싶으면, 이와 관련된 신경 통로를 계속 발화시키면 되고, 그렇게 하면 충분히 강하게 서로 연결된다.

우리가 학습하는 방식, 즉 자신의 이름과 부모님 이름, 전화번호와 주소를 외우고 신발 끈을 묶고 책을 펴는 법 등 뭔가 배우는 것도 실은 이와 같은 과정이다. 복잡한 정보 역시 이와 동일한 과정을 거치며, 트라우마가 세상을 왜곡하고 우리에게 그 메시지를 심는 것도 다 같은 방식을 따른다. 이런 식으로 우리는 자신이 별로 신통치 않으며, 항상 상처받는 존재이고, 세상은 변함없이 해롭고, 어떤 식으로 보이는 사람들은 위험하며, 상황은 갈수록 심각해지고, 아무리 노력해도 제대로 되는 일이 하나도 없다는 것을 학습한다. 이런 신경 통로가 계속 발화하고 강화되다 보니 건강한 생각과 팩트는 반대로 쥐도 새도 모르게 뒤로 밀려 사라진다. 식습관이 바로 자신이라는 말이 과연 맞는 말인지는 잘 모르겠지만, 사고방식이 바로 자신이라는 말은 분명 맞는 말이다.

✓ 해법 **잠시만 기다려!**

우리가 반복적으로 관계하는 신경 통로는 한번 작동되면 되돌리기 힘들지만 그렇다고 아예 불가능한 것은 아니다. 트라우마 및 그 파장과 싸우는 전투에서 "잠시만 기다려" 반응으로 이런 신경 통로에서 일어나는 작용을 멈추게 하는 전략을 자주 사용하는 이유다. 이 "잠시만 기다려!" 반응을 통해 우리는 잠시 멈추어 생각하고 결정하며 선택한다. 때로 이런 전략은 아주 간단해서 트라우마가 우리 기억에 배정해놓은 깃발을 인식하기만 하면 된다. 예를 들어 다른 사람과 터놓고 지내는 건 항상 위험하다고 말하는 깃발이 있다고 해보자. 이런 깃발을 그냥 깃발 자체로 볼 수 있다면, 이는 곧 우리가 대안을 낼 수 있다는 의미가 된다. 예를 들어 "나도 예전에 상처를 받은 적이 있으니 맞는 말이긴 해. 그런데 내 잘못은 아니었고 이제는 조심할 줄 안다고. 사람들하고 가까이 지내면서도 이제는 분별력이 생겼으니 이제 덜 상처받을 거야." 이런 식으로 말이다. 자기 목소리를 조금이나마 내는 것은 힘든 일이지만, 어떻게 하는지 차차 감이 올 것이다.

물론 변연계 깃발을 바꾸는 일은 하루아침에 이루어지는 것이 아니다. 어떤 메시지는 서로 빈틈없이 연결되어 있어 이들을 떼어놓으려면 지속적이고도 상당한 노력이 필요하다. 이 때문에 오래된 습관이 고치기 어렵지만, 역시 이런 식으로 스스로 선택한 새로운 습관을 들일 수 있기도 하다. 트라우마에서 치유되고, 앞으로 트라우마가 더 일어나지 않도록 막아주며, 최선을 다해서 있는 힘껏 자기 삶을 일구도록 도와주는 습관 말이다.

"쥐들이 잠들었어요"

몇 년 전 쥐를 없애려 애쓰는 여성 어르신을 진료한 적이 있다. 집 안에 있는 쥐가 아니라 환자의 콧구멍 속에 산다는 쥐였다. 이 환자는 쥐가 자기 콧구멍 속에서 수년간 살았다면서 응급실에 계속 와서 나에게 쥐를 처치해달라고 부탁했다. 그녀는 때로는 별것 아닌 듯 행동했지만, 때로는 미친 듯이 화를 내고 흥분하면서 "쥐새끼를 죽여야 한다!"고 고래고래 소리를 질렀다. 모두의 안전을 위해 환자에게 진정제를 투여할 수밖에 없었다.

이 불행한 여성은 어떻게 모든 사람이 그렇게 침착할 수 있는지 의아해했다. 이 끔찍한 쥐 문제에 대해 자기가 걱정하는 만큼 다른 사람들도 걱정해야 하는데, 어떻게 모두 자기들 일을 태연하게 할 수 있는 것인가? 왜 전문의를 불러 수술실에서 이 쥐를 없애지 않는가? 이런 상황에서 응급실 의료진이 호출하는 전문의는 오직 정신과 전문의였고, 여기에는 종종 나도 포함되었다.

이 환자와 소통하기는 거의 불가능했다. 그녀는 모든 사람을 의심했고, 종종 쥐가 콧구멍에서 기어 나와 온몸을 돌면서 은밀하게 상처를 입힌다고 얘기하는 환청을 들었다. 이 환자는 마치 악몽을 꾸는 것처럼 더러운 듯 몸서리를 치며, 공격적인 어조로 자기 안에 있는 쥐를 도저히 감당할 수 없고 이 쥐들이 항상 자기를 해치거나 해치려 한다고 얘기했다. 나는 이 모든 이야기를 들었다는 이유로 쥐의 공범자가 되었다. 내가 쥐의 존재를 다 알면서 아무 조치도 하지 않았기 때문이다. 의료진이 이런 일이 일어날 리 없다고 생각하는데, 어떻게 이 환자가 나를, 또는 우리 병원의 누군가를 신뢰할 수 있을까? 이 환자는 최소 우리를 몰인정하고 무능력한 사람들로 보았고, 최악으로는 우리가 애당초 쥐를 자기 안에 집어넣어 자기 등 뒤에서 웃고 있을지도 모른다고 생각했다.

그런데 이 환자를 조금씩 알아가면서, 이 쥐들이 그녀가 10대 시절, 끔찍한 일을 당했을 때부터 그 콧구멍 속에서 살았다는 사실을 발견했다. 이 환자는 상실과 성적 학대를 둘 다 겪은 것도 모자라 쥐가 들어와서 얼마나 끔찍했는지 얘기해주었지만, 그런 상실과 성폭행으로 인해 쥐가 그곳에 존재할지도 모른다는 사실은 고려해보지 않았다. 이 환자에게 약을 먹일 수는 없었다. 약 얘기를 꺼내자마자 불쾌감에 심지어 모욕감까지 느꼈기 때문이다. 대개 이 환자는 나에게 불같이 화를 냈고 내가 도움이 전혀 되지 않는다고 생각했다.

그녀에게 어떻게 해야 도움이 될지 알 길이 없던 차에 나는 이 환자와 눈높이를 맞추기로 했다. 내 전문 지식이 부족해 콧구멍에서 쥐를 몰아내는 방법을 전혀 모른다고 시인했다. 어쩌면 그 한 가지 말고도 다른 여러 가지도 많이 모를 수 있다는 사실도 시인했다. 나는 그녀가 잠을 잘 못 잔다는 것을 눈치채고 있었는데, 이 문제를 도와줄 수 있을 것 같았다. 비록 시간이 좀 걸렸지만 이 환자는 꽤 오랫동안 불면증을 앓았던 터라 결국은 내가 추천한 약을 받아들였다.

분명히 밝혀둘 것은, 다른 목적으로, 예컨대 환청을 없애려고 환자를 속여 약을 복용토록 한 것은 아니었다. 쥐가 있든 없든, 그저 잠을 좀 자도록 도와주고 싶었다. 어쨌든 이 환자와 어떻게 이렇게 멀리까지 왔나 놀라워하던 어느 날 밤, 병원을 나서면서 이 환자의 병실을 들러 상태를 점검했다. 그녀는 반쯤 잠든 채 침대에 누워 나를 올려보았다.

"몸은 어떠세요?" 내가 먼저 물었다.

"쥐들이 잠들었어요." 그녀는 될 수 있는 한 나지막하게 답했다.

이 사례는 우리 뇌가 트라우마의 충격에 얼마나 압도당할 수 있는지 잘 보여준다. 이 환자는 콧구멍 속에 쥐가 산다는 망상을 가진 채 태어나지 않았다. 그 망상은 끔찍한 성폭행을 겪은 후에 생겼다. 뇌의 공포 영역은 세상을 이해하려고 그리고 때때로 어느 정도 세상을 통제할 수 있다는 희망을 다시 얻으려고 필사적인 최후의 노력으로 이런 이야기를 만들어낸다. 때때로 이런 이야기는 우리가 얼마나 형편없는지, 세상이 우리에게 얼마나 많이 앙심을 품은 건지, 우리가 신을 얼마나 실망시켰는지, 아니면 누가 우리를 벌하는 건지에 관한 내용이다. 만약 특정 신경학적 질환에 걸리기 쉬운 사람이라면 트라우마는 더욱 심해져서 때때로 환청과 환각이 들어간 이야기가 만들어진다.

이 환자는 틀림없이 필사적으로 트라우마에서 벗어나려 노력했을 것이다. 무슨 이유인지 알 수는 없지만, 견딜 수 없는 기억과 감정이 자기 콧구멍 속에서 사는 쥐의 형태를 띠게 되었고, 이 쥐를 없애려고 응급실에 가면 뭔가 조치를 취했다는 안도감이 들었다. 그러나 이런 식의 접근은 모든 상황을 더욱 악화시켰다. 우리는 이 환자의 쥐 문제를 해결할 수 없었고, 그녀는 병원을 방문할 때마다 더욱 외로움과 불신과 고립감을 느꼈다.

내가 스스로 무능력을 인정하면서부터 이 환자는 외로움을 약간 덜 느끼게 된 것 같다. 적어도 나를 적으로 보지는 않았고, 약간의 도움을 받아들이게 될 정도는 되었다. 우리 둘 다 불면증이 얼마나 그녀를 괴롭히는지 알았고, 결국은 평화와 안정을 얻으려고 쥐를 죽일 필요까지는 없다는 결론이 나왔다. 쥐 역시 잠이 필요했다. 아마도 그날 내 환자는 수년 만에 트라우마에서 벗어나 처음으로 휴식을 가졌을지도 모른다.

자신 또는 세상에 대해 얼토당토않은 이야기를 믿은 적이 있는지 생각해보자. 앞에서 소개한 이 환자와 그녀의 콧구멍에 살던 쥐처럼 극적인 이야기일 필요는 없고, 어릴 때 들었지만 나중에 성인이 되어 도움이 되지 않았거나(도움이 되지 않는) 이야기이면 된다. 특정 기억이 현재 순간과는 그다지 관련이 없는 기분, 감정, 정서에 얼마나 강하게 들러붙어 있는지 한번 생각해보자. 마지막으로 트라우마가 이런 기억에 어떤 깃발을 꽂아 놓았는지, 또 이런 깃발을 어떤 깃발로 교체할 수 있는지, 즉 여러분의 행복을 증진시켜주고 미래의 트라우마를 피하며 앞으로의 삶을 잘 안내할 수 있는 능력을 높이는 새 깃발로 바꿔 꽂을 수 있는지 생각해보자.

12

트라우마가 가하는 신체적·정신적 파괴

우리 뇌는 몸이 없이는 작동하지 못하고, 우리 몸은 뇌가 없이는 움직이지 못한다. 이 둘 사이가 연결된다는 것은 목으로 서로가 붙어 있다는 것만은 아니다. 이 목을 통해 모든 정보가 오고 가는 것이다. 이 정보는 척수를 통해 우리 몸 구석구석을 돌고 다시 뇌로 돌아오는 신경 충동nerve impulses의 형태를 띠거나, 아니면 특정 기관이 혈류에 배출하는 호르몬과 더 비슷한 형태를 띠기도 한다. 우리가 상상할 수 있는 이 모든 인지 데이터는 암호화되어 이런 방식으로 전달되므로 우리 몸과 뇌는 몸 전체를 위해 같이 협력할 수 있는 것이다.

뇌와 몸의 연결은 하나의 규칙 조합으로 관리되는 상당히 복잡한 도로망과도 같고 이 규칙 조합이 전체 도로망이 잘 기능하도록 해준다. 실제 도로에서는 얼마나 빨리 달릴 수 있는지, 교차로에서 누가 먼저 가는지, 차량이 얼마나 많은 소음을 내도 되는지 등에 관한 규칙이 존재한다. 이와 비슷하게 뇌에서 몸으로 가는 도로와 몸에서 뇌로 가는 도로에서는 신경과 혈류가 얼마나 빨리 메시지를 전달할 수 있는지, 어떤 메시지가 우선권이 있고, 가장 요란한 신호를 낼 수 있는지, 이런 것들을 규정하는 규칙이 있다. 이상적으로는 그렇다는 얘기다.

그런데 우리 몸 안의 소통을 관장하는 규칙이 바뀌어 고통과 고뇌의 신호가 전반적으로 노골적인 우선권을 받았다고 가정해보자. 그렇게 되면 고통과 고뇌 신호는 더 빨리 움직이고, 고속도로에서 다른 신호들을 제치고 앞서갈 수 있으며, (뇌나 몸속의) 목적지에 도달했을 때 좀 더 확실하게 자기들의 메시지를 전달한다. 도로망의 기본 규칙이 이런 식으로 바뀌면 우리 내부의 전체 환경도 바뀐다. 위험 신호와 닮은 부정적이고 과하게 민감한 신호를 편애하게 되는 것이다.

현저성 salience 은 신경생물학과 정신의학에서 중요한 개념이다. 이는 특정 생각, 감정 또는 인식이 다른 것보다 두드러지는 정도를 나타낸다. 현저성이 조정된다는 것은 뇌 화학물질의 변화, 단백질 구성 요소의 변경을 포함해 많은 요소가 변화한다는 뜻이다. 이런 조정을 통해 우리 뇌는 극적으로 리모델링될 수 있지만 반드시 개선된 모습으로 나타나지는 않는다. 마치 어떤 사람이 우리 집을 리모델링하면서 조명은 어두침침하게 하고, 화재 경보는 시도 때도 없이 울리게 만들고, 거실에는 커다란 웅덩이를 파서 두 마리의 악어를 들여놓은 식이다. 트라우마는 현저성을 조정하고, 이런 조정으로 인해 육체적인 위험 신호(고통)는 물론 감성적 위험 신호(부정적 기분, 감정, 정서)가 증폭될 수 있다.

트라우마는 통증을 키우고 통증은 고통을 늘린다

염증은 부상에서 회복하고 감염과 싸우려고 우리 몸에서 자연적으로 일어나는 반응이지만 트라우마가 원인이 되어 일어나기도 한다. 트라우마를 어린 나이에 겪거나 그 정도가 심각할수록 염증의 영향은 더욱 강력해진다. 이런 염증이 발생하는 이유는 트라우마와 그 공범들이 스트레스를 촉발하고, 우리 몸은 스트레스를 염증을 일으키는 실마리로 이해하기 때문이다. 그런데 몸에 특별한 부상이나 치료할 감염 증상이 없는 상태에서 이런 염증은 단지 우리 순환계를 돌면서 할 일을 찾는다. 다들 스트레스로 심장병과 암 같은 건강 문제가 생겼다는 얘기를 들은 적이 있을 텐데, 다 이런 이유 때문이다.

따라서 트라우마는 도로 규칙을 변경하고, 뇌와 몸의 소통 방식을 바꾸며, 우리 몸을 염증과 고통이 평상시보다 좀 더 득세하는 척박한 지형으로 만든다.

섬유근육통은 만성 통증, 피로, 기억력 상실을 동반하는 질환으로, 트라우마와 관련성이 입증된 사례 중 하나에 지나지 않는다. 그런데 안타깝게도 섬유근육통을 비롯한 많은 만성 통증 질환은 종종 트라우마 또는 뇌와 몸의 연결 관계를 그다지 고려하지 않은 채 치료되고 있는 실정이다.

염증은 수많은 기능 장애를 초래한다.

트라우마는 통증을 키우고, 통증은 고통을 늘리며, 고통 때문에 우리는 어떤 식으로든 통증을 잠재우기 위한 방안을 필사적으로 찾게 된다. 사회적 측면에서 보면, 안타깝게도 이런 끔찍한 사이클이 마약의 유행으로 반복된다. 너무나 많은 사람이 어디서 왔는지, 어떻게 고쳐야 할지 모르는 정신적 육체적 통증을 겪는데, 이는 외적인 통증 완화 수단이 유혹적이기도 하지만 그것에 저항할 수 없다는 의미이기도 하다. 마약에 중독된 사람들은 굳이 마약에 취하려고 마약을 찾지는 않는다. 아주 많은 사람이 통증의 고통을 줄이려고 필사적으로 마약에 손을 댄다. 하지만 부상이나 수술 등에 처방되는 이런 마약은 거짓 진통제에 불과할 뿐이다. 안타깝게도 마약에서 얻는 통증 완화 효과는 얼마 안 가고, 나중에 같은 효과를 얻으려면 점점 더 많은 용량이 필요하다. 결국 이런 악순환에 빠진 사람들은 마약을 끊어서 생기는 금단 현상이 무서워 마약을 또 하게 된다. 매년 수많은 사람의 목숨을 앗아가는 끔찍하고 비극적인 악순환의 고리다.

✓ 해법   **긴장 줄이기**

불안은 우리 뇌에 신호를 보내 몸 안에 근육 긴장을 더 유발하라고 명령을 내리는 등, 여러 방면으로 불쾌한 경험인데, 이는 다시 말해 뇌에게 걱정거리가 있다고 알려주는 것이다. 우리가 여기에서 개입할 방안을 찾지 못한다면, 이 불쾌한 사이클은 그 자체로 우리 삶을 앗아갈 수 있다.

이런 사이클을 통해 우리 몸에 이상이 생기는 흔한 부위는 위장계로, 이로 인해 종종 과민성 대장 증후군이 발생한다. 또 이상이 생기는 흔한 부위는 가슴으로, 갈비뼈 사이의 근육이 긴장으로 움츠러들어 폐가 확장할 공간이 줄어들기 때문에 충분한 공기를 들이마실 수 없는 이상 증세가 올 수 있다. 목, 어깨, 등, 엉덩이, 허벅지 같은 주요 근육 부위에도 많은 긴장감이 생긴다. 이런 긴장은 통증을 더 유발하고 신체적 협응력을 감소시키며 이는 곧 다른 근육, 조직, 신경에도 영향을 미친다.

이때 점진적인 근육 긴장 완화 요법을 통해 뇌 속 불안 및 몸속 긴장의 일부인 근육 긴장을 인식하고 완화할 수 있다. 3장에서 제시한 해법을 확장해보면, 내가 추천하는 한 가지 흔한 방법은 잠자리 전략이다. 잠이 들기 전 누워서 발가락부터 머리까지 올라가면서 서서히 근육을 조인 다음 풀어주는 방법이다. 이 방법은 발가락에서 시작해 이마와 두피에서 끝나고, 필요에 따라 각 순서의 시간(및 반복 횟수)을 바꾸어도 된다. 이 기법은 뇌와 몸속의 화학물질을 바꾸어 좀 더 편안한 상태로 만들어주며, 우리 몸의 어느 부위가 긴장되어 있는지 알려준다. 나는 이 방법을 쓸 때마다 종종 전에 몰랐던 내 몸의 긴장된 부위를 찾아내곤 한다. 부가적인 혜택이라면 낮 동안 이런 부위에 좀 더 신경을 쓰고 스트레칭 또는 셀프 마사지를 통해 좀 더 이완시키려고 노력한다는 것이다. 스스로 하는 2분간의 어깨 마사지는 놀랄 정도로 그 효과가 상당하다!

특히 밤에는, 이 해법에 추가적으로 시각 이미지를 떠올려보는 것도 좋다. 전에 언급했듯이 시각 이미지를 떠올릴 때는 되도록 많은 감각을 동원하는 것이 효과가 가장 좋다. 연습을 조금만 해도 이런 기법은 실천하기가 훨씬 쉬워져서 심지어 잠들기 전에 자동적으로 하게 된다. 낮 동안에 경험한 것 중 좋아하는 이미지를 다시 떠올리면 우리 몸에 쌓이기 시작하는 긴장이 풀릴 수 있다. 이 덕분에 나는 규칙적으로 상상 속에서 짧은 해변 여행을 하고 온다.

트라우마로 인한 자가 면역 질환

염증이 늘어나면 박테리아 및 바이러스, 돌연변이된 암세포 등의 외부 및 내부 침입자에 맞서 싸우는 우리 면역계가 영향을 받는다는 사실이 밝혀졌다. 면역계가 잘 작동하지 않으면 평상시라면 별 걱정할 필요 없는 온갖 위협에 상당히 취약한 상태가 된다. 인간이 진화하는 과정에서 겪은 일련의 위험이 꽤 다양했기 때문에, 우리의 면역계는 이런 위험에 맞서기 위해 유별나게 복잡해졌다.

    면역계를 큰 규모의 군대로 생각해보자. 군대에는 지위 체계가 있고, 각각의 책무에 할당된 군인들이 있으며, 여러 다양한 무기와 장비도 있다. 면역계의 군대는 현미경으로 봐야 하는 아주 작은 세포에서 큰 장기까지를 아우른다. 면역 군단은 혈구를 만들어 내는 골수, 외부 위협에 대항하여 경계를 유지하는 백혈구 세포, 혈류에 퍼져 있는 분자, 림프절과 피부, 장, 비장 같은 장기로 구성되어 있다. 면역계의 지위 체계는 상당히 복잡해서 과학적 연구를 통해 면역계가 정확히 어떻게 작동하는지에 관한 새로운 사실이 끊임없이 나오고 있다. 면역계는 침입자를 잡아먹거나 칼로 찌르거나 독살하거나 바로 쫓아내거나 무장해제시키거나 따돌릴 수 있다. 면역계는 또한 적의 위장을 알아챌 수 있으며, 현재의 문제를 해결하려고 과거의 데이터에 접근할 수 있다.

그런데 이런 강력하고 복잡한 체계가 엉망이 되어버리면, 그 피해는 말로 헤아릴 수 없게 된다. 염증은 면역계를 뒤흔드는 여러 기능 이상을 초래하고, 면역계에 혼란을 가져오기도 하며, 면역계가 도리어 자기 자신에게 무기를 겨누는 원인을 제공하기도 한다. 이렇게 면역계가 원래 보호하기로 되어 있는 자신의 몸과 뇌에서 등을 돌리면 피로, 구역질, 통증 증가, 발진, 탈모 같은 저강도 증상이 나타나거나, 좀 더 파급력이 크고 피해 범위가 큰 류마티스성 관절염, 루푸스, 다발성 경화증, 건선, 크론병 같은 자가 면역 질환이 생기기도 한다. 갑상선, 피부, 혈관에 생기는 많은 질환은 사실상 자가 면역 질환이며, 우리 몸이나 뇌의 그 어느 부위도 자가 면역의 공격에서 자유로운 곳은 없다. 트라우마와 스트레스는 염증을 일으키고, 면역에 문제가 생길 가능성이 높아지며, 그 결과 다양한 신체적, 정신적 기능이 손상되어 고통이 더해지고 사실상 우리 생명이 위태로워진다.

> ### 후생유전학과 아동기 스트레스
>
> 후생유전학은 우리 삶에서 일어나는 사건에 의해 유전자가 활성화되거나 비활성화되는 양상을 연구하는 학문이자 과학이다. 우리는 조상의 DNA를 수동적으로 전달하는 배달부 역할만을 하지는 않는다. 우리의 경험은 어떤 특성이 활성화되고 어떤 특성이 잠들지를 결정한다. 트라우마에 의한 후생유전학적 변화는 일부 자가 면역 질환과 관계가 있으며, 이 밖에 아동기 트라우마에 의한 스트레스는 자가 면역 질환의 가능성뿐 아니라 성인기 염증 질환도 늘리는 것으로 나타났다.

트라우마는 노화를 촉진한다

신경생물학 연구에 따르면 트라우마가 노화 역시 가속화시키는 것으로 드러났다. 우리 DNA가 나이가 들면서 변하는 것은 당연한 일인데, 이러한 변화는 뇌와 몸이 쇠퇴하고 있다는 표식 역할을 하며 이로 인해 결국 우리는 죽음에 이른다. 이러한 변화는 신체 기능의 많은 부분을 저하시키며, 오래 살 경우 결국 노화로 인해 사망하게 된다. 연구에 따르면 트라우마는 자연적으로 발생하는 DNA 변화를 보통 일정 나이에서 일어나는 것보다 더욱 가속화시키며, 이 때문에 자기 나이보다 실제로 나이가 더 들어 보이게 된다!

트라우마가 들어오도록 무임승차권을 줄 필요가 없다.

어떤 특정인에 대해 시간 손실과 삶의 질을 예측하여 계산할 수는 없지만, 삶의 경험과 정신 건강 변수를 근거로 예상치를 낼 수 있다. 예를 들어 살면서 경험하는 심각한 트라우마처럼, 아동기 트라우마 역시 상당한 피해를 준다. 노화의 경우 우울증이 유발 원인 중 하나라는 것은 이미 알려진 사실인데, 우울증은 종종 트라우마와 연관이 있다. 물론 우울증을 앓는 사람이 누구나 과거에 트라우마를 겪었다는 뜻은 아니지만, 트라우마를 겪으면 우울증을 겪게 될 확률이 높아진다.

트라우마가 가져온 부정적 그림자

트라우마는 전에는 없었던 고뇌와 불리한 처지에 있다는 피해 의식 등 우리 뇌와 몸에 뉴노멀을 만들어낸다. 이러한 뉴노멀은 통증 증가와 질병의 형태로 나타나거나, 기회 상실과 우울증을 비롯해 건강하게 오래 살았다면 누렸을 놓친 세월에 대한 상실감 등의 형태로 나타날 수도 있다. 트라우마는 비밀스럽게 이 모든 일을 몰래 처리하기 때문에 우리는 본래 자기 인생에서 원했던 것을 까맣게 잊어버린다. 우리 목표는 저 멀리 뒤로 밀려 보이지 않게 되고, 정신 및 신체 건강은 나빠지며, 전에는 용납할 수 없었던 모든 사고방식이 이제는 뉴노멀의 일부가 된다. 마치 우리의 미래관에 그림자가 드리워진 것 같아서, 그저 가만히 있으면 이 그림자는 더욱 어두워지고 커지게 된다.

    트라우마의 영향은 암울한 것이 사실이지만, 굳이 그런 영향을 받을 필요는 없다. 트라우마와 이것이 우리 삶에서 작용하는 방식에 대해 알면 알수록 그 영향에서 잘 벗어날 수 있다. 트라우마가 가져온 뉴노멀을 겪을 필요가 없는 것이다. 개인으로서 또 사회의 일원으로서의 우리 삶에 트라우마가 들어오도록 무임승차권을 줄 필요는 없다. 우리에게는 이런 흐름을 선택된 노멀chosen normal, 즉 평안과 건강, 행복을 증진시키는 방향으로 바꿀 능력이 있다.

"할 수 없죠. 당신은 이탈리아 사람이잖아요"

한때 어전트 케어 urgent care (병원은 아니지만 의사가 치료와 관련 상담을 해주는 클리닉. 병원 부속인 경우가 많으며 예약 없이 간편하게 이용할 수 있다. -옮긴이)를 맡아 이곳을 자주 드나드는 사람들을 진료한 적이 있다. 이들은 예약한 시간에 오기도 했지만, 몸이 이상하다 싶으면 예약 없이 찾아오기도 했다. 이런 환자 중 옛날 예법을 지키는 한 노년의 여성이 있는데, 옷을 너무 옛날 사람처럼 입어서 나는 혹시 코스튬 숍에서 옷을 사는 건 아닌지 궁금할 정도였다.

이 환자는 거의 끊임없이 환청을 들었다. 환청은 그녀에게 안전하지 못하며, 외계인과 독극물, 남자를 비롯한 모든 형태의 위협이 도사리고 있다고 겁을 주었다. 특히 이분은 남자들의 팔이나 손동작, 예를 들어 택시를 잡는다든지 엄지손가락을 들어올린다든지 하는 동작을 성적인 본능을 드러내는 것으로 해석했다. 이 환자가 고백한 이런 동작의 "진정한" 의미는 우리가 보통 상상하는 것 이상으로 훨씬 상세했다. 나는 이런 그녀를 분명 도와줄 수 있을 것 같았다. 이 환자는 무엇보다 밖에 나가는 일이 거의 없었고, 밖에 나간다고 해도 남자를 보는 것을 피했다. 일단 이 환자가 먹는 약물에 일부 변화를 주어 환청 문제는 도움을 줄 수 있었다.

진료실에 함께 있을 때 나는 팔이나 손을 움직이지 않도록 최선을 다하겠다고 이 환자에게 확신을 주었지만, 이게 어려운 것이, 이탈리아 사람들은 손으로 말한다는 속담이 있는데, 나 역시 이런 전형적인 이탈리아 사람이었기 때문이다. 이 환자는 이탈리아인이 아니었지만 농담을 좋아했다. 나는 내가 설령 우연히 팔이나 손동작을 하더라도 그건 결코 성적인 의미가 아니라고 안심시키고, 그녀가 놀라지 않도록 항상 손을 내려놓았다. 과연 시간이 좀 흐르니 이 환자는 훨씬 좋아지고 있었고, 자신을 오랫동안 괴롭혀온 환청을 물리치는 방법 등 놀라운 통찰력을 드러내기 시작했다. 그래서 정말 기쁜 나머지 흥분해서 답변하고 있는데 이 환자의 얼굴에 공포의 표정이 스치고 지나가는 게 보였다.

순간 아차 하고 보니 내 손이 둘 다 허공에서 정신없이 움직이는 것이었다. 의사로서 최고의 순간은 아니었던 셈이다.

나는 재빨리 손을 내려놓고 충격과 공포로 나를 바라보는 환자에게 거듭 사과했다. 그러자 그녀는 표정을 누그러뜨리면서, 어릴 때 우리 고모가 썼을 법한, 부드럽게 나무라는 듯한 유머를 섞어 내가 이탈리아 사람이니 어쩔 수 없을 거라고 이해해주었다. 우리는 이걸로 한바탕 웃었고 나는 거듭 사과했으며 그 이후부터 손을 얌전히 내려놓는 일에 훨씬 더 신경을 쓰게 되었다. 기쁘게도 이 환자는 계속 호전되고 있고 예전보다 입원 횟수도 훨씬 줄어들었다.

과거 이 환자가 성적으로 트라우마를 겪었다는 얘기는 듣지 못했다. 하지만 남자 곁에 있으면 분명 불안을 느꼈고, 병으로 쇠약해지다 보니 어디를 가나 섬뜩한 환청이 그녀를 괴롭혔다. 그녀는 집에서 외로웠고 두려움을 느꼈으며, 집 밖을 나서면 이 모든 감정이 훨씬 악화되었다.

하지만 이 환자는 기분이 호전되고 싶고, 건강해지고 싶다는 갈망이 상당히 컸다. 다행히 유머 감각도 있었다. 젊을 때 어떤 트라우마를 겪었든, 고통을 줄이려고 뭔가를 해보자는 의지는 꺾이지 않았다. 이렇게 해서 그녀는 처음 내 클리닉에 오게 된 것이고 의사인 나의 결점을 눈감아줄 수 있었다.

(인지적 또는 실제) 장애물에 부딪쳤거나 위협을 느꼈을 때 나타난 여러분의 회복력에 대해 생각해보자. 여러분 안의 어떠한 힘이 포기하지 않고 앞으로 나아가게 했는가? 좌절 이후 다시 정신을 차리거나 회복하도록 도와준 요소는 무엇이었는가? 어떤 자질을 통해 고난을 이겨냈는가?

4부

트라우마 함께 물리치기

그 모든 세월을 지나고 별의별 것을 다 겪었어도,
나는 여전히 믿을 만한 사람이다. 나는 사람들을 소중히 대한다.
이 세상에서는 그게 어려운 일이니까.

K.S.T.

13

치유의 북극성으로 향하는 길잡이

나 역시 여러 가지 역할을 동시에 하는 사람이다. 성급하면서도 호기심이 많고 아버지이자, 남편이자, 친구이자, 박사이자, 정신과 전문의이기도 하다. 나 역시 트라우마로 인해 사람 자체가 바뀌기도 했다. 이 책을 읽는 대부분의 독자와 마찬가지로 인생에서 겪은 몇 가지 심각한 어려움과 또 돌보는 환자들의 삶에 영향을 받았다.

우리 모두의 고유한 이야기에는 나름대로 특이한 계획, 절정과 바닥, 시도 등이 있다. 익숙한 장애물 같은 공통점도 보이지만, 어느 하나도 똑같은 이야기가 없다. 우리 각자는 에베레스트산, 세렝게티 초원, 나이아가라 폭포 같은 자연의 보고처럼 희귀하고 대단히 매력적이며, 멸종 위기에 처한 종처럼 귀하고 보살핌을 받을 만한 가치가 있다. 실은 그게 바로 우리다. 우리 각자는 소중하고 귀한 사람이고, 그래서 우리 각자는 중요하다.

트라우마 때문에 우리는 이런 사실과 우리 자신 그리고 서로를 쉽사리 잊어버린다. 트라우마는 고통뿐 아니라 건강과 행복에 대해서도 눈을 감으라고 속삭인다. 트라우마는 거대한 지우개이자 가장 귀한 것을 훔쳐 가는 도둑이고 인간임을 의미하는 모든 것을 다 잊게 하는 바이러스다. 또한 우리의 연민을 부패시키고 우리의 공동체를 해체시키며 인간애를 머나먼 기억으로 바꾸어버린다. 연민, 공동체 정신, 인간애는 자기 자신과 남에 대해 더 알아가야만 얻어지는 덕목이고, 이로써 우리의 진실이 표현되며 우리는 열린 가슴과 마음으로 서로에게 귀를 기울인다.

트라우마는 연민, 공동체 정신, 인간애는 가능하지 않다고 우리를 애써 납득시킨다. 건강, 행복, 진정한 인간관계는 몽상이며 단지 망상에 지나지 않는다고 말한다. 또한 우리 모두의 더 나은 삶을 위해 서로를 알고 표현하고 경청하려는 인간의 기본 욕구를 조롱하고, 그 목소리를 위조하며 진짜 의도를 가린 채 이를 은밀하게 진행한다.

나는 가능한 빨리 트라우마의 이런 행위를 바꾸고 싶다. 그리고 이 책은 나를 대신하여 변화를 위해 힘쓸 대행인이다. 나의 도움으로 여러분이 트라우마를 이해하고 그 작전 수행 방식을 분간

할 줄 알며 이에 대해 뭔가 해야겠다는 동기 부여가 됐기를 바란다. 또한 트라우마가 우리 모두에게 문제를 일으키며, 그래서 우리 모두 힘을 합해서 연민, 공동체 정신, 인간애에 가하는 트라우마의 공격을 무찔러야 한다는 사실을 깨달았기를 희망해본다.

트라우마는 지금도 여러분과 나, 우리 아이들과 친구들, 우리 이웃과 소위 말하는 적을 포함한 모두에게 해를 끼치고 있다. 트라우마는 우리가 사는 마을과 도시, 국가, 대륙을 갉아먹고 있다. 순진한 어린아이가 지금 당장 우리가 보는 앞에서 위협을 당하고 있다면, 뭔가 도움을 주고 싶지, 멈칫하면서 이게 과연 옳은 일인지 생각하거나 가타부타 다른 말을 하지는 않을 것이다. 이와 마찬가지로 트라우마에 관해서도 우리 모두 절박한 위기의식을 마음 깊이 느낄 필요가 있다.

다섯 가지 결정적인 연결 고리

여기 우리의 삶과 세계를 더 나은 곳으로 바꿀 긍정적인 연결 고리의 다섯 가지 핵심 사항을 소개한다. 이를 숙지하면 트라우마에서 벗어나 다시 치유의 북극성으로 향하는 데 도움이 될 것이다.

- 지식 대체적으로 이 책의 목적은 트라우마를 잘 이해하고, 트라우마와 그 공범이 작전을 어떻게 펴는지 알아차리고, 자신의 결정을 밀고나가는 데 도움이 되는 지식을 제공하는 것이다.

- 힘 "아는 것이 힘이다." 지식을 힘으로 삼아 우리는 삶과 세상에 바람직한 변화를 가져올 수 있다.

- 치유 원칙적으로 바람직한 변화 목록의 가장 윗자리를 차지하는 요소는 치유다. 치유가 일어날 수 있도록 개인과 사회는 그 힘을 끝까지 발휘해야 한다.

- 희망 치유는 희망을 가져오고, 희망은 트라우마라는 유행병에 대항하여 우리가 가지고 있는 최고의 치료제다. 살면서 어떤 일을 겪었든지, 희망은 우리가 뭔가 할 수 있는 존재임을 상기시킨다. 우리는 나아질 수 있으며 세상 또한 더 좋아질 수 있다.

- 절박한 위기의식 이 연결 고리가 시작되는 지식은 부분적으로 우리가 위기 상황에 있음을 파악하게 돕는다. 트라우마는 이미 작업에 돌입했기 때문에 당분간 위험은 크다. 희망은 더 나

은 삶에 대한 가능성이 가볍게 여길 사항이 아님을 깨닫게 된다는 점에서 지식이기도 하다. 우리는 그 약속을 위해 지금 당장 뭔가 할 필요가 있다.

이런 연결 고리를 실제 삶에 적용할 때는 앞에서 언급한 고리 중 아무것이나 선택해서 시작해도 되지만, 트라우마가 워낙 비밀리에 활동하다 보니 나는 일단 지식 고리를 맨 위에 놓고 싶다. 트라우마의 원인이 극적이고 분명할 때도, 그 결과는 대개 은밀하게 전개된다. 트라우마는 그 공범들, 특히 수치심을 배치할 때 사람들이 그 활동을 눈치채지 못하도록 비밀리에 하기 때문에, 우리 스스로가 지식으로 무장하는 것이 더욱 중요하다. 바라건대 이 책을 읽는 데 들인 시간과 노력을 통해 트라우마를 새로운 눈으로 이해했으면 한다. 이 책은 트라우마의 복합성과 그 위력을 알리기 위한 목적으로 기획되었으며, 나는 이런 트라우마가 우리와 사회에 끼치는 영향과 트라우마에서 빚어지는 끔찍한 사이클이 개인에서 사회로, 또 사회에서 개인으로 어떻게 전파되는지 자세히 설명하려고 노력했다. 트라우마에서 치유되려면 각자 몫을 해내는 것이 중요하다는 점을 부디 깨달았으면 한다. 트라우마의 봇물은 우리가 충분히 힘을 합쳐 뭔가 해내기 전까지는 막을 수 없다.

우리의 이해와 결심은 우리 자신과 우리의 내일을 정의하는 데 도움이 된다. 우리가 왜 변해야 하는가에 대해서는 논란의 여지가 전혀 없다. 만약 트라우마가 저지되지 않고 활개를 친다면, 우리 대부분이 가치 있게 여기고 갈망하는 정의와 안전을 비롯한 기본 권리를 누릴 가능성이 대폭 줄어들게 된다. 트라우마의 영향을 줄이려고 우리가 할 수 있는 조치는 어떤 것이든 그 자체로 창조적인 일이다. 우리의 지식과 힘, 치유와 희망을 절박한 마음으로 활용하는 것도 역시 창조적인 일이다.

✓ 해법 **지식 활용하기**

현재 트라우마에 대한 지식을 활용하여 자기 자신의 경험을 찬찬히 살피고, 트라우마가 자신에게 어떤 영향을 끼쳤는지 새롭게 알게 된 사실을 간략하게 기술해보자. 반드시 직접적일 필요는 없다. 트라우마가 배우자에게 어떤 영향을 끼쳤는지 새롭게 알게 되었을 수도 있고, 아니면 사회적인 트라우마가 자신과 자신의 가족(예를 들어 8장에서 다뤘던 인종차별 같은 문제를 떠올려보라)에게 어떤 영향을 끼쳤는지 좀 더 잘 이해하게 되었을 수도 있다. 이 해법은 개인의 글쓰기 연습으로, 아니면 신뢰하는 누군가와 공유하기 위한 방식으로 시도할 수도 있다. 이런 방식으로 새로 터득한 지식을 소통하면 우리가 지금까지 한 경험을 확실히 새롭게 이해하게 되고, 그러면 다른 사람들도 자신의 경험을 새롭게 이해하도록 도움을 줄 수 있다. 이런 또 하나의 실용적인 해법을 통해 우리는 서로 힘을 합쳐 트라우마로부터 치유되고, 당연히 우리의 것인 연민, 공동체 정신, 인간애를 되찾을 수 있다.

스스로에게 좋은 아군이 되는 법

트라우마는 혼자서 겪을 고난이 아님을 여기서 다시 한 번 강조하고 싶다. 트라우마에서 치유되려면 가족과 친구, 의사와 상담사, 반려동물, 지지 단체, 약물, 정원 등 많은 동맹군에게 의존하는 것이 중요하다. 이 점에서 볼 때, 트라우마 치유에서 '우리 함께(특별히 연민, 공동체 정신, 인간애의 유형으로)' 부분이 명확히 파악되었기를 바란다. 다른 사람의 지혜와 친절을 흔쾌히 받아들이는 성향을 개발하는 것도 중요한데, 나 역시 따뜻한 손과 글의 위력을 과소평가하지 말아야 한다는 점을 배웠다. 다른 사람들은 우리가 누구인지 상기시켜주며, 우리의 진짜 지도를 발견하는 데 도움을 주고, 살면서 원하는 곳으로 방향을 새로 잡을 때 조언을 해준다.

> 트라우마가 습격하면서 우리 뇌의 모든 부분에 영향을 주는데, 이 결과 인지력, 계산력, 판단력에 변화가 온다.

그렇긴 하지만 스스로에게 좋은 아군이 되는 법도 배울 필요가 있다. 좋은 아군은 긍정적인 자기와의 대화, 정성스러운 자기 돌봄, 자신감, 자기 확신 그리고 자신의 건강과 직업, 함께 시간을 보낼 사람들에 대해 신중하게 생각한 후 선택하는 습관 등 많은 형태로 나타날 수 있다.

때때로 나는 어릴 때 종종 봤던 옛날 만화가 생각난다. 많은 것들은 그저 신경 안 쓰고 보는 오락거리였지만, 종종 배경에 훌륭한 음악이 깔리기도 했고 이따금 삶에 대한 교훈도 전해주었다. 나쁜 짓을 할까 말까 고민하는 등장인물 어깨 위에 천사와 악마가 등장하는 만화는 한 번 이상 봤던 기억이 있다. 이 천사와 악마는 각자 나름대로 주장을 펼치며 서로 말싸움을 했고(가끔은 때리기도 했다), 등장인물은 결국 결과가 뻔한 선택을 했다. 나는 당시 어린아이였지만, 비슷한 일이 나에게도 똑같이 벌어진다는 생각은 쉽사리 잊히지 않았다.

엄마가 다른 방에서 전화를 받고 있는데, 쿠키 단지에 손을 대볼까? 동생이 내가 원하는 장난감을 갖고 놀고 있는데 뒤에서 밀어버릴까? 나는 '어떤 행동을 할지 말지'를 비교해보고 선택지를 생각하면서 때로는 한쪽 어깨에 천사를, 다른 쪽 어깨에 악마를 맘속으로 그려보기까지 했다. 우리 대부분은 여기에 공감할 수 있기 때문에 옛날 만화 작가들이 이런 식으로 줄거리를 전개한 것이 우연은 아니리라 생각한다. 우리 각자의 마음은 하나일지 몰라도, 그 마음은 여러 다른 면을 가지고 있다.

자기 내면에서 천사와 악마 같은 실제 페르소나를 보거나, 분명히 상반되는 주장을 펼치는 목소리를 들어본 사람은 거의 없겠지만, 이는 의사 결정 과정이 의식의 문턱 아래에서 이루어지기 때문이다. 우리 마음은 빙산과 아주 흡사하다. 의식 부분, 즉 인지하는 부분은 우리가 세상을 경험하며 하루하루를 탐색하는 부분인데, 수면 위로 나와 있어 우리가 볼 수 있는 빙산의 일부이다. 하지만 우리 뇌에서 일어나는 대부분의 일은 물 아래, 즉 수면 아래 거대한 부분에서 진행된다. 이곳이 바로 우리의 두려움과 수치심, 편견이 가장 활발하게 활동하는 영역이다.

트라우마가 습격하면서 우리 뇌의 모든 부분에 영향을 주는데 이 결과 인지력, 계산력, 판단력에 변화가 온다. 이 모든 일이 우리도 모르게 일어난다는 점을 다시 한 번 기억하자. 아이스크림 사례를 기억하는가? 우리 생각은 일편단심일 것 같지만, 결정을 내릴 때가 되면 수면 아래 자리한 우리 안의 또 다른 일부가 놀라운 결정을 내려버린다. 정말 원하는 직장에 면접을 보러 걸어 들어가려는 찰나 "나는 이 일을 할 수 없어"하고 체념한다거나, 건강치 못한 관계를 끊기로 이미 결정을 해놓고도 "그냥 이 사람 곁에 있자, 이번은 다를 거야" 하며 관계를 지속하거나, "이번 한 번만이야" 하며 수개월 또는 수년 전 끊었던 약물에 다시 손을 댄다.

우리 대부분에게 이런 내면의 줄다리기는 익숙할 거라는 생각이 든다. 이 줄다리기는 혼란스럽고 상당히 불쾌할 수 있다. 건강한 천사는 우리가 숙고하여 결정을 내리고 스스로를 위했으면 하고 바라지만, 다른 쪽 편에 있는 악마는 우리에게 포기하라고, 스스로의 한계에 도전하지 말라고, 자신을 위하지 말라고, 맹목적인 희망을 품으라고, 침대에 누워있으라고, 아니면 살면서 좋은 것을 누릴 자격이 없다고 갖은 방법을 동원해 설득한다. 트라우마는 이런 악마를 점점 더 많이 만들어내어 이들의 힘을 키우고, 줄다리기를 실망과 고통, 슬픔과 수치심이 가득한 불공평한 경기로 바꾸어 버린다. 한편 우리는 줄다리기 밧줄 중간에 서서 끌려 다니는 입장으로, 악마는 이 와중에 우리를 진흙탕으로 점점 더 끌어당긴다.

✓ 해법   **줄다리기 의식하기**

위에서 든 비유가 납득이 되고 가끔 건강한 충동과 건강치 못한 충동 사이의 줄다리기 한가운데에 갇혀 있다는 느낌이 든다면, 다음 해법을 시도해보자.

줄다리기를 의식하라. 줄다리기 전을 의식 표면으로 가져와서 이런 갈등이 자신의 내면 안에서 일어나고 있다는 것을 인정한다. 이 과정이 도움이 된다면 천사가 한쪽 어깨에, 악마가 다른 쪽 어깨에 앉아 있다고 상상해본다(아니면 갈등의 본질에 따라 어떤 종류든 이와 다른 캐릭터를 상상해본다). 이런 연습의 가장 중요한 부분은 자신의 내면 안에서 일어나는 상충되는 의견을 받아들이고 이들의 목소리를 내보는 것이다. 이런 식으로 스스로 이들 목소리 사이에서 자신의 힘을 포기하지 않고 있다고 상상하면 된다. 우리는 각 "선수"가 하는 말을 듣고, 각각의 의견이 가진 가치를 의식적인 방식으로 판단하고 숙고해서 궁극적으로 자신에게 가장 좋은 쪽을 '직접' 선택한다(무의식적으로 결정한 의견을 따라가는 것과는 반대다).

내가 이미 앞에서 언급했듯이 우리 내면에서는 생존을 기반으로 하는 부정적인 의견이 우세하기 때문에 트라우마는 이미 이 줄다리기 게임에서 우위를 점하고 있다. 감성적인 측면이 강한 주제, 특히 자기 자신에 대한 스스로의 평가와 관련된 것, 예를 들어 "내가 정말 좋은 부모일까?", 또는 "내가 승진을 요구해도 될까?" 같은 생각에 대해 우리가 다른 의견을 품을 때마다 이런 현상이 강하게 드러난다.

따라서 이런 의문이 내면에서 올라올 때 가장 요란한 소리를 내는 의견에 손을 들어주는 것은 적절치 못하다. 이들은 보통 트라우마를 겪은 두렵고 부끄러운 자신의 내면에서 나오는 의견이기 때문이다.

이번 장에 나오는 해법을 연습하다 보면 알맹이와 쭉정이를 골라내는 안목을 기를 수 있다. 잠시 숨을 고르고, 자신의 내면에서 나오는 다른 종류의 메시지를 자각해서 찬찬히 시간을 들여 무엇이 옳고 무엇이 그른지 판단하면 분명 마음속에서 자신에게 가장 이득이 되는 것을 택할 수 있을 것이다. 때때로 우리의 운전자는 혼동을 일으켜 어디로 가는지도 모르기 때문에 그저 차를 따고 따라가기만 하면 안 된다. 운전석에는 우리 최고의 자아가 앉아야 한다. 그래야 우리가 트라우마에서 치유되고 스스로 길잡이가 되어 연민, 공동체 정신, 인간애로 가는 넓은 대로로 진입할 수 있다.

✓ 해법 **의식 수준 올리기**

우리 마음은 종종 바쁘고, 속도감 있게 움직이며, 뒤쫓기 어려운 상충되는 정보로 가득 차 있는 경우가 많다. 여기에 잘 알려진 믿을 만한 연습 방법을 두 가지 간략하게 소개한다. 이 방법은 마음의 속도를 줄이고 정신을 맑게 하는 연습으로, 수천 년 동안 우리 곁에 존재한 방식이다.

- **명상** 수많은 책과 비디오에서 명상을 추천하는데, 이에 관한 책과 비디오만큼이나 명상의 방법도 수없이 많다. 어디서나 명상을 실천하는 간단한 방법 하나는 침착하게 숨을 들이마셨다 내쉬면서 폐에 공기가 어떻게 차는지, 또 공기가 몸에서 빠져나가면서 폐가 어떻게 반응하는지에 집중하는 것이다. 이 방법은 반복해서 실천할 경우(종종 열까지 세면서 연습을 하고 다시 반복한다) 자신의 의식 수준을 갈고닦는 데 좋은 전통적 방식이다. 명상을 할 때는 산만하게 하는 요소가 거의 없는 조용한 장소에서 하는 게 도움이 되지만, 때때로 밖에 나가 잠깐 산책하면서 하는 것만으로도 효과가 있다(단 정신을 집중하고 문자 메시지를 보내거나 인터넷 검색을 하지 않아야 한다).

- **자아 탐구** 관심을 내면으로 돌리고 내면에서 일어나는 일에 의도적으로 관심을 가지는 연습이다. 자아 탐구는 명상과 궁합이 좋아서, 두 가지를 종종 같이 하기도 한다. 우리는 스

스로의 행동을 이끄는 생각을 종종 의식하지 못하는 경우가 많으며, 그런 생각 바로 아래에서 활동하는 생각과 추론은 더더욱 의식하지 못한다. 자아 탐구는 기본적으로 이런 메시지에 대해 호기심을 가지고 이들을 받아들여 그 얘기를 들어보자는 과정인데, 이렇게 스스로를 수용하고 연민 어린 마음으로 보면 자기 자신에 대해 진정으로 알게 된다.

다방면으로 볼 때 연민은 모든 문제를 푸는 열쇠다. 연민은 트라우마와 맞서는 우리의 투쟁은 물론, 우리의 공동체 정신 및 인간애의 중심에 자리하는 덕목이다. 또 외상 후 성장과 회복력과 관련해서도, 연민이 답이다.

죽지 않고 살아남으면 더욱 강해진다는 말은 사실 맞지 않다. 죽지 않고 살아남으면 실은 상처가 남아 삶이 훨씬 고달파질 수 있다. 그러나 죽지 않고 살아남더라도 좀 더 현명해지고 좀 더 감사할 줄 알게 되며 좀 더 인정 많은 사람이 될 수 있다. 더 큰 그림으로 보자면, 연민은 스스로를 도울 뿐 아니라 타인과 세상에도 도움의 손길을 내밀면서 큰 변화를 만들어낸다.

폭력을 버리고 선의를 택하다

한번은 폭력배 생활로 오랫동안 감옥에서 복역하고, 사회규범을 무시하면서 살아온 남성을 진료한 적이 있다. 자칭 냉혹한 전과자였던 이 사람은 인생 늘그막에 나를 찾아왔는데, 그 이유는 좀 더 좋은 사람이 되고 싶었기 때문이었다. 그는 최근 손주를 보았고, 이것이 삶을 바꿔보자는 주된 동기로 작용했다. 그는 치료를 아주 잘 받았고, 예약한 진료에 한 번도 빠지지 않았다.

치료를 시작한 지 수개월 됐을까, 그의 가족에게 또 다른 폭력배가 끔찍한 범죄를 저질렀다. 그는 복수심에 범인을 죽일 생각으로 그 집에 쳐들어가 범인이 돌아오기를 기다렸다. 하지만 기다리는 동안 자신이 하고자 하는 짓을 곰곰 생각해보면서, 범인의 가족과 자신의 손주는 어떻게 될까 앞날을 그려보기 시작했다. 한참 동안 자신이 하려는 짓과 이에 대한 감정을 생각하고 더듬어본 후에, 그는 이 집에서 나가기로 결심했다. 그는 그 집에서 조용히 빠져나와 자기 집으로 갔다.

이 이야기를 하는 동안 그는 스스로도 좀처럼 믿기지 않는 것처럼 보였다. 그는 결국 폭력을 쓰지 않기로 선택했다. 마음속에 품었던 복수로는 정의를 실현하지 못하며, 그런 폭력 행위 이후 연이어 따라올 후폭풍은 분명 맞을 가치가 없음을 깨달았다고 했다. 그는 이 모든 이야기를 쑥스러우면서도 자랑스러운 듯 말했다.

이 자체로도 성공담이지만 이게 다가 아니다.

수개월 뒤, 한 젊은 여성이 전날 밤 폭행을 당한 후 이른 아침 내 진료실로 찾아왔다. 내 진료 시간의 경우, 예약하지 않은 환자가 올 수 있는 일반 진료는 오전 시간 중반이었기 때문에, 이 환자는 그전에 혹시 예약되지 않은 자리가 있으면 진료를 받으려고 병원에 온 것이다. 병원 접수 직원이 내게 달려와 젊은 여성이 대기실에 앉아 있는데, 옷이 찢어져 있고 상처와 긁힌 자국에서 피가 흘러나온다고 하면서 조용히 흐느끼고 있다고 말해주었다. 나는 대기실로 달려 나가 이 환자를 확인했다. 그녀는 대기실에서 바로 다음 번 순서를 기다리던 아까 그 냉혹한 전과자 맞은편에 앉아 있었다. 이 여성이 병원에 왔을 때 그는 이미 대기실에서 진료를 기다리던 참이었다.

감옥에서 그토록 많은 시간을 보내고 그 오랜 세월 동안 사회규범을 어기며 폭력배로 살았던 이 남성은 이 여성에게 진실한 도움의 손길을 내밀었고, 하나하나 옳은 일만 했다. 그녀가 불안감을 느끼지 않도록 일정 거리를 유지하면서도 곧 있으면 진료를 받을 거고, 이제는 안전하니 괜찮다고 재차 안심시켜주었다. 나는 그가 친절을 베푸는 모든 모습을 진료실 문 앞에서 지켜보았다. 그는 이 여성에게 자기가 예약한 시간을 양보하고 일반 진료 시간이 될 때까지 대기실에서 기다렸다.

다행히도 이 여성은 적절한 치료를 받았고, 일을 당한 이후부터는 건전하게 생활 방식도 바꿔나갔다. 역시 기쁘게도 "냉혹한 전과자"가 자신의 진료 예약을 젊은 여성에게 양보한 일은 그의 삶에 깊은 영향을 주었다.

그는 스스로 부드러워졌다고 느꼈다. 또한 자신이 (마치 평범한 사람들이 하듯) 그 젊은 여성에게 도움을 주고 손쉽게 다가갔다는 사실에 뿌듯함을 느꼈다. 또 자신이 만약 수개월 전에 그 남성을 죽였다면, 대기실에서 그 젊은 여성을 도와주지 못했을 거라는 사실을 잘 알고 있었다. 그가 설사 법의 심판을 모면했다 할지라도, 이 여성에게 했던 대로 과연 타인에게 베풀 인간애가 있었을까?

이 남성은 끝없이 긴 트라우마의 이력을 지닌 채, 트라우마로 고통받았고 또 타인에게 그 고통을 가하던 사람이었다. 그러나 자기 삶에서 계속 나아갈 길을 선택하는 순간이 왔을 때, 연민을 택했다. 그는 트라우마가 더한 트라우마를 낳는다는 사실을 이미 터득했다. 결국 이 사실을 터득한 덕분에 인생의 방향을 다시 잡을 수 있게 되었다.

이 이야기는 의외의 사람으로부터의 도움, 스스로 놀랄 만큼의 예기치 못한 발전 등 많은 소재를 담고 있다. 여러분의 인생을 생각해보고 인생의 갈림길에서 보다 건강하고 남에게 트라우마를 덜 주는 방안을 선택했던 순간을 떠올려보자. 다른 나이 대더라도 같은 선택을 했겠는가? 어떤 도움을 통해 올바른 방향으로 키를 돌렸는가? 여러분이 한 선택에서 연민, 공동체 정신, 인간애 중 어떤 요소를 찾을 수 있는가?

14

트라우마가 아닌 나의 이야기 쓰기

코로나19, 산불, 사회 전체에 침투해 있는 인종차별, 정치적 동기로 인한 협박과 폭력, 소득 격차, 실업으로 인한 의료 보험 부재 등 오늘날 우리가 직면하는 사회 차원의 트라우마는 우리에게 서로 도우라고, 또 세상이 상호 연결되어 있다는 사실을 이제는 인정하라고 목소리를 높인다. 우리는 지금의 우리를 받아들이고 포용할 능력이 있다. 우리는 변화하려면 필요한 지식을 쌓아야 한다는 것을 그리고 더 많은 지식을 얻으려면 변해야 한다는 것을 받아들이고 포용할 수 있다. 그리고 또한 행동하면 시작할 수 있다. 누군가의 삶이 더 나아지도록 하면서, 사는 곳에 변화를 일으키면서, 전 세계적인 대의를 옹호하면서 시작할 수 있다. 긍정적인 행동을 시작하는 출발점은 말 그대로 끝이 없다. 우리 누구라도 개인적으로 이루어낼 수 있는 변화는 헤아릴 수 없이 많고, 이 때문에 바로 우리 모두가 함께 협력해야 한다.

지혜와 끈기는 누구나 키울 수 있다

트라우마에 맞서고 치유의 과정에서 자기 몫을 하려고 우리가 꼭 학자나 성인이 되어야 하는 것은 아니다. 내가 여기서 제안하는 방법은 그다지 숭고한 것도 아니고 분명 추상적인 것도 아니다. 지혜와 끈기는 타인에게 연민의 마음을 품는 우리 삶의 상식적인 변화와 함께 온다. 이는 쉽게 나오는 직접적인 해결책은 전혀 아니다. 지혜와 끈기는 어떤 사람에게는 있고 또 어떤 사람에게는 없는 자질이 아니며, 연습을 통해 점점 강해지는 타고난 속성이다.

    지혜와 끈기는 자기 자신과 타인을 연민의 렌즈를 통해 볼 때, 트라우마가 믿었으면 하는 우리 자신에 대한 거짓말을 우리가 꿰뚫어볼 때, 트라우마가 우리의 기분, 감정, 정서에 끼치는 영향을 파악할 때 생긴다. 지혜와 끈기는 또한 강하고 열정적인 뭔가가 우리 안에서 올라오는 것이 느껴질 때마다, 즉각적으로 반응하는 대신 잠시 기다려서 심사숙고할 때마다 생긴다. 지혜와 끈기는 우리 안에서 올라오는 모든 생각과 메시지에 말을 붙이고, 우리의 요구와 바람을 타인과 공유할 때 나온다. 그리고 의식적인 결정을 하고, 전에 트라우마가 우리 결정에 영향을 준 정도를 파악할 때마다 지혜와 끈기는 자라나며 우리는 이를 키워나간다.

지혜와 끈기를 갖추면 우리는 최고의 우리가 된다. 다시 한 번 말하지만 목표는 완벽함이 아니다. 사실 완벽에 대한 욕구는 트라우마가 우리에게 쓰는 속임수 중 하나다. 목표는 끊임없이 움직이는 골대가 아니라, 자신의 최선의 이익은 물론 다른 사람의 최선의 이익까지 명심하겠다는 진심 어린 약속이다. 목표는 주도적이 되는 것이고, 이런 과정에서 다른 사람도 주도적인 삶을 살도록 돕는 것이다.

지혜롭고 끈기 있게 판단을 내릴 수 있다면 우리는 다른 사람을 이끌 수 있고, 또 언제 다른 사람에게 이끌려야 하는지도 알 수 있다. 우리 가족과 이웃, 도시, 국가에는 우리를 이끄는 리더들이 있다. 이때 우리에게 도움이 되는 리더와 자신들의 사익에만 몰두하는 리더를 구별할 줄 아는 안목이 매우 중요하며, 이를 위해서는 연민, 공동체 정신, 인간애같이 전통적으로 입증된 가치에 기대야 한다. 우리의 리더는 진정으로 이런 가치를 중시하는가? 우리는 그러한가? 트라우마가 상황을 뒤죽박죽 망쳐놓는다 해도, 우리 모두는 이런 대답이 진실인지 판단할 수 있으며 자기 자신과 타인에 대해서도 판단을 잘 내릴 수 있다. 의사이자 정신과 개원의로서 나는 뇌 생물학과 심리학이 같은 선상에서 우리에게 동일한 교훈(예컨대 우리 모두는 습관의 동물이라는 사실)을 줄 때가 얼마나 많은지 사뭇 놀라게 된다. 이런 교훈은 생리학적인 면은 물론, 인간 행동 영역에서도 노골적으로 드러난다. 특히 트라우마에 관한 한, 우리 안에 뿌리박힌 행동 양식을 바꾸려면 연습과 인내 그리고 연민이 필요하다. 지혜와 끈기 역시 필요한 덕목이며, 현명한 판단을 내리고 효율적인 리더가 되기 위해서도 이 모든 자질이 다 필요하다.

우리 모두는 그 내면에 어떤 식으로든 삶을 이끌 자질을 가지고 있다. 필요한 지식과 지원으로 무장했다면 그다음에 트라우마가 우리를 이끌 것인지, 트라우마에 맞서 우리가 삶을 이끌 것인지는 우리가 결정할 일이다. 우리는 수치와 위험의 끔찍한 사이클에 종지부를 찍을 수 있다. 미래 세대에 트라우마의 유산을 남길 필요가 없는 것이다. 스스로의 선택에 따라 우리는 자신의 삶을 이끌고, 앞으로 향할 더욱 건강한 길을 정하며, 우리 모두를 위해 더 좋은 세상을 창조할 수 있다.

트라우마 확산을 막기 위한 소통 방식

기존 트라우마에 더욱 잘 대처하는 세상을 건설하는 데 있어서, 오히려 트라우마를 더욱 강력하게 만들거나 트라우마를 더 많이 만들어내는 다양한 기제를 피하려면 할 수 있는 것은 반드시 다 해볼 필요가 있다. 소통의 영역에서 이 점은 가장 분명하게 드러난다. 가짜 뉴스와 인터넷 루머 및 거짓의 확산, 과장된 이원주의 방식으로 진실을 비웃는 리더의 꼬임에 넘어가는 세상에서, 우리 모두는 사용하는 언어에 더욱 각별히 주의를 기울여야 한다. 특히 트라우마에 함께 맞설 때, 언어는 우리의 믿음과 감정을 전달하는 중요한 수단이지만, 다른 사람에게 특정한 믿음과 감정을 불러일으킨다는 점도 기억해야 한다. 따라서 언어는 더욱 신중하게 구사해야 하며, 리더 역시 그렇게 해야 한다.

공적인 곳에서 부정적인 언어를 강하게 사용하는 현상이 최근 몇 년 사이 더욱 빈번해졌다. 소셜 미디어와 뉴스의 일부 단면에 스며들어 있는 모욕과 위협이 여기에 해당되는데, 과거라면 널리 금지되었을 의사 표현 방식이다. 자기 자신을 표현하고 타인에게 말하는 방식은 우리가 만드는 세상의 유형에 큰 영향을 준다. 남을 무시하듯 잘난 체하고 과장된 말을 쓰면 사람들을 소외시키고 의기소침하게 만드는데, 우리 중 가장 취약한 계층이 무기화된 언어에 전형적으로 가장 많은 피해를 본다. 자, 이제 트라우마의 확산을 막으려 힘쓰는 리더와 시민에게 좀 더 명확하고 좀 더 진심을 담아 소통하는 실용적인 방안 네 가지를 소개하겠다.

① 과장을 피하라. 한 마을을 초토화시키는 홍수는 '무섭고 끔찍한' 것이다. '무섭다' 또는 '끔찍하다'라는 단어를 원치 않은 민주 선거 결과를 표현하거나 자기와 다른 정치 의견을 가진 사람을 묘사할 때 사용한다면, 이런 단어가 지닌 묘사의 격이 떨어지고 그 진정한 의미가 줄어든다.

② 꼬리표 붙이기를 자제하라. 사람들 집단 간의 허위 유사점과 차이점을 만들어내는 데 언어가 너무 자주 쓰인다. 이는 거주 지역에 따라 다른 정치 색, 젠더, 성별, 인종, 살고 있는 나라에서 본래 태어났는지의 여부 등에도 적용된다. 예를 들어 '이민자'라는 단어는 대부분의 미국인이 이민을 와서 터전을 잡았는데도 불구하고, 격론을 불러일으키는 이원적인 용어로 사용된다.

③ 문제를 사소한 것으로 만들지 말라. 문제를 사소하게 만드는 수식어구는 고려 중인 주제가 개인적인 트라우마일 경우 특히 문제가 되며, 그 주제가 널리 만연해 있는 사회적 트라우마일 경우에

는 더더욱 문제가 된다. 예컨대 의료계와 미디어에서 피해자가 당한 폭력의 정도를 최소화하려고 "성폭력"이란 용어를 남발하는 것을 보면 기가 찰 정도다. 마치 해당 폭력이 성적인 본성 때문에 어쨌든 용서될 수 있거나 피해가 덜하다는 뜻으로 들린다. 트라우마를 우연히 겪는 사소한 문제로 치부하는 것은 고의적인 의도는 아니겠지만, 더한 트라우마를 낳을 수 있다.

④ 영향에 대해 생각하라. 이 해법은 위에서 든 사례를 비롯해 다른 수많은 사례에도 적용된다. 의료계 인력이 겪는 상황을 표현하려고 "번아웃 상태"라는 용어를 사용하는 것은 상당히 눈에 거슬린다. 이들은 현재의 의료 시스템에서 혹사당하고 제대로 가치를 인정받지 못한 채 한계점에 다다랐다. 시스템 문제를 비난하는 대신 이러한 용어를 쓰면, 개개인에게 책임이 전가되면서 부당하게 그 사람들이 나약하고 자기 돌봄이 부족함을 암시하게 된다. 타인을 묘사하려고 사용하는 단어를 아무 생각 없이 무심코 쓰게 된다면, 우리는 트라우마의 공범자가 되어, 건강치 못한 환경을 바로잡으려고 타인과 함께 노력하기는커녕 이들에게 수치심만 안겨주게 된다.

다른 사람과의 소통에서 친절함과 명확함, 자기 성찰을 연습한다고 당장 트라우마에 제동이 걸리지는 않지만, 그래도 좋은 출발점은 된다. 그리고 어떤 감투를 쓰고 남을 이끄는 길을 선택한 사람들은 그들의 지도력에 의지하여 과거보다 훨씬 잘해보려 애쓰는 그들 자신을 비롯한 다른 사람들 덕분에 그 자리에 있는 것이다.

어떤 말은 타인의 불안을 자극한다

의과 대학생들은 각 과를 돌면서 배움의 시간을 갖는데, 보통은 병원에서 실습하게 된다. 각 과를 회진할 때 학생은 몇 주 동안 의사들로 이루어진 의료진을 따라다니는데, 이렇게 하는 목적은 관찰하고 연구하면서 환자 진료에 참여하는 과정을 통해 배우기 위함이다.

때때로 의대생은 이런 의료진과 하나가 되어 병원에서 이루어지는 의료 행위를 잘 이해할 수 있게 된다. 하지만 때때로 팀의 규모가 크고 팀 내 의사들의 연차가 다양할 경우, 학생은 이리저리 끌려다니는 회진에서 그만 길을 잃을 수 있다. 이런 식의 회진에 배정되어 일하는 동안, 나는 권위와 공포 그리고 말, 심지어 우연히 내뱉은 말이 타인에게 트라우마를 줄 수 있다는 중요한 교훈을 배웠다.

의료진을 따라 병원 복도를 다닐 때, 나는 마치 혜성 끝에 달린

먼지 입자 같다는 느낌이 들었다. 보통 두세 명으로 이루어진 팀에서 가장 고참 의사가 앞에 서고 다른 의사들은 연차 순으로 뒤에 서서 따라간다. 나를 포함한 다른 학생들은 그들 뒤를 따르는데, 우리 존재는 대개 의료진이라는 혹성의 몸체에 달린 부속품이었다. 우리에게 권위는 그다지 많지 않았지만, 분명 아픈 환자와는 위치가 달랐다. 지금 특히 한 환자가 떠오르는데, 그전에 딱 한 번 만난 적이 있는 노년의 남성이었다.

이 할아버지는 집을 떠나 병원에 있는 것 자체가 무서운 것 같았다. 특히 흰색 가운을 입고 의미심장한 얼굴을 한 회진 팀이 불쑥 그의 병실에 들이닥쳤을 때 환자의 불안은 고조되었다. (연차가 의료진 혹성 꼬리에 해당한다면 뭐 으레 그렇듯), 나는 바로 문가에 서 있었지만, 키가 커서 다른 학생과 의사들 어깨 너머로 상황을 지켜볼 수 있었다. 의료진에게 이런 회진은 늘 있는 일이라 모두 환자가 아닌 다른 생각에 잠겨 있는 듯했다. 가령 다음 회진 환자나 회진 후 문서를 작성하는 일이나 곧 제출해야 하는 논문 등의 일 말이다. 그게 뭐든 아무도 이 환자에게는 그다지 관심이 없었다.

고참 의사가 환자의 검사 결과를 간략하게 얘기하고, 진단 결과 암이라는 말을 덧붙였다. 이어서 암의 종류를 설명했지만, 이런 암은 거의 모든 경우 완치가 가능하다는 사실은 말해주지 않았다. 이 환자는 그저 앞을 빤히 바라보고 듣기만 했다. 마지막으로 고참 의사가 권위적인 전문 직업인의 목소리로 그날 늦게 종양 전문의가 올 거라고 얘기해주었다. 바로 이때 환자의 눈이 커지더니 얼굴에서 핏기가 사라졌다. 마치 유령을 보기라도 한 것처럼.

회진을 마친 후 계속 그 환자의 그 표정이 뇌리에서 떠나지 않았다. 환자의 반응이 못내 마음에 걸려서, 나는 회진 대열에서 슬쩍 빠져나와 그를 살피러 다시 갔다. 그는 충격이 가시지 않은 듯 두려운 얼굴이었지만, 친절하고 거리낌 없는 모습으로 나를 맞아주었다.

"'종양 전문의'라는 말에 정말 당황하신 것 같아서요." 내가 말을 꺼냈다.

그는 고개를 끄덕이며 침을 꿀꺽 삼켰다.

"환자분, 종양 전문의라는 말이 무슨 뜻인지 아세요?" 나는 이렇게 물었다.

"알죠. 장의사란 뜻 아닌가요, 맞죠?"

나는 두 직종의 차이점을 설명하고, 그의 암은 분명 치료가 가능하며 종양 전문의가 나중에 치료 과정을 설명해줄 거라고 확신을 주었다. 그때 그의 얼굴에 놀라울 정도의 안도감이 나타났다. 그는 단어의 뜻을 혼동했다고 사과했지만 나는 오히려 우리 회진팀이 사과해야 한다고 말했다.

   이 사례는 우리가 소통해야 하는 사람은 무시하고 자신의 일만을 위해 언어를 사용하는 한 가지 예에 불과하다. 고참 의사가 좀 더 신경을 썼더라면 그 환자는 불필요한 불안에 떨 필요가 없었을 것이다. 소통의 핵심은 단지 가장 정확한 단어를 사용하는 것이 아니라, 이런 단어가 타인에게 어떤 영향을 끼치는지 살피고, 잘 듣고, 또 이들의 보디랭귀지에 좀 더 전문가답게 대처하는 것이다. 이렇게 한다면 좀 더 효율적인 소통이 이루어지고, 타인을 덜 자극하게 되어 이들에게 새로운 트라우마가 생겨날 가능성이 줄어들게 된다. 어떤 말이 우리에게는 물론 다른 사람에게 어떤 의미를 주는지 고려하고, 우리의 소통 방식이 그들에게 어떻게 받아들여지는지에 관심을 기울이는 것은 정말 중요하다. 이런 태도는 정보를 전달할 때뿐만 아니라, 인종적 또는 성적인 주제와 단어에 관해 소통할 때도 더욱더 중요하다.

최근 또는 예전에 다른 사람에게 썼던 말 중 전혀 그렇게 의도하지 않았는데 그들을 자극한 단어가 무엇이었는가? 여러분이 쓴 단어가 상대방을 거슬리게 했다는 것을 어떻게 알았는가? 상대방의 그런 반응을 어떻게 받아들였는가? 이런 경험을 염두에 두고 남과 소통하는 방식에 어떤 변화를 주었는가? 다른 사람에게는 아무렇지 않은 말인데 여러분에게 거슬리는 단어는 무엇인가?

트라우마가 쓰는 거짓 내러티브

단어는 문장을 만들고, 문장은 이야기를 만들며, 이야기를 통해 우리는 자신의 삶과 세상을 이해한다. 이야기는 우리에게 도움이 됐든 도움이 되지 않았든 자신이 배운 교훈을 이해하는 데 도움을 준다. 자신의 이야기, 특히 자신에게 부정적인 영향을 끼쳤던 이야기를 다시 되돌아보는 것은 종종 필요하다. 우리 뇌는 본능적으로 우리의 경험이 준 교훈이 진실을 말해주는지 여부를 따져보지 않는다는 뜻이다. 우리는 그저 그 의미에 대해 이야기를 만들어 받아들이며 앞으로 나아간다. 만약 이런 교훈이 트라우마와 관련되었다면 자기도 모르게 종종 부정적인 여파를 몸에 지고 살게 된다. 이는 트라우마 교훈이 "스티커" 같아서 부정적인 기분과 감정, 정서에 철썩 달라붙기 때문이다.

내 인생에서도 몇 가지 사례를 생각해볼 수 있다. 나는 학교 성적이 항상 좋았고 스스로 똑똑하다는 것은 인정한다. 직장 생활도 역시 잘해왔고, 마음먹고 작정하면 잘할 수 있다는 것을 스스로 인정한다. 이 점은 나의 긍정적인 면이지만, 너무나도 일상적인 일이라 굳이 되새겨보거나 자축하거나 많이 생각하지 않는다. 하지만 부정적인 면은 완전히 다르다. 나 자신에 대해 생각할 때, 어느 정도는 사실이지만 약간 부정적인 요소가 뇌에서 아주 상당 부분을 차지한다. 예를 들어 내가 공 던지기를 잘 못 한다는 사실 말이다. 나는 야구공은 꽤 잘 던질 수 있지만(연습을 많이 했다), 럭비공이라면 생각도 하기 싫다. 그래서 자라면서 스스로 손과 발이 따로 놀아 조롱의 대상이 되고 운동을 못 하는 아이로 낙인이 찍혔다는 결론을 내렸다.

나이가 들고 비극이 삶의 한 부분을 차지하면서 나 자신이 실패자고 따라서 불행할 수밖에 없다는 이야기가 점점 쉽게 고개를 들었다. 일부 사람들과 마찬가지로 나는 종종 스스로 저주받았다고 느꼈다. 스스로에 대해 그렇다고 믿기에는 힘든 것이고, 사람의 기분과 불안 수준, 또 의사 결정에 영향을 줄 수 있는 좀 말이 안 되는 생각이었지만 나는 그렇게 느꼈다. 어느 순간에 나 자신에 대한 이런 부정적인 이야기는 뿌리를 내렸지만, 당시 나는 이런 이야기에 도전장을 내밀기 위해 가던 길을 멈춘 적이 한 번도 없다. 스스로를 분명히 보고 싶다면, 또 트라우마가 믿었으면 하는 해로운 이야기에서 벗어나고 싶다면 이게 바로 우리가 해야 할 일인데도 말이다.

트라우마는 넓은 붓으로 서투르게 우리의 다양한 경험 위에 그림을 덧그리면서 귀담아들을 교훈은 덮고 그 위에 "나에게 좋은 일은 절대로 일어나지 않아" "모든 사람이 나를 잡아먹으려고 난리야" 아니면 "아무도 나를 좋아하지 않아" 등등의 말 같은, 우리 자신에 대해 안 좋게 이야기하는 끔찍한 대본을 휘갈겨 쓴다. 트라우마는 우리의 성취를 가리고 우리가 당연히 누려야 할 기쁨과 만족을 앗아가버린다. "나에게 그런 어려운 일이 닥쳤지만 성공적으로 해냈어" 하고 스스로 칭찬하는 대신 "이번엔 운이 좋았지만 아마 다시는 그런 일이 일어나진 않을 거야" 라거나 "그래, 그때는 해냈지만 그게 뭐가 대수야. 나는 ○○라서(형편없어서, 사랑받을 수 없어서, 나쁜 사람이라 등등 당시 상황에 가장 어울리는 말) 잘 될 수가 없어"라고 자신을 깎아내린다.

자기 자신에 대한 안 좋은 이야기는 일종의 미신과 같아서 아무도 이걸 읽고 싶어 하지 않지만 어쨌든 이야기 전집에 같이 끼어 들어가 우리의 거짓된 인생의 내러티브가 된다. 거짓된 인생의 내러티브는 부정적인 이야기를 확장하고, 긍정적인 이야기는 잊거나 숨기며, 자신에 대한 생각에 도전장을 내밀 만한 현재의 증거를 묵살하고, 미래에 반드시 부정적인 일이 일어날 거라고 거듭해서 장담한다. 트라우마는 이런 거짓된 내러티브의 저자인데, 만약 우리가 편집 과정에 적극적으로 나서지 않는다면 이런 거짓 이야기에서 헤어나지 못하게 된다.

사실 트라우마에게서 펜을 영원히 낚아채면 우리가 스스로 자신의 진정한 삶의 내러티브를 쓸 수 있다. 이런 내러티브는 우리를 존중하며 공평한 마음으로 대한다. 이런 내러티브는 아주 사소한 승리를 일구어냈더라도 이를 가능토록 한 용기와 노력을 인정한다. 진정한 삶의 내러티브는 아이를 기르거나 가족을 부양하거나 젠더의 정체성을 주장하거나 다른 사람의 성 정체성을 포용하거나 인종차별에 맞서 부단히 노력하거나 폭행을 당한 후에도 학위 과정을 계속하는 등 이런 성취를 일구느라 애쓴 과정을 모두 인정해준다. 진정한 삶의 내러티브는 정직하고 희망을 북돋우며 트라우마에 맞선 상황에서도 우리를 돌봐준다. 이들은 또한 미래의 청사진이기도 하다.

✓해법 진정한 삶의 내러티브 쓰기

스스로 지고 다니는 안 좋은 이야기를 다시 꺼내서 이에 의문을 제기하고 이를 다시 쓰는 일이 중요하다. 이런 이야기를 실제 우리에게 도움이 되는 내러티브로 바꾸는 것 역시 이에 못지않게, 아니 그보다 더 중요하다. 진정한 삶의 내러티브는 성찰과 쓰기를 통해 스스로 실행할 수 있지만, 이런 과정에서 누군가 믿을 만한 사람, 예컨대 좋은 친구나 심리 치료 전문가를 곁에 두면 정말 도움이 될 수 있다. 아무리 진정한 삶의 내러티브를 쓴다고 해도 스스로를 명확하고 온정이 담긴 눈으로 바라보는 것이 결정적으로 중요하다.

진정한 삶의 내러티브를 쓰는 일은 부주의한 환영이 보는 차 뒷좌석에서 깨어나는 것과 같다. 앞좌석으로 올라가 환영을 옆으로 밀치고 운전대를 잡는 일과 같은 것이다. 일단 운전석에 앉으면 거울을 점검하고, 좌석을 자기에 맞게 맞추고, 인생에서 어디로 가고 싶은지 결정하기가 그렇게 어렵지 않다. 이제 더 이상 환영이 훨훨 날아다니며 우리를 저주하면서 안 좋은 이야기를 퍼붓지 않는다. 환영은 우리가 차 뒷좌석에서 잠들어 있을 때만 운전대를 잡는다. 우리가 쫓아내면 이건 사라지게 되어 있다. 그리고 덤으로 모범 운전자가 운전대를 잡으면 다른 사람들을 위해서도 도로가 좀 더 안전해진다.

이름이 바뀐 소녀

전쟁으로 황폐화되고 폭력의 강도가 상상을 초월하는 그런 나라에서 자란 한 젊은 여성을 안다. 이 여성의 아주 어린 시절 기억은 공포와 상실감으로 차 있었다. 어린 시절, 가족 중 살아남은 사람들은 머나먼 정글로 피신을 했다. 정글은 폭력으로부터 안전한 곳이었지만, 살 만한 조건은 거의 갖춰지지 않아 음식을 배불리 먹는 날이 좀처럼 없었다. 또 이런 저런 유행병으로 고생을 했다.

이런 어려운 상황에서도 이 소녀는 사랑받으며 잘 자랐다. 어머니와 아버지가 껴안아주면서 '너는 훌륭하고 꼭 필요한 사람'이라고 말하며 안심시켜준 게 기억난다고 회상한다. 무엇보다도 그녀는 사랑받은 기억을 가지고 있다. 10대가 되면서 소녀는 역시 재치 있고 영특하며 이타적이고 용감한 심성을 발휘했다. 그런데 어느 날 위기 상황이 왔다. 사람들이 농사를 지을 때 이용했던 웅덩이의 배수로가 막혀 넘치는 바람에 사는 막사가 붕괴될 위험이 있어 이를 옮겨야 했던 것이다.

그녀는 남자들이 문제를 해결하려고 막힌 것을 뚫으러 웅덩이로 갔다가 결국 실패하고 그냥 돌아왔을 때의 표정이 어땠는지 생생하게 기억난다고 했다. 그들의 표정에는 두려움이 가득했지만, 어쩔 수 없는 상황 때문이었는지 침착해보였다. 그녀는 또한 당시 자기와 남자들의 차이점을 분명이 기억했다. 자기는 작고 유연했지만 이 남자들은 다 자란 성인이었다. 그 차이점을 생각하면서 소녀는 문제를 해결해보겠다고 결심했다. 웅덩이 속을 철벅철벅 걸어들어가 뱀과 기생충이 우글거리는 물속을 헤엄쳐 가까스로 웅덩이 뒤쪽까지 갔다. 그곳에서 배수로를 막고 있던 큰 잎사귀와 다른 부스러기를 꺼낼 수 있었다. 이 덕분에 물은 다시 순조롭게 흐르기 시작했다.

이 소녀는 태어날 때 지어준 이름을 대단히 좋아했지만, 이제는 더 이상 그 이름을 쓰지 않는다. 정글 마을을 살려낸 후, 소녀의 가족을 비롯한 마을 사람들은 축하연을 열어 소녀에게 새로운 이름을 지어주었다. 소녀의 영웅심을 인정하고 그 기질을 드러내며 소녀가 품위 있고 강한 사람임을 알리는 이름이었다.

정말 끔찍한 상황에서 자라면서도 그녀는 자신이 소중한 사람이라는 것을 늘 알고 있었다. 자신의 가치를 알아서 자신감이 있었고 그 덕분에, 중요한 순간이 오자 그저 해야 할 일을 해낼 수 있었다. 나중에 성인이 되고 나서도 그녀는 새로운 기회를 자양분으로 계속 발전했으며 훌륭한 교육을 받았고 자기가 사는 공동체에 가치 있는 기술을 다시 가지고 와 사람들을 도왔다. 최악의 상황에서도 자녀를 사랑으로 잘 양육하면, 필요한 상황이 왔을 때 자녀에게서 그 최고의 자질을 끌어낼 수 있다. 이 소녀 이야기를 단편적으로만 본다면, 부모는 딸에게 준 게 거의 없었지만, 잘 각색된 버전으로 보면 그들은 딸에게 필요한 모든 것을 다 준 셈이다.

여러분에게 불리하게 돌아가는 상황에서도 이를 이겨내고 성취한 적이 있는지 생각해보자. 성공하기 위해 여러분 안의 어떤 자질을 불러냈는가? 그 과정에서 누가 도와주었는가? 여러분 자신만의 진정한 삶의 내러티브에서 이런 성취의 경험이 어떤 역할을 했는가? 앞으로의 도전을 앞두고 이런 성취의 경험이 스스로에게 어떤 이야기를 해줄 수 있을까?

15

트라우마를 함께 치유한다는 것

이 책을 마무리하는 시점에서 나의 목표는 떠나는 독자에게 새로운 동기를 부여하고 여러 다양한 도구와 아이디어를 구비해 트라우마와 맞서 싸우고 트라우마가 우리에게 끼치는 해악에서 벗어나도록 돕는 것이다. 이 목표를 위해 인간애가 깃든 사회 참여에 대한 내 의견을 펼치고 싶고, 독자들도 나와 함께 여기에 동참했으면 한다.

이 책의 다른 장에서 언급했듯이, 트라우마는 단지 개인적인 문제가 아니어서 우리 자신이 내놓는 해결책으로는 지속적인 효과를 낼 정도로 판세를 바꾸기는 역부족이다. 하지만 모두의 노력을 합하면 우리 대부분이 갈망하고 필요로 하는 실질적인 변화를 만들어낼 수 있다. 우리가 힘을 합하면 우리 몸과 집에서, 또 우리의 사랑하는 사람과 공동체에서, 또 이 나라와 이 지구에서 트라우마를 몰아낼 수 있다. 우리가 힘을 합하면 트라우마가 뿌리 내리는 것을 막고, 진정한 치유가 이루어질 수 있는 환경을 창조할 수 있다. 하지만 이 모든 것은 그저 지절로 이루어지는 것이 아니다. 이를 위해 노력해야 하고, 반드시 함께 힘써야 한다.

인간애가 우리를 구한다

우리 대부분은 인간애가 깃든 사회 참여의 기반과 목표를 이미 잘 알고 있다. 전 세계 종교의 온정 어린 가르침에서 이를 알고, 또 미국의 건국 기반인 민주적 이상으로도 제시되었다. 오늘날 우리는 심각한 도전에 직면해 있고, 마치 우리가 같이 안고 있는 트라우마가 걷잡을 수 없이 날뛰는 것처럼 느껴지지만, 이런 기반과 목표에 의존하면 우리 자신을 잘 간파할 수 있으리라 굳게 믿는다.

첫 번째 가장 중요한 점으로, 인간애가 깃든 사회 참여 정신은 우리 자신과 우리와 상당히 다른 사람을 포함한 모든 이들을 존중한다는 이상을 포용한다. 부분적으로 인간 존중에 높은 가치를 둔다 함은 우리도 실수할 수 있으며, 우리 믿음과 감정이 반드시 모든 진리를 망라하지 않음을 인정하는 것이다. 따라서 기본적인 수학이나, 중력같이 모두가 합의한 현상을 얘기하지 않는 이상, 온정 어린 사회 참여는 옳은 것을 결정하고, 그런 진리에 관해 주장하는 데 있어서 돌봄의 정신을 발휘하는 것이다. 우리는 때때로 뭔가에 의해 잘못 이끌릴 수 있는데, 트라우마가 종종 그 잘못된 리더임을 이해해야 한다.

온정 어린 사회 참여 정신으로 살아간다는 것은 인간의 다양한 믿음과 느낌이 트라우마에 대한 노출, 유전적 특징, 타고난 문화, 가족의 역학, 특권, 권리의 박탈, 생의 발달 단계 같은 끝도 없이 복잡한 요인들에 근거한다는 사실을 기억하는 것이다.

우리가 뭔가를 아주 굳게 믿는 것처럼, 동시에 다른 사람도 다른 믿음을 가질 수 있음을 인정해야 한다. 그러려면 인간애와 연민이 필요하며, 이런 정신이 수용과 신뢰 그리고 상호 안전의 환경을 조성한다.

온정 어린 사회를 만드는 다섯 가지 요소

인간 사회는 사회가 구성원들에게 주입하는 가치와, 이 구성원들이 자신들의 경험과 교육, 활동을 통해 이런 가치를 구체화하는 방식에 따라 형성된다. 이런 것들은 한 사회를 활기차게 하고 또 그런 사회를 묘사하는 요소인데, 나는 온정 어린 사회 참여를 확립할 때 다음 다섯 가지 기반 요소를 포함시킬 것을 제안한다.

① **역사** 역사는 어떻게 우리가 한 사회로서 또 사회 집합체로서 현재 여기까지 왔는지 파악하는 데 도움을 준다. 역사를 꼼꼼히 읽어보면 우리가 공유하는 다양한 기원, 전쟁과 탐욕의 결과, 발전의 혜택과 피해 등을 알 수 있다. 역사는 정치적 사건을 명확히 밝혀주고, 우리 스스로가 제때 안착할 상대적 기반을 제공해준다.

② **종교** 여기서는 종교를 위한 종교를 언급하는 것이 아니라 대부분 세계 종교 전통의 핵심에 있는 공통의 가치, 특히 연민과 생명에 대한 존중을 아우르는 가치를 말한다. 과학과 더불어 종교는 우주에서의 우리의 위치를 이해하는 기반이 되며, 생의 의미와 목적을 인지하는 핵심이 되기도 한다.

③ **과학과 의학** 과학과 의학은 우주가 어떻게 움직이고 우리 뇌와 몸이 그 안에서 어떻게 존재하는지 가르쳐준다. 과학과 의학을 통해 미시적인 것과 거시적인 것 그리고 그 사이에 위치한 모든 것을 이해할 수 있다. 이들은 또한 원인과 결과를 이해하는 기반이

되며, 사회 개혁이 어떤 모습일지 설명해준다.

④ 삶의 경험 우리는 자신의 삶의 경험을 통해 모든 것을 여과시킨다. 여기에 소개된 기반 요소 중 다른 네 가지 핵심 역시 모두 우리 자신의 인식과 필터, 관계를 통해 여과된다. 삶의 경험은 구체화된 학습으로, 다시 말해 우리의 신념과 의도에 영향을 주는 변연계와 논리계의 조합이다.

⑤ 조기 교육 예컨대 유치원에서 배우는 교육의 기본은 친절과 인간애, 상식에 뿌리를 내리고 있다. 살면서 이런 교훈을 종종 잊는다 해도, 조기 교육은 이해와 행복의 비결이 실은 아주 단순하다는 것을 가르쳐준다.

살면서 부딪치는 거의 모든 상황에 이들 기반 요소를 한 가지 또는 그 이상 적용하고 의지하면 된다. 예컨대, 트라우마의 경우 역사는 대대적으로 자행된 폭력의 피해를 알려주고, 종교는 타인을 친절하게 대하고 곤경에 빠진 사람을 돌보는 가치를 강조하며, 과학과 의학은 트라우마를 예방하고 치료하는 방법을 알려주고, 삶의 경험은 슬픔과 기쁨을 불러내 다른 사람과 소통할 수 있는 힘을 길러주며, 조기 교육은 연민과 공동체, 인간애를 키우기 위한 단순한 교훈을 주입해준다.

생물심리사회적 모델

생물심리사회적 모델biopsychosocial-spiritual model은 1970년대 미국 내과 전문의인 조지 엥겔George Engel에 의해 인간의 건강을 포괄적으로 이해하려는 차원에서 개발되었다. 그 이후 정신 건강 치료의 기본 접근 방식이 되었고 지금까지 계속 범위를 넓혀 정신 및 문화적 요소까지 포함하게 되었다(따라서 현재는 종종 생물심리사회적 정신 모델이라 불린다). 그 자체로 이 모델은 위에서 열거한 다섯 가지 기반 요소를 핵심으로 하는 치료 방법이다. 이 모델을 완벽하게 적용하면, 남을 도우며 치유받는 수많은 방법을 포착할 수 있다. 이 모델은 유전학과 유전의 작동 방식을 결정하는 다양한 영향, 뇌 생물학, 심리 요법 치료, 서구 및 토착 의학, 영양, 문화적 배경, 사회관계, 인성, 개인적 이력, 교육, 종교 및 정신적 가치 등을 고려한다.

또한 이 모델은 소위 실행 능력, 즉 우리가 선택하는 방법으로 세상을 이해하고 탐색하는 능력을 우위에 둔다. 이 말은 가장 소리가 요란하고 가장 겁이 많은(예를 들어 트라우마를 겪은) 자아가 선택하는 것이 아니라 우리의 온전한 자아가 세상살이 방식을 선택한다는 뜻이다. 생물심리사회적 정신 모델의 정신적인 면은 이런 모든 부분을 살아 있는 온전한 개체, 즉 세상에서 활발하게 존재하는 인간으로 한데 통합하는 힘이라 할 수 있다. 이런 정신적인 면은 전통 종교나 그 외 다른 요소를 통해 표현될 수 있지만, 이상적으로는 연민과 관용을 포용한다. 이 모델의 정신적인 면을 통해 우리는 자기 자신과 사랑하는 사람들 외의 다른 사람들에 대해서도 책임감을 느낄 수 있으며, 또한 모든 사람들을 위해 정의를 세우겠다는 갈망이 생긴다. 우리가 생물학적, 심리적, 사회적, 정신적인 모든 면에서 최고의 자아가 되고자 노력한다면, 우리의 뇌와 몸, 정신도 최선을 다해 여기에 동조할 것이다. 특히 우리 자신과 타인 그리고 세계를 위해 트라우마를 이해하고 예방하고 치료하는 것에 관해서라면 더욱 그렇다.

트라우마에 맞서려면 어떻게 행동해야 하는가

우리의 온정 어린 사회 참여는 위에서 열거한 다섯 가지 요소에 기반을 두지만, 이런 참여가 성공적으로 이루어지려면 그 이상의 기반이 필요하다. 다음에 제시하는 다섯 가지 행동 지향적인 목표는 트라우마를 이기고 인간이 야기한 트라우마가 없는 진정한 민주 정의 사회를 조성하기 위해 전념해야 하는 덕목이다.

① **자신과 타인을 연민의 시선에서 생각한다.** 우리 삶의 대부분은 머릿속에서 이루어지며, 스스로 생각하고 말하는 것이 어마어마하게 영향을 끼친다. 우리 뇌는 분노나 자포자기한 생각을 품을 수 있는 곳이며, 이것들은 파괴적인 망상으로 바뀌다가 결국 파괴적인 현실로 바뀔 수 있다. 우리 마음은 반복적으로 자책할 수 있는 곳이며, 굳이 외부의 박해자가 있을 필요도 없이 스스로를 채찍질한다. 따라서 첫 번째 목표는 내면에서 일어날 수 있는 어떤 트라우마도 모두 바꾸어 유독한 것을 온정적인 사고로 교체하는 것이다. 목표를 이루려면 먼저 자기 자신의 사고 패턴을 알아야 하는데, 지금까지 나는 이를 돕기 위한 입증된 기법을 몇 가지 간략하게 소개했다. 과학(예: 심리 요법과 정신의학)과 종교적 전통(예: 자기성찰과 기도)을 통해 자신을 이해하고 다른 새로운 통찰력을 얻다 보면 친절과 연민이 우세한 정신 환경을 조성할 수 있다.

② **자신이나 타인에게 해가 가지 않게 행동한다.** 서양 의학의 아버지로 불리는 고대 그리스 의사 히포크라테스는 의사들에게 먼저 환자에게 아무런 해를 끼치지 않는 데 전념하라고 했다. 아힘사^{ahimsa}(비폭력)는 불교, 힌두교, 자이나교^{Jainism}(인도에서 기원전 6세기에 일어난 종교. 불교와 마찬가지로 비정통 브라만교에서 발생한 출가주의 종교다 - 옮긴이)의 기본 원칙이다. 상황을 악화시키지 않는 것이

상황을 호전시키기 위한 첫 단계이며, 우리는 후자가 진정으로 뿌리내리도록 하려면 전자에 몰두해야 한다. 이를 실천하지 않는 것은 속담처럼 말 앞에 마차를 놓는 격이다. 이 목표를 이루려면 우선 근본적으로 1번 목표에 전념해야 한다. 연민이 생기면 뒤에 닥칠 충격을 생각하지 못한 채 맹목적이고 자기 자신만을 위하는 충동에 이끌려 다니지 않을 결단력이 생기기 때문이다. 남에게 해를 끼치지 않는 것이 아무 활동도 하지 않는다는 의미는 아니다. 특히 트라우마가 우리의 변연계를 낚아챘을 때 남에게 해를 끼치지 않으려면 사실상 의식적인 노력이 필요하다.

③ **자신과 타인을 연민으로 대한다.** 마하트마 간디가 세상에서 보고 싶은 변화를 해보라고 조언했을 때, 그는 애벌레에서 나비로의 변태 같은 마법적인 변화를 얘기하는 것이 아니었다. 그 대신 간디는 열심히 노력해서 자신의 내면과 외면에서 일어나는 일에 더 적극적으로 개입하라고 가르쳤다. 겉으로 봤을 때 이 목표는 첫 번째 목표와 동일하게 보이지만, 자신과 타인을 연민으로 대하려면 생각 이상의 것이 필요해서, 행동에 나서야 하고 이 세상에서 존재감을 가져야 한다. 이는 단지 트라우마 발생을 저지하는 조치 이상의 노력이다. 즉 우리의 연민을 실용적인 방법으로 발휘하여 이 세상에서 트라우마의 위력과 영향력을 줄이는 것이다.

④ 배우고 교육한다.　우리는 평생 자신의 배움과 타인의 교육, 특히 우리의 책임인 자녀를 가르치는 데 전념해야 한다. 원칙적으로 이 책은 교육적이지만, 트라우마에 관해서는 분명 교육이란 말이 마지막 결정타는 아니다. 우리는 끊임없이 자신의 이야기와 사고 패턴을 점검해서 명쾌하고 연민 어린 마음으로 사기 자신의 길잡이가 되어야 한다. 또한 트라우마에 대한 회복력을 키우도록 자녀를 교육할 필요가 있다. 교육은 또한 타인(종종 현존하는 미디어를 통해)이 제시하는 고의적이고 이기적인 의제를 꿰뚫어볼 줄 아는 눈을 기르는 것이고, 특히 이들이 종교적 또는 정치적, 사회적, 법적인 주장을 통해 트라우마가 야기하는 관행의 정당화를 꾀할 때 이를 간파하는 힘을 기르는 것이다.

⑤ 책임을 요구한다.　책임은 앞서 세운 목표에 대해 전념하도록 이끄는 매커니즘이다. 또한 타인, 특히 정치를 포함한 다른 분야에서 권력을 가지고 있는 사람들에 대한 확실한 기대를 표명하는 방식이기도 하다. 우리 모두가 온정 어린 생각과 행동, 비폭력, 배움을 통해 얻는 지식에 책임 의식을 가져야 함을 인식할수록, 트라우마에 맞서는 노력이 좀 더 효과를 나타내게 된다. 이는 또한 우리 인간을 하나의 종으로 잘 우대해주는 세상을 건설하려고 함께 노력할 수 있는 방식이기도 하다.

10년 후 10년 젊어지다

10년 전 우울증을 치료하려고 한 여성이 나를 찾아왔다. 중년의 나이였지만 나이가 훨씬 더 들어 보이는 사람이었다. 이 환자는 분명 지쳐 있었고, 자신을 돌보지 않고 살아온 게 분명했다. 환자의 살아온 날을 들으면서 수년 전 닥친 비극적인 일을 알게 되었는데, 그녀는 이 사건이 현재 자신의 상태와 거의 상관이 없다는 듯 덤덤하게, 거의 흔히 있는 일처럼 이야기를 이어나갔다.

그러던 이 환자는 내가 트라우마에 관해 이야기하면서 아무래도 그 일이 영향을 준 것 같다고 하자 놀라워했다. 그녀는 비극은 과거의 일이지만 우울증, 예를 들어 지독한 불면증이나 삶에 희망이 없고, 아무리 기를 쓰고 노력해봤자 결과는 그다지 좋지 않을 거라는 새로운 믿음은 분명 현재 겪는 일이라고 힘주어 얘기했다. 그러나 트라우마가 적어도 자신의 불안에 대해서는 어떤 영향을 줄 수도 있다는 사실은 순순히 받아들였다. 이 환자는 심리 요법과 두 가지 약물로 이루어진 치료를 받기로 결심했는데, 약물 한 가지는 기분을 끌어올리고 고통에 대한 내성을 높여주고 다른 하나는 수면을 도와주는 약물이었다.

환자는 심리 요법과 약물에 상당히 잘 반응했다. 이후 직장에 복귀할 수 있었고 새로운 기술을 배워서 도움이 필요한 사람들을 위해 자원봉사 활동을 하며 시간과 에너지를 쏟기 시작했다. 그녀는 또한 건강한 식단 지키기와 운동, 사회 활동, 탐사와 흥미로운 활동에도 전념했다. 치료 효과가 너무 좋다보니 이제 더 이상 이 환자와 함께하는 기쁨은 누리지 못한다. 최근 우연한 기회에 그녀를 만나게 되었는데 얼마나 젊어 보이던지 깜짝 놀라고 말았다. 이 환자를 만난 지 10년이 지났지만, 지금은 그때보다 훨씬 젊어 보인다. 그녀가 잃은 사람, 깊은 낙담과 그 후 우울증을 안겨준 그 사람은 분명 그녀를 자랑스러워할 것이다. 트라우마에서 이 환자보다 더 잘 회복한 사람은 지금까지 본 적이 없다.

이 이야기가 단순한 성공담으로 들릴지 모르지만, 사실 이 여성은 자신의 트라우마에 맞서 반대편 출구로 빠져나오는 데 완전히 전념한 사람이다. 이 여성은 어떻게든 트라우마에서 완전히 회복되어 앞으로 나아가려고 위에서 열거한 각각 다섯 가지 목표를 확실히 실천했다. 마지막 사색의 시간에서 나는 여러분의 성공 스토리는 어떠할지, 또 이런 이야기가 현실이 되도록 여기에서 제시한 다섯 가지 목표가 어떻게 도와줄 것인지 생각해보았으면 한다.

연민의 시선으로 생각한다는 것은 여러분이 보기에 어떤 모습인가? 여러분 또는 타인에게 가해지는 피해 중 어떤 것을 멈출 수 있을까? 여러분이

할 수 있는 두세 가지 구체적인 온정 어린 행위를 생각해보자. 자신과 타인을 도우려면 어떤 점을 배울 필요가 있는가? 또 어떤 점을 가르쳐야 하는가? 마지막으로, 연민을 가지고 어떻게 여러분 자신과 타인에게 책임을 잘 지울 수 있을까?

우리는 모두 충분한 힘을 가지고 있다

이 책을 쓰면서 동생 조녀선이 저세상으로 떠난 지 어언 25년이 넘게 흘렀다는 것을 깨달았다. 그동안 살면서 얼마나 많이 발전했는지 돌아보고 스스로 일군 성취를 바라보니 그간의 분투와 뼈를 깎는 인내가 고스란히 전해지는 것 같다. 모든 것이 영광스럽지만, 동시에 동생의 자살로 인한 충격과 그 여파는 지금까지도 남아 여전히 나를 괴롭힌다. 말할 필요도 없이 동생의 자살 전과 지금의 나는 같은 사람이 아니다. 그래서일까. 새로운 트라우마가 덮칠 때마다 무력감과 불안감이 점점 더 엄습해오면서 아무리 혼자 기를 써봤자 그것으로는 어림도 없을 거라는 조롱이 들린다. 하지만 다른 한편으로 혼자가 아니라는 생각이 들 때, 긍정적인 일이 생길 때, 스스로 나를 잘 챙길 때 '성장한다'라는 말이 이런 뜻이구나 하는 뿌듯한 생각이 든다. 그리고 나를 사랑해주는 사람에게 감사한 마음이 들면서 원기가 충전되고 행복감과 목적의식으로 충만해진 느낌이 든다. 동생의 자살은 앞으로도 변함없이 아픔을 주겠지만, 그 자살로 나는 어렵사리 귀한 지혜를 얻었다. 이제 책을 마치면서 여러분과 그 지혜를 나누고자 한다.

- 트라우마에서 회복되려면 마음속 깊이 슬퍼하는 시간을 가져야 하지만, 트라우마는 분노와 죄책감, 수치심과 비난의 목소리를 내며 마음껏 슬퍼하지 못하게 방해한다.

- 트라우마는 우리를 힘겹게 하고 길을 잃게 하며 낙담케 하기 때문에 반드시 다른 사람에게서 도움을 받아야 한다.

- 그런 도움을 받아들여야 하며, 마찬가지로 그런 도움을 줄 수 있어야 한다.

- 때로 우리가 주거나 받을 수 있는 도움은 그저 옆에 앉아 견디기 버거운 괴로움을 같이 느끼는 정도밖에 없다. 하지만 이렇게 할 수 있다면, 트라우마는 시간이 지나면서 할 수 없이 꼭 움켜쥔 손을 느슨히 풀게 된다. 그러면 적어도 빛이 들어와 비춰주면서 치유가 서서히 시작된다.

- 마지막으로 트라우마는 단지 개인적인 문제가 아니다. 남을 도우려면 반드시 무지와 편견, 악의에 맞서야 하고 연민과 공동체 정신, 인간애의 편에 서야 한다.

이 책 서문에서 책을 쓰는 목적이 트라우마에 대한 경종을 울리기 위함이라고 밝혔다. 그 목적이 부디 달성되었기를 바란다. 나는 트라우마가 무엇인지, 우리에게 어떤 짓을 하는지, 트라우마를 무엇에 빗댈 수 있는지 최선을 다해 설명했고 실제 사례를 들어 그 작용을 보여주려고 노력했다. 트라우마는 개인, 가족, 공동체, 국가 등 우리 모두에게 영향을 끼치고 그 파장은 극적이면서 실제 삶에 존재한다. 이토록 많은 피해를 주면서 동시에 눈에 보이지도 않는 적보다 더 위험한 적이 또 있을까 싶다. 트라우마에 빠지면 우리는 자신이 누구인지, 무엇을 누릴 만한 존재인지, 무엇을 성취해낼 수 있는지 갈피를 잡지 못하게 된다. 트라우마는 우리 뇌를 변화시켜서 세상을 인식할 때 쓰는 필터를 바꿔놓기 때문에, 자기 자신과 타인을 분명하게 보기가 어려워진다. 이 모든 이유와 그 이상의 피해 때문에라도, 반드시 트라우마를 밖으로 끌어내야 한다. 더 이상 보이지 않게 숨어 있는 것은 용납할 수 없다.

트라우마를 잘 이해해서 이를 자신 앞에 끌어냈을 때, 뭔가 조치를 취하려면 가지고 있는 지식과 연민 그리고 결단력을 동원해야 한다. 이번 장에 제시한 다섯 가지 목표를 통해서든, 다른 장에서 언급한 다양한 셀프케어 해법이든, 아니면 다른 사람의 도움을 통해서든 우리는 트라우마를 헤치고 앞으로 나아가 성장하고 우리가 사는 세계를 발전시킬 수 있다. 그러나 우선 문제가 얼마나 심각한지 먼저 눈부터 뜨고 보아야 한다.

나 자신을 포함해서 대부분의 사람들에게는 트라우마 이전과 이후의 시간이 있다. 때로 트라우마 이전의 사람으로 돌아가는 것이 불가능하게 느껴질 수 있으며, 특히 아동기 초기에 트라우마를 겪으면 근본적인 안전감을 느끼거나 미덕을 알기가 상당히 힘들어진다. 아동기의 트라우마는 종종 자책으로 이어지는데, 이는 아이의 마음이 미처 성숙하지 못해 마땅히 책임을 물어야 할 폭력의 가해자에게 그 책임을 돌리지 못하기 때문이다. 보통 이런 경우, 사건을 일으킨 사람이 문제가 아니라 자신에게 근본적으로 뭔가 잘못이 있다는 자책감이 남게 된다. 우리 뇌는 자책감과 수치심이라는 메시지에 당당히 맞서지 못하기 때문에, 어른이 나서서 그런 생각을 명확하면서 온정 어린, 긍정적이고 확신에 찬 메시지로 바꿀 수 있는 길을 모색하도록 도와주는 것이 무엇보다 중요하다. 진실은 바로 여기에 있는데, 우리는 트라우마를 본다고 종종 엉뚱한 쪽으로 향한다.

우리가 가지고 태어난 지도 위에 트라우마가 낙서를 온통 휘갈겨 놓기 전에는, 이 지도에서 자신의 현재 위치와 목적지로 가는 방법을 알 수 있었다. 트라우마가 건들지 않은 지도에서는 가고 싶은 곳은 어디든지 그 경로를 그릴 수 있고, 인생이라는 지형을 탐험할 수 있으며, 인생의 역경과 도전을 탐색하고, 결국 마지막에는 집으로 오는 길을 찾을 수 있다. 나는 단지 나 자신뿐만이 아니라 다른 사람을 위해서도 그 지도를 되찾고 싶다. 어느 누구도 길을 잃게 하지 않는 믿을 만한 도로 표지판을 원한다. 땅끝까지 펼쳐진 인생을 여행하고 싶고, 타고난 미덕을 발견하고, 소중한 추억을 쌓아가며, 인생이라는 길을 가는 도중 다른 여행자와 합류하고, 필요할 때 도움의 손길을 내밀고 싶다.

서문에서 나는 다음과 같이 썼다. "살면서, 또 일하면서 나는 인간의 문제가 헤아릴 수 없이 얼마나 다양한지 목격했다. 그런데 이런 헤아릴 수 없이 방대한 문제에서 한 가지 원인이 유독 두드러지는데, 그 근본 원인이 바로 트라우마다." 나는 지금도 이 말이 정말 희망찬 문장이라고 생각하는데 그 이유는 한 가지 해결할 문제를 찾게 되면 일이 분명하고 간단해지기 때문이다.

우리는 트라우마를 반드시 해결해야 한다. 더 이상 트라우마가 하는 거짓말을 믿을 필요가 없다. 우리는 더한 트라우마를 겪을 운명도, 다른 사람에게 더한 트라우마를 만들어낼 운명도 아니다. 사실 우리는 정반대의 운명을 가지고 있다. 연민과 공동체 정신 그리고 인간애가 있으면 필요한 모든 힘은 다 갖춘 셈이다. 트라우마에 대적할 충분한 힘을. 변화를 일으킬 충분한 힘을.

감사의 말

지금까지 배우고 인내하고 세상에 이를 다시 갚으며 살면서 지평을 넓힐 수 있도록 도와준 좋은 분들에게 감사를 드린다. 어린 시절 나를 인도하여 성인이 된 지금 책임과 기쁨을 알도록 도와준 손길에도 감사를 드린다. 나의 부모님 리처드 콘티와 테레사 콘티는 부모가 줄 수 있는 좋은 것은 모두 주셨다. 그리고 2011년 세상을 떠난 어머니가 몹시 그립다. 동생 토머스와 그 가족에게도 그리고 동생 조너선과 함께했던 그 시간에도 고마움을 느낀다.

의사인 아내, 브룩 마일리는 트라우마에 품위 있고 결단력 있게 대처하는 방법에 대해 많은 가르침을 주었다. 나의 두 아이, 콜렛과 아멜리의 모든 웃음과 모든 발견에도 무한한 감사를 느낀다.

수년에 걸쳐 지원을 아끼지 않은 조비타 파넬과 그녀의 가족, 또 브룩 가족에게도 감사하다고 말하고 싶다.

외할머니, 그레이스 베난지는 나에게 궁극적인 자양분을 넣어주시는 분으로, 로즈 이모와 랑고 삼촌 등 외가 친척분들께도 감사를 표한다. 친할아버지, 할머니는 꿋꿋함과 야망의 표상으로, 줄리와 롭, 모린, 조우, 제시카, 줄리아, 크리스틴과 브라이언, 명예롭게 국가에 충성한 라이언, 가족이 살아온 길을 저술 작업으로 불태운 고모 바바라 켈람 올라비아 등 친가 친척분들에게도 감사를 표한다.

매리 앤 프라셀라와 스티브 마테리아는 우리 가족에게 특별한 선물을 선사했고 브리터니 조 니만이 나눠준 선물은 그녀가 갑자기 저세상으로 떠난 후에도 잘 자라고 있다.

샌디 자로드난스키와 수년에 걸쳐 나를 지도해준 모든 분에게 감사를 표한다. 스탠퍼드와 하버드의 멘토와 동료, 또 특히 마리 앤 바다로코 박사, 호세 델가토와 센 드라델가토 박사, 저스틴 번바움 박사에게 감사를 드린다. N. 그레고리 해밀튼 박사의 치유적 길잡이와 지혜는 인생을 탐사하는 데 도움이 되었으며, 리타 스완 박사와 세스 애서 박사는 타인에게 헌신하는 본보기를 보여주었다. 또한 따로 시간을 내 담화에 참여해줘서 이 책의 가치를 무한하게 높여준 스테파니 주 구텐베르그와 다린 라이허터 박사에게도 감사의 말을 전한다.

그리고 만약 돌보는 영광을 갖게 해준 환자들이 없다면 나는 지금 어디에 가 있을까? 끝없이 환자들이 떠오르지만, 나를 믿어주고 친절하게 용기를 북돋워 주고 이 책에 흔쾌히 참여해준 스테파니 제르마노타에게 특히 감사를 드린다. 아만다와 웬디에게 특히 감사를 전하고 존에 대한 기억과 그의 예술, 그가 기르는 많은 물고기에게도 고마움을 느낀다.

놀라울 정도로 지원을 아끼지 않는 친구들이 내 삶을 헤아릴 수 없을 정도로 풍부하게 해주었으니 나는 축복받은 사람이다. 운 좋게도 고마운 지인들이 정말 많은데, 조 바스타와 바스타 부부, 제이슨 파일, 낸시 브루너, 데이브와 팬티 하나우어 그리고 이들 가족, 마이크 마틴, 피터와 질 아티아, 파비 더리, 졸 크리거, 매트 맥코맥, 조안나 스타운턴, 프랭크 프리벨리, 롭 맥도날드, 밥 스킬맨, 크리스 덕코, 조시 스미스, 미히르 고스와미와 피더 앤더린드 그리고 고故 미카엘 다스에 특별히 고마움을 전한다.

앰버 블룸이 없었다면 나는 한마디로 길을 잃었을 것이고, 앰버와 카멘 헤프너 홀은 뛰어난 동료이자 친구로 앤디 멘덴홀 박사처럼 헌신적이고 인정 많은 진료 파트너였다. 그동안 같이 일한 좋은 사람들, 특히 퍼시픽프리미어그룹에서 근무하는 내 동지들에게도 감사를 드린다. 짐 코찰카 박사는 친구이자 멘토였고 버나드 크루거와 패트릭 브리슨, 피터 셜크의 지원은 나에게 정말 소중했다.

이 책을 쓰도록 결정하는 데 도움을 준 타미 힐피거에게 감사한다. 팀 페리스는 처음 컨셉을 잡는 데 있어 우정과 지도력을 발휘해주었다. 편집자 로버트 리를 가장 많이 칭찬한다. 그는 책을 처음 내는 신인을 택해 어마어마한 노력과 감각을 들여 최고의 책이 나올 수 있게 해주었다. 선체 프로젝트는 제이미 슈왈브가 진두지휘했는데, 그녀를 비롯한 사운즈트루의 직원이 보내준 신뢰에 감사 드린다.

인용 출처

Gilbert, Olive. *Narrative of Sojourner Truth* (New York: Penguin, 1998).

Mansfield, Katherine. "Her First Ball." In *The Garden Party and Other Stories* (New York: Knopf, 1922).

Rilke, Rainer Maria. "Buddha in Glory." In *Ahead of All Parting: The Selected Poetry and Prose of Rainer Maria Rilke*, translated by Stephen Mitchell (New York: Random House, 1995).

Wiesel, Elie. *Night*. Translated by Stella Rodway (New York: Bantam, 1982). 엘리 위젤 지음, 김하락 옮김, 《나이트》, 예담, 2007.

옮긴이 정지호

한국외대에서 일본어와 영어를 전공하고 성균관대 번역대학원에서 문학(번역학) 석사 학위를 받았다. 대학을 졸업하고 영상 및 기술 등 다양한 분야에서 번역 일을 하며 경험을 쌓았다. 책이 좋아 출판 번역의 길로 들어섰다. 옮긴 책으로는 《은밀하고도 달콤한 성차별》, 《루틴의 힘》, 《부두에서 일하며 사색하며》, 《시작과 변화를 바라보며》, 《우리 시대를 살아가기》, 《인간의 조건》, 《영혼의 연금술》, 《하이라인 스토리》, 《맥주의 모든 것》, 《칵테일의 모든 것》, 《맥주의 정석》, 《이탈리아 할머니와 함께 요리를》, 《마음대로 고르세요》, 《한걸음의 법칙》 등이 있다.

트라우마는 어떻게 삶을 파고드는가

첫판 1쇄 펴낸날 2022년 6월 7일
3쇄 펴낸날 2023년 12월 15일

지은이 **폴 콘티**
옮긴이 **정지호**
발행인 **김혜경**
편집인 **김수진**
책임편집 **조한나**
편집기획 **김교석 유승연 문해림 김유진 곽세라 전하연 박혜인 조정현**
디자인 **한승연 성윤정**
경영지원국 **안정숙**
마케팅 **문창운 백윤진 박희원**
회계 **임옥희 양여진 김주연**

펴낸곳 **(주)도서출판 푸른숲**
출판등록 2003년 12월 17일 제2003-000032호
주소 서울특별시 마포구 토정로 35-1 2층, 우편번호 04083
전화 02)6392-7871, 2(마케팅부), 02)6392-7873(편집부)
팩스 02)6392-7875
홈페이지 www.prunsoop.co.kr
페이스북 www.facebook.com/simsimpress 인스타그램 @simsimbooks

ⓒ 푸른숲, 2022
ISBN 979-11-5675-965-2(03180)

* 잘못된 책은 구입하신 서점에서 바꾸어 드립니다.
* 본서의 반품 기한은 2027년 7월 31일까지입니다.